KB114252

삼국 문화

역사를 걷다

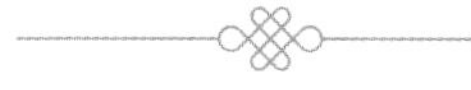

BC 2333년 전 단군왕검이 개국한 고조선의 역사가
올해로 4354년(서기 2021)이다. 사람의 지혜로
헤아리기조차 아득한 BC 70만 년 전이란
세월의 중압감이 새삼스럽다. 고대 국가 간 민족이동은
문화·문명의 이동을 수반했다. 고대 국가의 민족 대이동은
전쟁 후유증으로 더욱 증가했다.

한반도의 고대국가 형성과 민족이동
한민족의 역사를 재정립하다

사람들은 옛것에 대한 애착이 크다. 선조가 물려준 가보를 소중히 여기며 애지중지한다. 민족의 유구한 역사에 대해서도 자부심을 갖고 자랑으로 여긴다. 옛날 고대인에 관한 호기심도 이에 못지않다. 수백, 수천 년 전 미라나 유물이 발굴되면 육안으로 확인하고 현장의 감동을 공유하려 한다. 그때 그 사람들은 무슨 옷을 입고 무얼 먹으며 어떤 집에서 생존을 영위했을까.

1964년 5월. 충남 공주 전역에 엄청난 폭우가 쏟아져 금강 북안을 붕괴시켰다. 무너진 강가에서 거칠게 다듬어진 석편들이 나뒹굴었다. 연세대 박물관 발굴팀이 급파됐다. 파른 손보기 박사가 주도한 발굴 작업은 그해 11월부터 1972년까지 치밀하게 진행됐다.

발굴보고서를 접한 한국과 세계 고고학계는 깜짝 놀랐다. 금강변 일대의 석장리 구석기 유적이 대한민국의 선사시대 역사를 BC 70만 년 전으로 소급시킨 것이다. 당시 한국 고고학계는 1933년 철도공사 중 발견된 동관진 구석기 유적의 실체조차 신뢰하지 않았다. 그로 인한 한국의 선사 시대 역사는 축소됐고 전국 각지에서 간헐적으로 출토되는 구석기 유물의 연대 추적도 한계에 부딪쳤다.

석장리 유적이 학계에 던진 파장은 컸다. 유장한 한민족 역사에 대한 의구심이 수정됐고 한반도 내 구석기인의 문화가 세계적으로 공인되었다. 아울러 한반도의 고대국가 형성과 민족의 기원 연구에도 주목할 만한 단서가 제공됐다. 현장 발굴을 통해 진전시킨 실증사학의 개가였다. 국가에서는 석장리 유적을 1990년 10월 31일 사적 제334호로 지정했다.

BC 70만 년 전의 석장리 유적 발굴 이후 한국 상고사는 발굴 편년순으로 일목요연한 체계를 정립하게 되었다. 연천 전곡리·단양 도담리 유적, 화천 파로호 유적, 덕천 승산리 유적, 서울 암사동 유적, 홍성 팔괘리 유적, 예산 동서리 석관묘·보령 교성리 유적의 순이다.

BC 2333년 전 단군왕검이 개국한 고조선의 역사가 올해로 4354년(서기 2021)이다. 사람의 지혜로 헤아리기조차 아득한 BC 70만 년 전이란 세월의 중압감이 새삼스럽다. 석장리 유적의 바닥 층에서 발견된 머리털을 분석한 결과 현재 한국인의 머리카락과 동일함이 밝혀졌다. 산과 강을 낀 배산임수지에 터를 잡고 살아온 그들의 삶이 어찌 한반도 내 석장리 유적 뿐이었겠는가. 신비하고 기이할 따름이다.

그들은 그곳에서 장구한 세월을 정착해 토착 세력이 되었다. 인구 수가 증가하고 생활 영역이 확충된 소(小)집단체가 점점 지역공동체로 대립했다. 청동기 문화를 배경으로 한반도 중남부에 진국(辰國 · BC 800년 전)이 일어나더니 마한 · 진한 · 변한의 도시국가로 분국 되었다. 고구려 · 백제 ·

신라 이전의 원(原) 삼국시대가 도래한 것이다.

마한은 한강·금강·영산강 유역을, 진한은 낙동강역을, 변한은 섬진강 변을 중심 삼고 영토 확장을 도모했다. 맥국(춘천 및 황해도 일부)·말갈(평안북도)·동예(함경남도)·옥저(함경북도)로 분할된 한반도 이북도 상황은 동일했다. 한반도의 제국(諸國)은 끊임없이 영토 확장을 시도했다.

영토 확장은 곧 전쟁이었다. 전세와 승패는 일방적이지 않고 항상 유동적이었다. 전승국은 전리품으로 인마(人馬)를 닥치는 대로 생포한 뒤 무기와 식량을 약탈해 갔다. 전쟁에 재투입할 수 있는 장정과 적토마(赤兎馬)는 피아를 가릴 것 없이 국가의 자산이었기 때문이다.

군계일학의 영명한 군주가 없던 중원(중국)과 동북아(만주)도 한반도와 다를 리 없었다. 중원의 광활한 대지에는 수십 개가 넘는 번국(藩國)들이 명멸을 반복했다. 동북아에서도 10여 개 국이 난립해 몽골 초원을 지나 멀리 터키에까지 영역 다툼이 벌어졌다. 진정 기미가 없는 국제 정세의 불안은 국경을 멀리한 타국에까지 들불처럼 번졌다.

중국 최초로 중원 대륙을 통일한 진(秦·BC 221~BC 207)나라 시황(始皇·재위 BC 221~BC 210)은 비정한 군주였다. 시황을 암살하려다 미수에 그친 연(燕) 나라를 멸망(BC 222)시키고 연 왕족은 남김없이 주살했다. 연 백성들은 모조리 징집해 흉노족을 저지하기 위해 축조 중이던 만리장성 부역에 투입시켰다. 견디다 못한 백성들이 목숨을 걸고 탈출했다. 연의 유민들은 요수를 거쳐 압록강-평양-해주-한강을 지나 진한 땅 서나벌(경주)로 망명했다. 모두 한족(漢族)이었다.

후일 신라 말의 대석학 고운 최치원(857~?)은 "진한은 본래 연나라 사람들로서 진나라 학정을 피해 도망 온 자들이다."고 단정했다. 《삼국사기》

연천 전곡리의 구석기 시대 유적. 30만 년 전 한반도 인류의 매머드 수렵 장면이다.

석장리 유적의 바닥 층에서 발견된 머리털을
분석한 결과 현재 한국인의 머리카락과 동일함이
밝혀졌다. 산과 강을 낀 배산임수지에 터를 잡고
살아온 그들의 삶이 어찌 한반도 내 석장리 유적
뿐이었겠는가. 신비하고 기이할 따름이다.

에도 '진나라의 난리로 동쪽으로 온 자가 많았다. 그들은 진한 사람들과 함께 살았는데 점점 세력이 번성하므로 마한왕이 우려했다.'는 기록이 있다.

또 한 무리의 유랑민들이 한반도로 유입됐다. 기자조선 준왕(準王 · 생몰년 미상)이 연의 거짓 망명자 위만(생몰년 미상)에게 왕위를 찬탈 당했다. 준왕은 삼한 땅으로 망명해 스스로 한왕(韓王)을 지칭했다. 이들은 만주 아사달을 출발해 중국 여순-서해-평택만에 상륙한 뒤 경남의 합천 일대에 당도했다. 준왕을 따라온 유민 수는 1천 명이 넘었다. 그들은 한족(韓族)이었다. 조수처럼 밀려드는 민족의 대이동은 군사력으로도 제지할 수 없는 불가항력이었다.

한편, 고구려를 탈출한 온조(백제 시조) 일행은 중국 산동반도에 상륙해 십제(十濟)를 세웠다. 인접한 낙랑의 공격이 거세지자 온조는 유민들과 함께 서해를 건넜다. 미추홀(인천)을 지나 한성에 도착한 온조는 마한왕의 배려로 백제를 건국(BC 18)했다. 기자조선의 한족(韓族), 연의 한족(漢族), 백제의 부여족(扶餘族)은 토착민인 삼한족(三韓族)과 동화돼 새로운 한민족(韓民族)으로 융합되었다.

고대 국가의 민족 대이동은 전쟁 후유증으로 더욱 증가했다. 동북아의 종주국 고구려는 중원 제국(諸國)과 패권 전쟁을 자주 벌였다. 승패 여부에 따라 수백, 혹은 수천 명의 포로들이 양국으로 끌려갔다. 전후 국익 여부에 따라 포로 교환이 이뤄졌지만 이미 현지에 활착한 포로들은 송환을 거부하고 유민 신세로 살아갔다.

산동반도에는 대륙백제가 경략한 당시 영토가 백제방(坊)으로 남아 현재까지 전한다. 또한 산동반도에 신라방(坊)과 신라 사찰이 존재함도 당시의 민족 간 이동이 성행했음을 입증하는 사례다. 고대 국가 간 민족 이동은 문화·문명의 이동을 수반했다.

BC 1300년 전 아시아 대륙에 문자가 없을 때 중국에서는 청동기 문화와 함께 갑골(甲骨) 문자를 사용했다. 갑골 문자는 한자의 원형이다. 변방의 각국에서는 한자를 차용(借用)해 자국 문자로 변형시켜 기록의 수단으로 활용했다. 역사를 기록으로 전하는 유사(有史) 시대에 접어 든 것이다. 이 시기는 은(殷)나라가 은허로 천도할 때다. 한반도에서는 부산 금곡동 패총과 김해 능소리 패총유적이 형성될 무렵이다.

한반도에 한자 문화가 처음 전래된 건 원삼국시대가 시작되던 BC 300년 즈음이다. 백수광부(白首狂夫)의 아내가 한자로 〈공무도하가(公無渡河歌)〉를 지어 백성들이 함께 불렀다. 진국의 이주민이 서왜(西倭)로 진출해 고대 한반도와 일본 열도의 민족 이동이 이 시기에 교차되었다. 한일간 민족 교류의 일본 후예들은 일본 대화족으로 흡수됐다.

한반도의 지형도 변했다. 지구 형성기부터 서해 바다는 내륙과 연결된 육지였다. BC 1만 년 전 어느 날. 돌연 천지를 진동하는 굉음과 함께 지표가 출렁이더니 서해가 해수로 덮였다. 비로소 한반도 육지와 바다 분포의 경계가 오늘날의 지형으로 굳어졌다. 그로부터 한반도 지형은 크게 변하지 않았다.

신라의 장묘제도와 사생관
이승과 정반대로 저승 인식

2천 년 전 신라인은 인간의 사후세계를 어떻게 인식하며 살았을까.

삼국시대 역사서를 깊이 고찰하다 보면 신라인의 내세관을 개괄적으로 파악할 수 있다. 그 당시 고분에서 발굴된 유물이나 벽화를 통해서는 더욱 실증적으로 이해할 수가 있다. 신라인들은 누구나 피할 수 없는 죽음 저 너머의 저승 세계를 현실 세상과 동일한 피안으로 인식하며 살았다.

예나 지금이나 인간의 내세관은 자신이 믿는 종교에 의해 크게 좌우된다. 삼국에 불교가 전래되기 전까지 한민족은 무술에 의한 샤머니즘과, 삼라만상에 정령이 깃들어 있다고 믿는 토테미즘을 신봉했다. 도의 깊은 경지에 들면 불로장생으로 신선이 될 수 있다는 중국 도교의 영향도 많이 받았다. 이런 믿음을 바탕으로 고대 한민족은 사후의 영혼 불멸을 굳게 믿었다.

불교는 고구려 17대 소수림왕 2년, 백제 15대 침류왕 1년, 신라 23대 법흥왕 14년에 중국에서 차례로 전파돼 이후 국교로 공인됐다. 윤회 왕생을 믿는 불법의 홍포는 전쟁 수행 중 사생관은 물론 삼국 각국의 독자적 문화 창달에도 심대한 영향을 끼쳤다

사료가 빈약한 고대사 영역도 옛 무덤 하나의 발굴로 인해 감춰져 있던 비밀의 문이 활짝 열리는 사례가 있다. 요행으로 피장자의 신분이 밝혀지거나, 금관·옥대 등의 임금이 쓰던 부장품이라도 함께 출토되면 그 시대를 연구하는 고대사의 지평은 한층 확대된다. 이처럼 무덤에 관한 얘기는 누구에게나 선뜻 내키지 않으면서도 또 한편으로는 들으면 들을수록 흥미진진하고 무궁무진해진다.

고고학을 운위하면서 우리는 능원·고분·고총·묘단 등의 생소한 용어들을 자주 접하게 된다. 가깝게는 내 조상이 묻힌 장소를 두고 묘·산소·무덤이라고도 한다. 어떻게 구분하며 어떤 호칭이 적절한 것인가.

- 능: 임금이나 정실 왕비의 무덤으로 능침이라고도 한다.
- 원: 원소의 준말로 왕세자, 왕세자빈 또는 임금의 사친이 묻힌 곳.
- 단: 흙이나 돌로 쌓아 올린 제단이나 제터로 유골이 없을 경우 후손들이 설단하는 것이다.
- 총: 고총의 준말. 경주 천마총이나 황남대총이 이에 해당한다.
- 분: 고분이라고도 하며 피장자를 모르는 옛 무덤.
- 묘(廟): 종묘나 문묘로 구분한다.
- 묘(墓): 시신이나 유골을 묻는 곳.
- 산소: 묘를 높여 이르는 칭호.
- 무덤: 묘나 산소의 통칭.

현재 경주에는 1946년부터 현재까지 발굴 조사를 통해 밝혀진 신라 고분이 최소 1,850여 기나 된다. 그러나 외형상 고분 규모나 특징을 목측해 왕릉 여부를 규정짓는 건 위험스런 일이다. 무덤 내부서 출토된 유물의 성격을 통해 피장자의 정치적 위상을 추정할 뿐인데 고분 발굴이란 매우 신중을 기해야 하는 고고학적 결단이다.

금관이 나온 천마총과 금관총도 왕릉으로 추정될 뿐 왕의 신분은 미궁이며, 금령총은 10대 후반 소년일 것으로 추측하고 있다. 서봉총과 황남대총 북분은 여성 피장자로 밝혀졌다.

뜻밖의 경우도 있다. 백제 25대 무령왕 능은 고분군의 배수 작업 중 우연히 발굴됐다. 현실에서 묘지석이 나와 임금의 신분이 확인됐고, 6세기 초 백제문화를 규명하는 결정적 유물들이 대거 출토됐다. 이처럼 고총·고분의 발굴은 희비가 엇갈린다.

신라는 봉분 안 묘제를 목관묘-목곽묘-적석목곽묘-횡혈식 석실분의 단계로 차츰 발전시켜 나갔다. 또 당시 고구려·백제 왕실로서는 상상할 수 없는 화장제도를 도입해 왕실부터 솔선 사례를 남겼다.

30대 문무왕은 화장 후 동해에 수장됐다. 34대 효성왕·37대 선덕왕·51대 진성여왕은 화장 뒤 산골해 왕릉이 없다. 38대 원성왕은 화장 후 매장해 왕릉이 전한다.

삼국시대 민초들은 처절한 삶을 견뎌야 했다. 농사를 짓다가도, 대장간에서 쇠를 벼리다가도 전쟁이 나면 징집에 응해야 했다. 한강 유역이나 중원 변경의 유민들은 더욱 심했다. 오늘은 백제, 내일은 신라, 모레는 고구려 영토로 바뀌었다. 그럴 때마다 그곳의 백성들은 수백 명 혹은 수천 명이 굴비 엮이듯 포로가 돼 전승국으로 끌려갔다. 그리고는 다시 전쟁에

경주 천마총에서 발굴된 임금의 광중(왕릉). 재위시 사용했던 왕관과 부장품을 함께 매장했다.

사료가 빈약한 고대사 영역도 옛 무덤 하나의 발굴로
감춰져 있던 비밀의 문이 활짝 열리는 사례가 있다. 요행으로
피장자의 신분이 밝혀지거나, 금관·옥대 등의 임금이 쓰던 부장품이라도
함께 출토되면 그 시대를 연구하는 고대사의 지평은 한층 확대된다.
이처럼 무덤에 관한 얘기는 누구에게나 선뜻 내키지 않으면서도
또 한편으로는 들으면 들을수록 흥미진진하고 무궁무진해진다.

서울 석촌동 고분군에서 발굴된 백성의 광중(움무덤). 왕의 광중과는 확연히 다르다.

투입됐다. 어제의 조국이 오늘엔 적국이 돼 활과 창을 겨눠야 했다. 이 판에 귀족과 백성들이 무더기로 죽어 고분과 고총이 늘어났다.

신라·가야 지역의 고분 안에서는 말·배·새·신발 모양의 토기와 벽화가 부장품으로 다수 발굴된다. 이것들은 망자를 이승에서 저승으로 편안히 장송하는 운반 수단으로 삼국 사람들의 사생관과 깊은 관련이 있다.

금관의 사슴뿔 모형은 관 중간의 나뭇가지 모양과 함께 자유로운 세계와의 소통·매개를 뜻한다. 사슴은 초원을 자유롭게 노닐며, 나무는 하늘을 향해 높다랗다. 왕릉이나 고분 밖의 거북이는 큰 강이나 넓은 바다로 단절된 현세와 내세를 연결해 주는 보조 영이라고 믿었다. 거북이는 천년을 장수한다는 영물이다.

고분 안에서 깨진 토기를 쉽게 발견됨에도 이유가 있다. 신라인들은 지하와 지상 세계를 정반대로 생각했다. 다시 말해 겨울은 밤, 낮은 밤으로 여겨 멀쩡한 토기를 일부러 깨 부장품으로 묻어 주었던 것이다. 승하한 임금의 머리를 무언가로 덮는 건 왕의 영혼이 육신을 못 빠져 나가게 배려하는 차원이었다. 신라인들은 왕의 육신을 불 사리와 동일성을 띠는 것으로 신성시했다. 신라의 이런 장묘제도는 이집트 파라오의 황금 가면과, 거란족이 금 · 은 마스크를 얼굴에 덮었던 장례 문화와도 일맥상통한다.

경주에 가면 시내 곳곳의 평지에 웬만한 동산 크기의 거대 고분을 쉽게 목격할 수 있다. 신라 건국 초에는 평지장이 다수였지만 중반 들어서는 배산임수의 명당을 고른 산악장이 늘어난다. 29대 무열왕 김춘추 능은 봉분 높이가 8.7m, 직경 36m, 둘레는 112m에 이른다. 크기에 압도된다.

신라는 왕토사상으로 전국의 모든 국토는 왕의 땅이요, 모든 백성들 또한 왕의 신하였다. 왕즉불이라 하여 임금이 곧 부처로 추앙되기도 했다. 아무리 땅 위의 모든 것이 임금의 것이라지만 사시사철 전쟁터에 나가 죽는 것이 왕실로서도 안됐다는 생각이 들었다.

그런데 어느 날, 절에서 법회를 마치고 나오는 자식을 잃은 부모가 편안한 표정으로 나오는 것이었다. "인간은 윤회하는 것이며 나라를 지켜내야 산 부모도 생명을 부지할 수 있다."는 호국 법문을 들은 것이다.

이후 왕실에서만 믿게 하던 왕족 · 귀족 불교를 백성들도 널리 믿게 하였다. 이 호국불교 법통이 화랑정신으로 이어져 삼국통일을 성취하는 사상적 근간이 됐고 찬란한 불교문화의 꽃을 피우게 됐다.

신라 왕릉의 비밀
천마총 발굴로 세계 고고학계 경악

역사는 기록으로 전해져야 대중이 신뢰한다. 구전이나 설화를 실재했던 사실로 믿는 사람은 드물다. 실증 자료가 없으면 수천 년 전 고대사는 더욱 미궁에 빠지고 만다. 문자 등 표현 수단이 없었던 민족이나 국가에겐 역사의 상실로도 이어진다.

인간은 어느 시대 어느 곳에서도 존재했다. 땅에 살던 사람들은 누구를 막론하고 죽었다. 임금이 묻힌 곳은 왕릉이고, 백성을 묻은 데는 무덤이라 했다. 내세가 있다고 믿어 생존 시 애용하던 값진 물건이나 생활 도구를 부장품으로 껴묻었다. 권력자들은 저 세상에 가서도 시중을 들어 줄 궁녀나 노비까지 생매장했다.

그들의 생활 방식이었던 당시 장묘 문화가 후세의 고고학적 발굴을 통해 단절됐던 역사를 연결시키기도 한다. 고분에서 출토된 유물 일습이 몇 권의 사서를 능가할 때도 있다. 역설적이긴 하나 도굴꾼들의 도굴이 미수에 그친 왕릉이 당대 묘제 연구에 단서를 제공하기도 한다. 한반도 도처에 즐비한 옛 무덤들마다 어떤 사연과 역사를 품고 있는지는 아무도 모른다. 그렇다고 함부로 파헤쳐서는 안 된다. 그들도 누군가의 조상이었고, 한때를 풍미했던 사람들이었다.

1973년 7월 26일 대릉원(경주시 황남동 53) 안 북쪽의 155호 고분 발굴 현장. 그해 여름은 유난히도 더웠다. 두 달째 계속되는 가뭄으로 경주 지역의 논바닥이 갈라지고 밭작물은 타들어 갔다. 유적 발굴팀은 극도의 초조와 긴장 속에 피장자의 관 뚜껑이 열리기만을 고대하고 있었다.

오후 2시 마침내 현실(임금 시신을 안치한 곳) 문이 개방됐다. 발굴 관계자 모두는 혼절할 뻔했다. 1500여 년 전 신라왕이 찬란한 금관을 쓴 채 누워 있었기 때문이다. 적석목곽분 내 유골의 상태는 양호했다. 왕 곁에서는 16세 안팎 소녀의 순장 유골도 수습했다.

고고학계를 더욱 놀라게 한 건 말다래(말의 양쪽 배에 얹는 장식)에 그려진 천마도였다. 자작나무 껍질을 여러 겹 포갠 위에 하늘을 나는 천마를 능숙한 솜씨로 그린 것이었다. 색채 회화 작품이 거의 없던 신라 미술사 연구에 획기적 자료였다. 21대 소지왕(재위 479~500)이나 22대 지증왕(재위 500~514)의 능으로 추정된 155호 고분은 이후 천마총으로 명명됐다. 이 밖에도 천마총에서는 장신구류 8766점, 무기류 1234점, 마구류 504점, 그릇류 226점, 기타 796점 등 도합 1만 5000여 점이 나와 세계 고고학계를 놀라게 했다.

신비한 현상도 벌어졌다. 천마총 현실문이 열리던 순간, 갑자기 하늘 저편에서 적란운이 몰려왔다. 요란한 천둥 번개가 치며 맨 땅이 파이는 장대비가 쏟아졌다. 발굴 요원들은 혼비백산했다. 조상 묘를 팔 수 없다고 결사반대하던 경주 김씨 문중 노인들은 "하늘이 노했다."며 피신했다. 발굴에 참여했던 한 고고학자는 "삭신이 오그라드는 기괴한 공포가 엄습했다."고 증언했다.

왕릉을 둘러싼 초현실적 현상은 우리나라뿐만 아니라 외국의 사례도 여럿 있다. 중국의 황제 능을 도굴하던 골동품상 주인은 현실 입구의 돌이 덮쳐 압사했다. 이집트 파라오(왕)의 피라미드 도굴범은 유물을 훔쳐 나오다 무덤 안 미로에서 길을 잃고 굶어 죽었다. 피라미드를 발굴한 영국 고고학자는 원인 모를 괴질에 걸려 사망했다. 남미 페루의 인디오 추장의 묘 도굴 현장에서도 비슷한 사례가 보고됐다. 도굴 방지를 위한 사전 설계라는 학설도 있지만 현대 과학으로는 풀 수 없는 영원한 미스터리다.

경주에는 1946년 이후 현재까지 발굴 및 지표 조사를 통해 확인된 신라 고분이 1850여 기에 이른다. 이 가운데 29대 무열왕(재위 654~661) 능만 피장자가 확실할 뿐 다수의 왕릉은 비정된 채 전해온다. 신라가 멸망한 지 1천 년 이상 경과한 데다 피장자임을 뒷받침할 만한 사료도 희귀하기 때문이다. 고려가 건국하며 전 왕조에 대한 충성과 예우를 불충으로 간주한 것도 왕릉 소홀의 요인이었다는 학계의 견해다.

신라 왕릉의 비정 문제를 놓고는 조선 후기 유학계와 문중 간 논쟁으로 비화된 적이 있다. 박씨와 김씨 문중 대표가 타협해 경주 고분 일부를 두 성씨의 왕릉으로 나누어 지정하자 유학자 유의건(1687~1760)이 반기를 들었다. 명료한 근거 없이 왕릉으로 비정함은 불가한 일이라며 이른바 나릉진안설(羅陵眞贋說 · 신라 왕릉의 진위)을 부각시킨 것이다. 21대 영조 6년(1730)의 일이다. 두 문중에선 사료 기록을 근거로 나릉진안설을 일축했다. 오늘날 경주의 신라 왕릉 36기는 이 당시 비정된 게 대부분이다. 어느

경주 대릉원 안의 황남대총. 동서 80m, 남북 120m, 높이 23m로 축구장 크기의 건물을 8층으로 쌓아올린 규모다.

인간은 어느 시대 어느 곳에서도 존재했다.
땅에 살던 사람들은 누구를 막론하고 죽었다. 임금이 묻힌 곳은
왕릉이고 백성을 묻은 데는 무덤이라 했다. 그들의 생활 방식이었던
당시 장묘 문화가 후세의 고고학적 발굴을 통해 단절됐던 역사를
연결시키기도 한다. 고분에서 출토된 유물 일습이
몇 권의 사서를 능가할 때도 있다.

발굴 중인 백제 초기의 적석총. 왕릉급 무덤으로 서울 석촌동 고분군 안에 있다.

덧 290여 년 전 역사다.

경주는 건국부터 멸망 때까지 992년간 신라의 수도였다. 한 도시가 천년 세월 동안 도읍으로 남아졌던 곳은 세계에서 경주가 유일하다. 경주라는 지명은 56대 경순왕(재위 927~935)이 고려에 항복하자 태조 왕건이 기뻐하며 하사한 것이다. 경주 전역의 고분군은 유네스코(UNESCO · 유엔 교육과학문화기구) 세계문화유산으로 지정된 역사유적 지구 중 하나이다.

경주 일원의 고분 중 가장 큰 것은 대릉원 안에 있는 황남대총이다. 동서 80m, 남북 120m, 높이 23m로 축구장 크기의 건물을 8층으로 쌓아 올린 규모다. 높고 우람한 두 개의 능선이 연결된 원형 봉토분으로 거대한 동산을 연상시킨다. 단일 능으로는 중국 황제의 능과도 견줄 만한 크기다. 황남대총을 조영하는 데 걸린 시간과 동원된 장정 수는 얼마일까. 학계에서는 하루 200명씩 총 6만여 명의 인부가 10개월 이상 공사했을 것으로 추정하고 있다.

일반 노역에 동원되면 무보수에다 생업마저 포기했지만 왕릉 조영은 후한 대접에 포상까지 내렸다. 장기간에 걸친 부역과 부장품의 세공 과정을 통해 왕은 곧 하늘이 내린 천손임을 백성들에게 각인시켰다. 왕의 통치는 의당한 행위며 다스리는 곳 또한 신성한 땅임을 인식시키려 했던 것이다. 이런 통과 의례를 통해 그들은 지배의 정당성을 확보하고 내부 결속도 다졌다.

황남대총 유물 중 고대 로마의 유리잔은 당시 유럽 문화권과의 교역 상황을 유추하는 귀중한 자료가 되었다. 38대 원성왕(괘릉 · 재위 785~799) 능 앞 아라비아 석인상은 중동 국가와의 교류가 활발했음을 보여 주고 있다. 황남대총에서 출토된 금관(국보 제191호)과 금제 과대 및 요패(국보 제192호)는 천마총 금관(국보 제188호)과 함께 국가 문화재로 지정됐다.

유장한 역사와 찬란한 문화는 어느 민족에게나 무한한 자긍심을 갖게 한다. 신라 왕릉은 고대 역사와 문화의 옛 이야기를 수없이 담고 있다. 왕릉 속에서 나온 화려한 부장품이 없었다면 한민족의 고대사는 얼마나 초라했을 것인가.

문화재청이 발간한 왕릉 안내서에는 '여러 왕릉을 참배할수록 상서로운 일이 생긴다.'고 기록돼 있다. 중국 《예기(禮記)》에도 '현자제(賢者祭) 필수기복(必受其福)'이란 구절이 있다. 왕이나 어진 이에게 제사 지내고 참배하면 반드시 복을 받는다는 의미다.

경주의 신라 오릉에는 박혁거세를 포함한 4명의 왕과 알영 왕비가 잠들어 있다. 박혁거세는 부족 간 권력 다툼으로 비참하게 생을 마감한 비운의 시조왕이다.

박혁거세 거서간

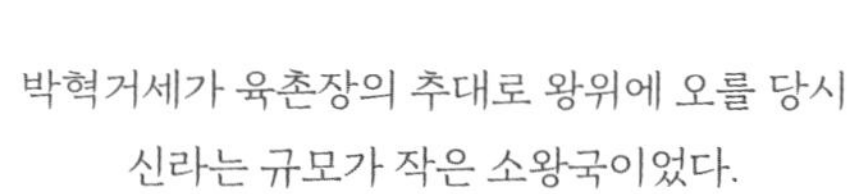

박혁거세가 육촌장의 추대로 왕위에 오를 당시
신라는 규모가 작은 소왕국이었다.
당시에는 왕이나 귀인을 일러 거서간이라 했다.
혁거세는 61년을 왕위에 있다가 73세(AD4) 되던 해
왕실의 반란으로 육신이 다섯 토막 나는 참혹한 죽음을
맞았다. 알영 왕비도 함께 죽었다.

나정의 알에서 태어나
육촌장 추대로 왕위에 오르다

BC 1세기(2100년 전)를 전후한 동북아시아 국제 정세는 매우 혼란스러웠다. 오늘날의 만주 지역인 흑룡강 · 난하 · 송화강 · 우수리강 일대는 더욱 혼돈 상태였다. 구려 · 북부여 · 동부여 · 숙신 · 선비 · 맥 · 예 · 남옥저 · 북옥저 · 말갈 등 10여 나라가 우후죽순처럼 발흥했다가 스러지며 흥망성쇠를 거듭했다. 설상가상으로 중국 전한(BC 220~AD 23)의 무제(武帝)가 위만조선(BC 194~BC 108)을 멸망시키고 설치한 한사군(낙랑 · 임둔 · 진번 · 현도)은 동북아의 긴장을 더욱 고조시켰다.

한반도 강역도 예외가 아니었다. 북으로는 말갈부락(압록강 두만강 유역 · 말갈과 다름), 동옥저(함경남·북도 해안), 동예(함경남도 원산과 강원 북부·낙랑국으로 한사군의 낙랑군과 다름)가 국경을 맞대고 영토 전쟁을 벌였다. 한반도 중부 이남은 마한(경기 · 충청 · 호남지역), 진한(경상북도와 강원도 남부), 변한(경상남도와 섬진강 유역)이 3등분해 78개 소국 체제를 유지하고 있었다. 이 중

오릉 중에서 박혁거세의 능으로 추정되는 왕릉.

54국은 마한이 차지, 진한·변한에는 각각 12개국씩이 예속돼 있었다.

삼한시대 큰 나라는 1만여 가구(家口)가 넘었고 작은 나라는 수천 가구 규모였다. 1가구는 전쟁에 응소할 수 있는 장정 1인을 반드시 포함하며 5인 가족을 뜻한다. 당시 진한 12국의 왕들은 마한 왕이 마한 사람을 임명해 파견했다. 변한 또한 마한에 조공을 바치며 지배를 받았다. 한반도 중부 이남의 종주국은 마한이었다.

오늘날 우리가 삼국으로 일컫는 신라(BC57 · 갑자), 고구려(BC37 · 갑신), 백제(BC18 · 계묘)는 공교롭게도 BC1세기 차례대로 개국하는데 그 과정이 극적이기만 하다.

삼국 가운데 신라의 건국 과정과 민족 구성은 특이하고 색다르다. 태고적부터 진한에 살아온 토착민에 의해서가 아니라 북방 유민들과 망명 민족이 결합된 세력들이기 때문이다. 중국 진(秦 · BC221~BC207)나라의 폭정을 피해 도망온 연(燕)나라 망명객과 위만조선에 멸망한 기자조선 무리가 바로 그들이다. 처음 이들은 토착민과 더불어 마한의 지배를 받다 박혁거세거서간이 신라를 건국하면서 독립국가를 형성했다.

평화롭던 마한 땅에 연나라(BC 220년 경) · 고조선(BC 190년 경) 유민들이 수백 명, 때로는 1천 명 넘게 무리지어 남하하자 마한왕은 당황했다. 병력을 동원해 왔던 길로 다시 돌려보내는 것도 불가한 일이었다. 그들은 언어와 풍습도 마한과 달랐다. 마한왕은 이들을 한반도 동남부(현 경상남·북도) 지역을 내주며 토착민들과 동화해 살도록 배려했다.

고조선 유민들은 대부분 경주 인근에 터를 잡고 산과 내를 경계로 여섯 촌락을 이뤄 살았다. 알천의 양산촌, 돌산의 고허촌, 취산의 진지촌, 무산의 대수촌, 금산의 가리촌, 명활산의 고야촌이다.《삼국사기》에 전하는 진한 6부로 토착민 중심의 진한 12 소국과는 전혀 다른 부족 국가들이다.

진한의 12국 토착민들은 생사고비를 수없이 넘기며 천신만고 끝에 정착한 유민들을 당해내지 못했다. 점차 제정 · 치안 · 조세 등 모든 주도권이 유민들에게 넘어갔다. 6부 촌락 중에는 연나라 유민들도 상당수 잔류해 있었다. 고조선 · 연나라 유민들은 사사건건 대립하며 토착민들을 괴롭혔다. 어느덧 파벌이 생기고 충돌이 잦아졌다.

어느 날 고허촌장(돌산) 소벌공이 양산(급량부) 기슭을 무심히 바라보고 있을 때였다. 난데없이 나정(蘿井 · 우물) 옆 숲속에서 백마 한 마리가 꿇어앉아 하늘을 향해 절을 하고 있었다. 기이하게 여긴 소벌공이 조심스레 다가가 주위를 살피니 백마는 하늘로 승천하고 표주박만한 큰 알 한 개가 있었다. 알을 깨니 용모 단정하고 금빛 광채가 나는 사내아이가 있었다. 이 해가 단기 2265년(BC 69) 임자년. 소벌공은 아이가 해와 달처럼 밝다하여 혁거세(赫

오릉 바로 옆에는 알영 왕비가 태어났다는 알영정과 계룡이 놀았다는 연못이 있다.

혁거세가 나정의 알에서 태어나고,
부인 알영 왕비가 계룡의 옆구리서
출생했다는 등의 설화는 현실성이 없다.
같은 시기 중국에서는 사마천이 사기를 쓰고,
유럽에서는 로마의 시저가 로마제국을
통일할 때다.

居世)라 이름 지었다. 소벌공을 비롯한 6부 촌장은 아이를 데려다 지성으로 양육했다. 아이는 10세가 넘으면서 지각이 들고 영민하며 행동이 조신했다.

혁거세가 13세 되던 해(BC 57) 4월, 6부 촌장은 혁거세를 진한 6부의 왕으로 추대하고 국호를 서나벌이라 했다. 당시 진한에서는 추장이나 왕을 거서간(居西干)이라 했다. 혁거세가 표주박 속 알에서 탄생했으므로 박혁거세거서간(이하 시조왕)으로 불렸다. 그러나 진한 12국 토착민들과는 무관한 일이었다. 신라에 왕이라는 묘호(廟號)가 처음 등장한 건 23대 법흥왕(재위 514~540) 때부터다. 이전까지는 차차웅 · 이사금 · 마립간 등으로 호칭했다.

시조왕은 재위 5년(BC 53) 1월 알영(閼英)을 왕비로 맞았다. 왕비는 사량리(고허촌) 알영 우물 속 계룡의 옆구리에서 태어났다. 재위 21년(BC 37) 경성에 성벽을 수축하고 금성(金城 · 경주)으로 명명했다. 재위 32년(BC 26)에는 금성에 궁실을 짓고 왕비와 함께 기거했다.

사학계에서는 객관적 정황으로 보아 이 해(BC 26)를 신라의 개국 연도로 판단하고 있다.《삼국사기》편찬자 김부식(1075~1151)이 신라 역사를 고구려보다 앞당기기 위해 의도적으로 왜곡 기술했다는 견해다. 김부식(경주 김씨)은 신라 13대 미추왕(재위 261~284)의 13대 후손이다.

시조왕의 신라 개국은 진한 6부가 마한의 영향권에서 탈피해 독자적 도시 국가 체제를 갖췄다는 데 역사적 의미를 갖는다. 시조왕은 왕위에 오르자마자 강력한 중앙집권 체제로 정비했다. 지방 분국으로 권력이 분산된 마한을 압박하며 급속히 성장했다. 하지만 당시까지도 경북 일원의 진한 12국이 서나벌에 합병된 건 아니었다. 시조왕은 영토 확장보다 신생국 백성의 민생을 돌보며 주변국과의 평화 유지에 진력했다.

박혁거세가 육촌장의 추대로 왕위에 오를 당시 서나벌은 규모가 작은 소왕국이었다. 혁거세가 나정(蘿井 · 경주시 탑동 700-1)의 알에서 태어나고, 부인 알영 왕비가 계룡의 옆구리에서 출생했다는 등의 설화는 현실성이 없다. 같은 시기 중국에서는 사마천이 사기를 쓰고(BC 97), 유럽에서는 로마의 시저(Caesar · BC 100~BC 44)가 로마제국을 통일(BC 46)할 때다.

혁거세는 61년을 왕위에 있다가 73세(AD 4) 되던 해 왕실의 반란으로 육신이 다섯 토막 나는 참혹한 죽음을 맞았다. 알영 왕비도 함께 죽었다. 2대 왕인 남해차차웅(재위 4~24)이 장남이 아니어서 왕위 승계를 둘러싼 권력 싸움에 희생된 것으로 유추할 따름이다. 일부 사학계에서는 연나라 · 고조선 유민 간의 자중지란이나, 진한 12국 토착민과 이주 유민들 간의 주도권 다툼으로 추정하고 있다. 개국 시조가 비명횡사 당한 건 세계 왕조 역사상 드문 사례다. 그해 신라는 혁거세의 죽음을 노린 낙랑군이 습격해 전쟁에 돌입했고, 백제는 부근현(峴)에서 말갈을 격파했다.

혁거세와 알영 왕비 시신을 수습한 신라 조정은 경주시 탑동 67번지에 장사지냈다. 오늘날의 오릉(五陵 · 사적 제172호)이다. 2대 남해차차웅, 3대 유리이사금, 5대 파사이사금 등 네 왕과 알영 왕비가 잠들어 있다. 피장자의 신분은 표지석이 없어 알 길이 없고 비정해 추정할 뿐이다.

신라 초기 묘제에 따라 평지장으로 용사된 다섯 왕릉의 모든 좌향은 묘좌유향(卯坐酉向)으로 정서향이다. 능 뒤의 기를 실어주는 용맥이 없어 아쉽기는 하나 능 앞에 가로 놓인 수형체(水形體 · 물이 흐르는 듯한 완만한 능선)의 안산(案山 · 기를 잡아 주는 묘 앞의 산)이 바람을 막아주고 있다.

신라 왕릉을 간산(看山)하다 보면 머리를 동쪽에 둔 좌향을 자주 목격한다. 동쪽은 해가 뜨는 방향이고 다음 왕위를 이을 세자가 거처하는 곳(동궁)이다. 오릉 옆에는 알영정과 계룡이 놀던 연못이 있다.

고구려 초기의 마을 전경. 만주 지역의 추위를 막기 위한 너와집 지붕으로 경기도 구리시 토평리에 재현되어 있다.

동명성왕

왕위에 오른 주몽은 놀라운 통치력을 발휘했다.
국호를 '위대하고 숭고함'이 내포된 고자를 더해 고구려로
교체했다. 주몽은 자신의 부여 성인 해씨를 고씨로 창씨해
고구려 시조임을 대내외에 천명했다.
이때부터 주몽이 아닌 고주몽이었다. 고주몽은 왕권과
군사력을 더욱 강화시켜 고구려를 중앙집권 형태의
강력한 고대 국가로 재탄생시켰다.

활을 잘 쏘아 주몽이라 불리니 고씨로 창시해 고구려 시조 되다

하백(河伯 · 생몰년 미상)은 북만주 땅 부여에서 수신(水神)으로 추앙 받는 전설적 인물이었다. 그는 물속에 궁전을 짓고 살며 육지와 수중을 수시로 오가는 신비한 존재였다. 하백에게는 유화 · 훤화 · 위화라는 세 딸이 있었는데 그중에서도 맏딸 유화의 미모가 출중했다. 유화에 대한 소문은 당시 북부여의 왕이었던 해모수(解慕漱 · 생몰년 미상)에게도 전해졌다.

부여는 BC 4세기 경 성립돼 고구려 21대 문자명왕(재위 491~519) 3년(494)까지 존속한 고대 국가다. 구려 · 북부여 · 동부여 · 졸본부여 등으로 국체(國體)를 바꿔가며 만주 지역을 지배했다. 영토는 동으로 우수리강의 광활한 유역, 서는 대흥안령산맥, 남은 발해만 연안과 요서 · 요동, 북으로는 흑룡강까지 걸쳐 있었다. 한국과 중국 사서에는 부여가 고구려의 조상인 구려(句麗)국 선조들이 세운 나라로 기록돼 있다.

해모수는 천제의 아들로 천제의 명에 따라 오룡거를 타고 흘승골성(訖

서울시 광진구 아차산 중턱의 고구려 석성. 고구려 국내성과 동일한 층계식으로 밑에서부터 뒤로 밀려 쌓았다.

升骨城)에 북부여를 건국(BC 59)한 시조 왕이다. 이 해는 중국 전한(前漢 · BC 202~AD 3세기)의 신작(神爵) 3년 임술년에 해당한다. 북부여의 영토는 만주 흑룡강 일대를 중심삼고 북으로는 옥저(BC 3세기 경~AD 3세기), 서로는 선비(BC 3세기 초~AD 3세기 중엽), 동남으로는 동부여(?~?)가 국경을 마주하고 있었다.

해모수는 아들 해부루(解夫婁 · 생몰년 미상)가 장성하자 북부여 동남쪽 송화강 유역으로 보내 동부여를 건국토록 했다. 북부여와 동부여는 부자국가 간이었으나 왕권이 점차 확립되면서 적대국으로 변했다. 광활한 땅에 목책(木柵)으로 경계를 짓고 왕을 자처하면 신생국이 들어서는 때였다.

어느 날 해모수가 시종 몇 명만 대동하고 압록수(동만주 청하) 강변을 거닐고 있었다. 저 멀리서 젊은 처자들의 재기발랄한 목소리가 들려왔다. 해모수가 시종 하나를 보내 누군지 알아보도록 했다.

"하백의 딸 세 자매가 봄맞이를 나왔사옵니다. 듣던 대로 맏딸 유화의 자태가 천하일색 이옵니다." 해모수가 세 자매들이 노닐고 있는 강가로 갔다. 유화를 본 순간 해모수의 춘정이 왈칵 동했다.

"듣거라! 나는 천제의 아들로 북부여 왕 해모수다. 짐이 유화와 긴히 나눌 말이 있으니 모두 물러가 있도록 하라."

해모수는 유화를 압록수 강가 외딴 집으로 데려가 육체 관계를 맺고 왕궁으로 떠나 버렸다. 유화는 해모수의 위엄에 압도당해 꼼짝없이 순종했다. 유화의 배가 불러 왔다. 뒤늦게 이 사실을 안 하백이 "부모의 허락도 없이 외간 남자에게 몸을 허락했다."며 우발수 못 가로 내쫓아 버렸다. 유화(?~BC 24)부인은 막막했다. 해모수를 찾으러 북부여 궁궐로 가던 도중 동부여의 왕 금와(金蛙 · 생몰년 미상)를 만났다.

동부여의 왕 해부루는 늙도록 아들이 없자 명산대천에 제사 드리며 왕자 출생을 기원했다. 하루는 왕이 탄 말이 곤연(鯤淵)에 이르렀을 때 말이 큰 바위를 보며 눈물을 흘렸다. 왕이 바위 밑을 살피니 금빛 개구리 모양의 사내아이가 웅크리고 있었다. 왕은 하늘이 보낸 태자임을 직감하고 궁궐로 데려와 금와라 이름 짓고 양육했다. 해부루가 죽은 뒤 금와가 왕위를 이었다.

금와왕은 유화부인의 사연을 듣고 궁궐로 모셔와 극진히 봉양했다. 나이는 젊지만 국조 해모수의 후궁으로 어엿한 서(庶) 조모였다. 얼마 후 유화부인이 다섯 되들이 크기의 거대한 알을 낳았다. 그 알 속에서 사내아이가 태어났다. BC 58년이었다.

사내는 자라면서 헌걸찬 외모에다 기백도 남달랐다. 활을 한번 쏘면 백발백중하는 신궁이었다. 부여에서는 활 잘 쏘는 사람을 주몽(朱蒙)이라 불렀다. 유화부인은 아들 이름을 주몽이라 지었고, 금와왕은 주몽을 친아들처럼 키웠다.

금와왕은 아들 일곱을 두었다. 주몽의 용맹이 걸출하고 무예를 당할 자가 없다는 건 이들 7형제에게 크나큰 위협이었다. 7형제는 왕에게 서조부인 주몽의 제거를 여러 차례 진언했으나 듣지 않았다. 왕은 궁궐의 말 사육을 주몽에게 맡기고 이들 시야에서 벗어나도록 당부했다. 장남 대소(帶素 · 생몰년 미상)가 주몽의 살해 계획을 은밀히 꾸몄다. 생사기로의 위기를 직감한 유화부인이 아들을 불렀다.

"대소 무리가 장차 너를 죽이려 하고 있다. 너의 지략과 용기라면 어딜 가도 이보단 나을 것이다. 더 이상 주저 말고 이곳을 떠나 더 큰 일을 도모하도록 하라."

주몽은 유화부인이 챙겨 주는 금은보화를 적토마(赤兎馬)에 싣고 동부여를 탈출했다. 친구 오이, 마리, 협보가 따랐다. 뒤늦게 안 대소가 날쌘 병졸들을 보내 추격했으나 따라잡지 못했다. 주몽 일행이 모둔곡에 이르러 세 명의 의인을 만났다. 주몽은 자신이 북부여 왕 해모수의 아들임을 밝히고 신하가 되어 줄 것을 청했다. 세 사람이 쾌히 응하자 주몽은 장삼을 입은 재사에게 극씨, 수초로 엮은 옷을 입은 무골에겐 종실씨, 평복 차림의 묵거에게는 소실씨라는 성을 각각 내렸다.

주몽은 자신을 따르는 무리들과 함께 졸본(卒本) 부여에 도착했다. 졸본부여는 구려 또는 고리 · 구리로도 불리며 고조선 말기에 성립된 부족국가였다. 구려의 위치는 요령성 집안, 길림성 통화와 장자강, 자성강 일대로 비정되고 있다. 《삼국사기》, 《삼국유사》, 《백제본기》에도 주몽의 구려 정착 과정이 기록돼 있으나 내용은 대동소이하다.

구려에 당도한 주몽은 막막했다. 천신만고 끝에 구려 왕을 알현하고 도움을 요청했다. "나는 북부여 왕 해모수의 아들로 동부여 왕 해부루의 이복동생이다. 동부여의 왕실 변란으로 이곳에 왔으니 왕자에 합당한 예우를 해 달라."고 요구했다.

동부여에서는 금와왕이 죽고 주몽과 앙숙 간인 대소가 즉위했다. 구려왕은 동부여와의 관계 악화를 우려해 주몽의 요청을 거절했다. 이 사실이 구려 조정의 실력자였던 연타발(延陀勃 · 생몰년 미상)의 귀에 들어갔다.

예로부터 구려는 연노부(涓奴部), 계루부(桂婁部), 절노부(絕奴部), 순노부(順奴部), 관노부(灌奴部)라는 다섯 부족이 권력을 분점해 연방 형태로 통치하고 있었다. 이 중 연노부의 세력이 강해 줄곧 왕을 배출해 왔다. 당시 구려왕도 연노부 출신이었다. 연노부 왕에게는 아들이 없었다. 차기 왕권의 향방을 놓고 부족 간 암투가 치열하게 전개됐다.

계루부의 실권자 연타발도 아들이 없고 딸만 셋이 있었다. 주몽이 연타발을 찾아가 운신할 곳을 의탁했다. 연타발은 주몽의 인물됨을 첫 눈에 간파했다. 문득 총명하고 두령 기질이 농후한 둘째 딸 소서노(召西奴 · BC 66~BC 6)를 떠올렸다.

소서노는 동부여 해부루왕의 서손(庶孫) 우태(優台 · 생몰년 미상)와 혼인했으나 일찌감치 사별했다. 우태와의 사이에서 낳은 두 아들(비류, 온조)을 키우며 모진 세월을 살아가는 젊은 과부였다. 주몽에겐 선택의 여지가 없었다. 연타발의 혼인 제의를 흔쾌히 수용하고 소서노를 아내로 맞았다. 비류와 온조 두 의붓아들도 친자식처럼 대해 주었다.

인간사 새옹지마였다. 고립무원의 처지였던 주몽의 권세가 하루아침에 욱일승천했다. 연타발의 영향력과 경제력에 힘입어 주몽은 어느덧 계루부의 실세로 부상했다. 얼마 후 연노부 출신의 왕이 아들 없이 죽었다. 다섯 부족장은 연석회의를 열고 구려의 새 왕으로 주몽을 옹립했다. BC

고구려 대장간에서 벼려낸 무기들. 고구려의 철기문화는 주변국보다 앞섰다.

인간사 새옹지마였다. 고립무원의 처지였던 주몽의
권세가 하루아침에 욱일승천했다. 연타발의 영향력과 경제력에
힘입어 주몽은 어느 덧 계루부의 실세로 부상했다.
얼마 후 연노부 출신의 왕이 아들 없이 죽었다.
다섯 부족장은 연석회의를 열고 구려의 새 왕으로
주몽을 옹립했다. BC 37년으로 주몽의 나이 22세였다.

37년으로 주몽의 나이 22세였다.

구려 개국 이래 연노부가 장악해 왔던 왕권이 주몽의 등장으로 계루부로 이동했다. 왕위에 오른 주몽은 놀라운 통치력을 발휘했다. 국호를 '위대하고 숭고함'이 내포된 고(高)자를 더해 고구려(高句麗)로 교체했다. 주몽은 자신의 부여 성인 해(解)씨를 고(高)씨로 창씨해 고구려 시조임을 대내외에 천명했다. 이때부터 주몽이 아닌 고주몽(高朱蒙)이었다. 고주몽(이하 왕)은 왕권과 군사력을 더욱 강화시켜 고구려를 중앙집권 형태의 강력한 고대 국가로 재탄생시켰다.

왕은 강력해진 군사력을 바탕으로 주변 국가들을 고구려 영토로 복속시켰다. 말갈(만주족 조상)을 정복하고 BC 36년 비류국, BC 32년 행인국, BC 28년 북옥저를 차례로 멸망시키며 자신이 탈출했던 동부여와 대등한 국가로 신장시켰다. 민생이 안정되자 매년 10월 제천례를 올리고 동맹(東盟)이란 국중 대회를 열어 연희를 즐겼다. 부여의 영고(迎鼓), 동예의 무천(舞天) 축제가 성행할 때도 이즈음이다.

왕 14년(BC 24) 8월 동부여에서 급보가 날아들었다. 왕의 모후 유화부인이 동부여에서 별세해 금와왕이 태후의 예로 장사지내고 신묘(神廟)까지 건립했다는 것이다. 왕은 사신을 보내 정중한 예를 표하고 공물을 보냈다. 이후 왕의 건강이 급속히 악화됐다. 눈만 감으면 동부여에 두고 온 첫 부인 예(禮 · 생몰년 미상)씨와 아들 유리(琉璃 · ?~AD 19)가 이른거렸다.

왕은 국정을 대신들에게 위임하고 서녘 하늘을 자주 응시했다. 왕 19년(BC 19) 고구려 조정에 낭보가 전해졌다. 예씨와 유리가 동부여를 탈출해 고구려 왕궁에 입성한 것이다. 금와왕이 죽고 장남 대소가 왕위를 이었는데 대소가 예씨와 유리 모자를 살해하려 하자 목숨을 걸고 월경했다는 것이다. 왕후 소서노에게는 벽력같은 충격이었다.

병석에 누운 왕이 혼란에 빠졌다. '차기 대통을 어찌 이어야 할 것인가.' 왕의 고뇌를 눈치챈 대신들은 예씨파와 소서노파로 양분돼 극한으로 대립했다. 왕 19년(BC 19) 8월 수척해진 왕이 시녀 부액을 받으며 용상에 올랐다.

"유리를 태자 위(位)에 봉하고 차기 대통을 잇게 하라!"

왕은 유리를 태자로 책봉한 지 한 달만인 그해 9월 승하했다. 재위 19년으로 보령 40세였다. 대신들은 시조왕의 죽음을 절통해하며 '동방을 밝힌 성스러운 임금'이란 뜻을 담아 동명성왕(東明聖王)이란 묘호(廟號)를 지어 올렸다. 이튿날 유리가 고구려의 2대 왕으로 등극하니 유리명왕(재위 BC 19~AD 19)이다.

동명성왕 능은 졸본 인근의 용산에 조영됐다는 기록이 전한다. 왕릉 장소는 졸본 위치 비정에 대한 견해가 분분해 정확히 밝혀지지 않고 있다.

서울시 송파구 석촌동고분군은 한성 서쪽에 300여 기가 조영됐던 백제 왕실의 왕릉군이다. 이 중 3호분은 한 변의 길이가 50.8m로 사학계에서는 온조왕릉으로 추정하고 있다. 현재까지도 흙무지무덤, 움무덤이 존재하며 사적 제243호다.

온조왕

마한왕은 온조에게 색리국 100리 땅을 내주었다. 마한 54개
나라 중 최북단에 위치해 전쟁의 위협이 상존하는
척박한 땅이었지만 온조와 계루부족에게는 감지덕지였다.
온조는 계루부족 100가구와 서해를 건너왔다 하여
국호를 백제로 정하고 새 나라의 건국을 선포했다.

100가구가 서해 건너니 백제라 잦은 전쟁 치르며 최강군으로 무장

단기 2315년(BC 19) 임인년 겨울. 여느 해보다 일찍 찾아온 북만주의 겨울은 혹독하게 추웠다. 고구려를 탈출키로 결심한 소서노(召西奴 · BC 66~BC 6)의 표정에는 결연한 의지가 차고 넘쳤다.

'내 남녘에 가서 이곳보다 더 좋은 땅에 새 나라를 세울 것이로다. 반드시 고구려보다 강한 국가를 창건해 오늘의 이 수모와 좌절을 극복해 낼 것이다. 인간의 힘으로 성취 못할 일이 그 무엇이겠는가.'

소서노는 자신이 낳은 비류와 온조 두 아들과 그를 따르는 계루부족 민호(民戶) 수백 가구를 이끌고 정처 없는 망명길을 재촉했다. 을음, 마려, 오간 등 10여 명의 조정 대신과 계루부족 병사들도 수행했다. 소서노는 만감이 교차했다.

고구려 시조 동명성왕(재위 BC 37~BC 19)의 뒤를 이은 2대 유리명왕(재위 BC 19~AD 18)도 소서노 일행의 망명을 사전 감지했다. 소서노는 시조왕의 왕후로 고구려 개국에 지대한 공헌을 한 계루부 족장 연타발의 딸이었다. 어느 누구도 해코지하거나 저지하지 못했다.

고구려의 수도인 졸본부여 성을 탈출한 소서노(이하 왕후) 일행은 갈 곳 없는 유랑민 집단으로 전락했다. 그러나 그들은 고구려에 잔류해 핍박 받는 부족 세력이 되는 걸 원치 않았다. 왕후와 새 나라를 건설해 고구려보다 월등한 백성이 되겠다는 꿈에 부풀어 있었다. 일행이 발해만 북부 여순(중국 뤼순) 지역에서 배를 타고 긴 항해 끝에 상륙한 곳은 중국 산동(山東) 반도였다. 이들은 어떻게든 살아남아야 했다.

당시 발해 서안의 산동반도에는 낙랑, 대방 등의 소국들이 중원 대륙의 전한(前漢 · BC 202~AD 23)과 국경을 접하고 있었다. 왕후 일행은 패수와 대수를 건너 황하 남쪽의 대방 땅인 하남 위례성에 당도했다. 왕후는 대방 태수(太守)를 찾아가 정착지를 요구했다.

대방은 고구려 유민(流民)들에게 우호적이었다. 태수 입장에서도 유민들은 사회적 불안 요소였다. 얼마 후 태수의 양해로 나라를 건국했다. 열 명의 대신이 건너왔다 하여 십제(十濟)라 했다. 졸본부여를 떠나 헤매 돈 지 13개월 만이었다. 십제는 낙랑과 대방 사이에 낀 작은 도시 국가였다.

낙랑은 국경에 웅거 중인 십제를 수시로 침략했다. 견디다 못한 비류가 아우 온조에게 대신 5명과 계루부족 민호 100호(戶)를 내주며 새 나라 건국을 명했다. 온조는 자신을 따르는 무리들과 서해 바다를 건너 마한 땅 미추홀(경기도 인천)에 도착했다. 온조의 처지는 졸본부여에서 발해를 건너 산동반도에 당도했을 때와 진배없이 막막했다.

그 무렵 한반도의 상황도 복잡다단했다. 중부 이남은 마한(경기 · 충청 · 전라), 진한(경북 · 강원 남부), 변한(경남)이 각자도생으로 분국 체제를 유지하고 있었다. 삼한의 종주국인 마한은 54개 부족이 연합체를 이뤄 진한과 변한에 왕을 파견하고 조공을 요구했다.

진한은 서라벌(경북 경주) 6부 족장이 박혁거세를 거서간(왕)으로 옹립해 신라를 건국(BC 57)했다. 아직도 12소국이 진한 각지에 상존해 마한의 지배를 탈피하지 못한 상태였다. 변한도 12부족장 협의체로 나라를 운영하며 마한의 통제권 아래서 제한된 주권을 행사하고 있었다.

한반도 중부 이북에도 여러 나라가 존립했다. 강원북부, 함경남도 남부에는 동예(한반도 낙랑국, 중국 낙랑과 다름)가 마한, 진한과 국경을 마주했고 함경남·북도 일원은 동옥저 영토였다. 황해도 북부와 평안남·북도는 말갈이 압록강과 두만강을 접경으로 고구려와 인접해 있었다. 예부터 말갈은 고구려의 속국으로 마한, 동예, 진한을 자주 침공해 노략질을 일삼았다.

온조는 이 같은 한반도의 지정학적 판세를 관통하고 있었다. 온조는 마한왕을 알현해 극진한 예를 표한 뒤 계루부족 집단의 생존지 할애를 간청했다. 마한의 조정 대신들은 "이민족에게 땅을 내주면 반드시 세력을 키워 종주국이 위험해진다."며 극구 반대했다.

하지만 마한왕의 속셈은 달랐다. '이참에 말갈과 옥저의 침입으로 전쟁의 공포에 시달리는 색리국(索離國 · 경기 북부와 강원 북부 경계)을 내줘 대리전쟁을 치르도록 한다.'는 복안이었다.

마한왕은 온조에게 색리국 100리 땅을 내주었다. 마한 54개 나라 중 최북단에 위치해 전쟁의 위험이 상존하는 척박한 땅이었지만 온조와 계루부족에게는 감지덕지였다. 온조는 계루부족 100가구와 서해를 건너왔다 하여 국호를 백제(百濟)로 정하고 새 나라의 건국을 선포했다.

단기 2316년(BC 18) 계묘년 4월로 온조 나이 28세(추정)였다. 이 해는

경기도 광주시 남한산성 안에 있는 숭렬전. 온조대왕의 계시로 청군을 물리친 조선 16대 인조대왕이 은혜를 갚기 위해 건립한 것이다. 숭렬전 안에 온조왕의 신위가 있다.

전쟁으로 단련된 백제군은 어느덧 한반도의 최강군으로 무장됐다. 마침내는 마한의 약소국을 차례로 정복하며 영토를 확장했다. 마한왕은 늦게서야 대신들의 상소가 옳았음을 깨닫고 탄식했지만 때는 늦었다. 백제는 이미 마한의 국력을 능가해 삼한 전역을 넘보고 있었다. 사랑방 손님이 안방을 차지한 격이었다.

박혁거세거서간 40년으로 고구려는 2대 유리명왕 2년이었다. 오랜 옛날부터 한족(韓族)이 살아오던 한반도에 북만주 부여족(扶餘族)의 정착이 비롯된 것이다.

온조왕(이하 왕)의 시련은 개국 첫해부터 닥쳤다. 국경을 접한 북방의 말갈과 동예가 1년에도 수차례씩 백제를 침공했다. 무고한 백성들을 학살하고 민가에 불을 질렀다. 때로는 두 나라가 연합 전선을 펴 신생국 백제의 존립을 위태롭게 했다. 한반도 중부에 온조의 개국 사실을 안 고구려 유리명왕은 부속국 말갈의 백제 공격을 수수방관하며 측면 지원을 아끼지 않았다.

왕은 재종숙부 을음(乙音 · ?~AD 23)을 우보(국상)에 임명했다. 병부의 전권을 위임하고 군사력 강화에 전력투구토록 했다. 을음은 졸본부여에서 대방을 거쳐 한반도에 이르기까지 왕을 보필한 최측근으로 지식과 담력이 출중한 충복이었다. 을음은 계루부 병사들과 동원된 색리국 장정들에게 죽음에 맞서는 강한 의지를 고취시켰다. "말갈과 동예군한테 패해 저들의 종이 되어 짐승처럼 살아가겠느냐?"며 뼈를 깎는 군사 훈련을 강행했다.

왕은 한강 동북쪽에 도읍을 정한 뒤 수도 방어를 위한 성을 새로 쌓고 허물어진 옛 성을 수축했다. 백제와 동예, 말갈과의 일진일퇴 전쟁은 끊이지 않았다. 왕 9년(BC 12) 10월 말갈군과의 전투에서 백제군이 대패했다. 격분한 왕이 왕실 호위군을 직접 지휘해 말갈군을 전멸시켰다. 백제군의 강훈은 평시에도 계속됐다.

전쟁으로 단련된 백제군은 어느덧 한반도의 최강의 군으로 무장됐다. 마침내는 마한의 약소국을 차례로 정복하며 영토를 확장했다. 마한왕은 늦게서야 대신들의 상소가 옳았음을 깨닫고 탄식했지만 때는 늦었다. 백

충남 천안시 직산읍에 있는 온조왕 사당. '직산초도설'에 근거해 사당을 복원하고 매년 숭모제를 봉행하고 있다.

병자호란으로 조선 강토가 유린당하던 어느 날 새벽,
온조왕이 꿈에 나타나 근심어린 표정으로 일렀다.
"지금 청병이 산성 북벽을 오르고 있는데
왕은 무얼하고 계신가?" 인조가 급히 군사를 보내
기습 중인 청군을 퇴각시켰다.
인조가 은공을 갚기 위해 사당을 지었다.

제는 이미 마한의 국력을 능가해 삼한 전역을 넘보고 있었다. 사랑방 손님이 안방을 차지한 격이었다.

이즈음 산동반도에 잔류해 제국 건설의 야망을 실현하려던 왕후와 비류 일행은 큰 난관에 봉착했다. 인구가 늘어나면서 십제의 행정 구역이 확장됐다. 비류가 낙랑 영토에 성을 쌓고 국경 표시로 목책을 설치했다. 당초부터 눈엣가시로 여기던 낙랑 태수가 십제를 침공해 백성들을 학살하고 촌락에 방화했다. 십제로서는 감당할 수 없는 중과부적이었다. 왕후와 비류는 대신들과 격론 끝에 한반도의 온조한테 가기로 했다.

대방의 십제 땅을 포기하고 서해 바다를 건너는 이들의 처지는 참담했다. 집단 이주와 전쟁에 지친 계루부족 백성들 다수는 따르지 않았다. 현지에 남은 부여족은 대방과 낙랑의 백성 속에 섞여 한족(漢族)이 되어 살아갔다. 한족들은 부여족을 금수처럼 취급하며 온갖 차별과 학대를 자행했다.

왕 6년(BC 13) 7월 그믐날 사시(巳時 · 오전 9시~오전 11시). 난데없는 일식으로 백제 전역이 암흑천지로 변했다. 백성들은 국가의 흉조라며 왕을 원망했고 민심조차 흉흉해졌다. 흉조는 곧 현실이 되었다. 그해 8월 왕후와 비류 일행이 미추홀에 상륙해 행궁(行宮)에 머물며 왕에게 사자를 보내 서한을 전했다.

'온조는 어미와 비류가 도착했으니 속히 용상을 양위하고 정성을 다해 보좌토록 하라!'

왕은 기가 막혔다. 백제를 창업한 지 6년 째였다. 죽을 고비를 수없이 넘긴 그간의 천신만고가 일순간에 겹쳐 왔다.

'내 어찌 세운 나라인데…. 가당치도 않은 분부로다.'

왕은 왕후가 보낸 사자의 목을 쳤다. 왕후 일행이 다시 대방으로 돌아갈 것을 권유하며 침묵으로 일관했다. 참다못한 왕후가 군사를 일으켰다. 왕후는 남장으로 계루부 군의 선봉에 서서 왕이 머무는 궁성을 공격했다. 개국 이래 전쟁에 익숙해진 백제군이었다. 모자 간 전투는 왕후의 장렬한 전사로 끝이 났다.

미추홀에 머물고 있던 비류가 급보를 전해 듣고 달려 왔다. 비류는 왕후의 시신을 확인하고 현장에서 자결했다. 권력의 향배를 둘러싼 모자 간의 참사였다. 왕은 어머니와 형을 죽게 했다는 자책감에 괴로웠지만 언젠가는 넘어야 할 국가적 난제였다고 치부했다. 조정 대신과 백성들은 왕의 냉혈적 기질에 압도돼 더욱 맹종하게 되었다.

왕은 한강 동북방에 있던 도읍을 한강 이남의 하남 위례성으로 천도했다. 한강 이북의 민가를 한강 이남으로 이주하는 과정에서 마한왕과 국경 문제로 충돌했다. 왕은 차제에 마한을 비롯한 진한과 변한의 소국들을 복속시켜 대제국을 건설하겠다고 결심했다. 백제는 막강한 절대 왕권의 중앙집권 체제로 왕명의 상명하달과 집행이 신속했다.

마한은 지역 부족 간 분권 체제로 권력이 분산돼 국체가 허약했다. 대륙에서 이주한 백제, 신라, 변한(후일 가야) 등의 잦은 침입으로 국력이 점차 약화됐다. 이들 이주 세력은 마한의 영토를 선점하려고 혈안이었다. 마한 54개 소국은 선제공격으로 차지하는 나라의 영토가 됐다. 한반도의 토착 부족인 마한이 외세에 밀려 망해 가고 있었다.

왕 26년(AD 8) 10월. 왕이 마한을 침공해 원산성, 금현성 두 성만 남기고 모두 점령해 버렸다. 한반도의 맹주로 급부상한 왕은 왕 28년 아들 다루(多婁 · 2대 왕, 재위 AD 28~77)를 태자로 책봉해 국반(國盤)을 공고히 했다. 왕이 44년 3개월을 재위하는 동안 고구려와 신라에서도 변고가 뒤따랐다.

고구려는 2대 유리명왕에서 3대 대무신왕(재위 AD 18~44)으로 바뀌었다. 신라에서는 시조 박혁거세거서간, 2대 남해차차웅, 3대 유리이사금(재위 24~57)으로 왕권이 교체됐다. 정변으로 새 임금이 용상에 오를 때마다 무고한 인명이 살상됐다. 가뭄, 기근, 홍수가 휩쓸고 역병이 창궐할 때마다 백성들은 자식을 내다 팔아 연명하고 서로 잡아먹기까지 했다.

왕 46년(AD 28) 3월 왕이 승하했다. 백성들은 고난에 찬 왕의 일생을 반추하며 슬피 울었다. 조정에서는 묘호(廟號)를 온조(溫祚)라 지어 올리고 고구려 묘제인 적석총(積石塚)으로 왕릉을 조영했다. 북녘 고향을 못 잊어 하던 왕심을 존중해 두상을 북으로 향했다고 전한다. 장지는 실전돼 알 길이 없다.

온조왕은 국내의 여러 민간신앙에서 주신(主神)으로 신봉되고 있으며 신위를 모신 사당도 전국 각지에 있다. 그중에서도 경기도 광주시 중부면 남한산성 내 숭렬전(경기도 유형문화재 제2호)과 충남 천안시 직산읍 군서리에 있는 온조왕 사당이 대표적이다.

숭렬전은 조선 16대 인조(재위 1623~1649)와 얽힌 현몽(現夢)이 섬뜩하다. 병자호란(1636)으로 조선 강토가 유린당하던 어느 날 새벽, 온조왕이 꿈에 나타나 근심어린 표정으로 일렀다.

"지금 청병이 산성 북벽을 오르고 있는데 왕은 무얼하고 계신가?"

인조가 급히 군사를 보내 기습 중인 청군을 퇴각시켰다. 인조가 은공을 갚기 위해 사당을 짓는데 온조왕이 다시 꿈에 나타났다.

"혼자는 외로우니 충직한 신하 한 명을 보내달라."

이튿날 산성 축성 당시 책임자였던 이서(1580~1637) 장군이 전투 중인 군중(軍中)에서 즉사했다. 인조는 필시 온조왕이 이서를 데려갔다 여기고 온조왕의 사당에 배향토록 했다.

직산 온조왕 사당은 정유재란(1597) 때 소실된 것을 418년 만인 2015년 5월 20일 복원했다. 일부 사학계에서는《삼국유사》왕력의 온조왕 기록에 의거해 천안시 직산읍을 온조의 위례성으로 고증하고 있다. BC18년부터 BC5년까지 13년간 이곳에 도읍을 정하고 백제 역사의 서막을 열었다는 '직산초도설'에 근거한 것이다.

남한산성 숭렬전은 원래 직산의 온조왕 신위를 모시기 위해 창건한 사당이었다고 전한다.

능의 주인은 정확히 알 수 없으나 다섯 기의 능 가운데 남해차차웅이 묻혀 있을 것이다.

남해차차웅

차마 눈 뜨고 볼 수 없는 부왕과 모후,
왕족들의 주검을 7일 만에 수습한 왕자 남해는 AD4년 3월
2대 왕으로 즉위했다. 남해는 전해오는 사서에도 태자라는
언급이 없다. 남해는 등극하며 "두 성인이 세상을 떠나고 내가
백성들의 추대로 즉위했으니 이는 잘못된 것이다."고
심경을 토로했다. 왕세자가 아니었음을 시인한 것이다.

비명에 간 부왕에 죄책감
권력 투쟁에 절망하다

신라, 백제, 가야가 건국하기 전 한반도 중부 이남에는 마한, 진한, 변한의 세 나라가 오래 전부터 존속해 왔다. 78개로 분할된 이들 삼한 소국들은 아직 온전한 국가 체계를 갖추지 못한 성읍(城邑) 국가 단계였다. 소국 모두가 주변 정세에 따라 왕권이 수시로 교체되고 부침을 거듭하는 허약 체질이었다. 소국들 간 이합집산은 물론 변경 분쟁도 잦아 대규모 유민들이 집단 이동을 반복했다. 토착민들에겐 자주 있는 일상사여서 유민들과 쉽게 동화되었다.

삼한 중 진한은 오늘날의 강원 남부와 경북 지역에 오랜 옛날부터 터를 잡고 있었다. 진한의 12소국 가운데 제일 강한 부족 국가는 경주의 사로국이었다. 이 사로국에는 양산촌, 고허촌, 진지촌, 대수촌, 가리촌, 고야촌 등 6개 마을 촌장이 있어 연맹 제휴로 각기 나라를 통치해 왔다. 진한의 소국 중 큰 곳은 4천~5천 가구였고, 작은 데는 6백~7백 가구여서 마한보다 소규모였다.

긴장 속에 살아가던 진한 땅에 갑작스런 지각 변동이 생겼다. BC 220년 경(2240년 전) 중국 연(燕)나라 한족(漢族)들이 진시황의 폭정을 피해 바다 건너 진한으로 망명해 온 것이다. 진한 12국이 한데 뭉쳐 수백 명씩 떼져 몰려오는 그들을 저지하려 했지만 중과부적이었다. 세월이 흐르면서 한족들은 조국을 잊고 진한 땅에 정착해 진한어로 소통하며 진한 사람이 되어 갔다.

진한의 근심은 이게 끝이 아니었다. 30년 뒤인 BC 190년 경(2210년 전) 이번에는 북방의 한족(韓族)이 진한으로 대거 망명해 온 것이다. 위만조선에 망한 기자조선의 준왕이 유민 무리를 이끌고 진한에 들이닥친 것이다. 또 다시 진한은 어쩔 수가 없었다. 이들은 경주의 넓은 지역에 분산해 살며 여섯 마을을 이루었다. 바로 육촌(六村)이다. 신라 시조 박혁거세는 육촌 가운데 고허촌 출신이다.

예부터 주인이 방심하면 집안에 든 과객이 설친다고 했다. 주거가 안정되자 한(漢)족과 한(韓)족은 사사건건 충돌하며 주도권 투쟁으로 일관했다. 수세에 몰린 건 오히려 토착민이었다. 진한 12국도 물러서지 않고 가세했다. 어느 새 진한 영토는 이들 3파전의 전장(戰場)으로 돌변했다. 그러나 두 한족은 이미 망국의 통한을 경험한 유민들이어서 자생력이 월등했다. 이 판국에 혁거세는 6촌장의 전폭적 지지로 신라를 건국했고, 61년을 거서간(왕)으로 재위하다 비참한 최후를 맞은 것이다.

차마 눈 뜨고 볼 수 없는 부왕과 모후, 왕족들의 주검을 7일 만에 수습한 왕자 남해(南解 · ?~AD 24)는 AD 4년 3월 2대 왕으로 즉위했다. 이해 고구려는 1대 동명성왕(고주몽) 23년, 백제도 1대 온조왕 22년이었다.

남해는 전해오는 사서에도 태자라는 언급이 없다. 남해는 등극하며 "두 성인(혁거세와 알영 왕비)이 세상을 떠나고 내가 백성들의 추대로 즉위했으니 이는 잘못된 것이다."고 심경을 토로했다. 왕세자가 아니었음을 시인한 것이다.

이즈음 사람들에게는 삼국 어느 나라를 막론하고 성이나 이름이 없었다. 경주 나정 우물 근처의 알에서 태어났다는 혁거세도 성이 없었다. 광채 나는 알의 크기가 박(瓠, 표주박 호)과 같다하여 박(朴)이라는 성을 얻게 되었다. 박씨 시조가 되는 유래다. 혁거세는 '광명으로 세상을 다스린다'는 의미고, 거서간은 '서쪽에 사는 왕'을 뜻한다. 진한에서 마한 왕을 '서쪽 왕'이라고 불러 왔던 습속의 잔재다.

남해차차웅(이하 남해왕)이 재위(4~24)하는 동안 신라에는 유달리도 자연 재해가 극심했다. 혜성이 떨어져 백성들이 공포에 질리고, 지진이 자주 나 땅을 쩍쩍 갈라놓았다. 메뚜기 떼가 창궐해 농사를 망치는가 하면, 겨울 홍수와 가뭄이 겹쳐 국토를 황폐화시켰다. 백성들은 제사장이자 신으로 떠받드는 왕을 원망했다. 다급해진 왕이 혁거세 시조 묘(廟, 사당)를 세우고 친여동생 아로에게 제사를 주관토록 했으나 효험이 없었다.

남해왕 9년(12)에는 고구려(동명성왕 31년)가 중국 신(新 · 9~23) 나라에 맞서는 큰 충돌이 벌어졌다. 신이 흉노(匈奴 · BC 3세기 말~AD 1세기 말 중국 북방에서 맹위를 떨치던 기마 유목민족)국 정벌에 참전을 요구하자 고구려는 단호히 거부했다. 오히려 신의 요서대윤 전담(田譚)을 살해하고 영토 확장을 꾀했다. 격노한 신나라 왕 왕망이 하구려(下句麗)로 강등해 비칭했지만 고구려는 개의치 않았다. 고구려 이전의 구려국 존재를 입증하는 사서의 기록이다.

박혁거세 거서간이 알에서 태어났다고 전해지는 경주 나정. 오릉 인근에 있다.

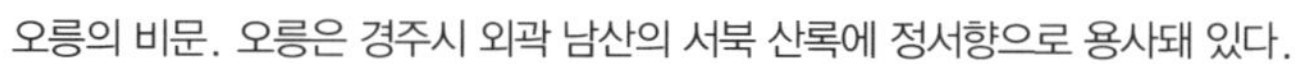

오릉의 비문. 오릉은 경주시 외곽 남산의 서북 산록에 정서향으로 용사돼 있다.

신라 왕릉을 감싸고 있는 능역에는 아름드리 소나무가 사시사철 푸르다. 남해차차웅이 재위하는 동안 신라에는 유달리도 자연 재해가 극심했다.

남해왕이 21년 6개월 동안 재위하며 이뤄논 괄목할 만한 치적은 별로 없다. 그는 항상 비명에 간 부왕의 최후를 상기하며 죄책감에 시달렸고, 권력 투쟁으로 조정 신료들과 부족들이 도륙될 때마다 깊은 절망에 빠졌다. 동예, 백제, 왜국의 침범으로 백성들이 고통을 당할 때면 "이는 내게 덕이 없는 탓이로다. 이를 어찌하면 좋단 말인가."라며 자신을 질책했다.

남해왕은 박씨가 아닌 석탈해(4대 탈해이사금)의 인물됨을 간파하고 장녀 아효를 출가시켜 사위로 삼았다. 사학계 일각에서는 외부 세력인 석탈래의 위세에 굴복한 것이라는 견해도 있다. 이는 박 · 석 · 김의 세 성씨가 번갈아 왕위를 승계하며 천년 왕국을 이어가는 데 결정적 단초로 작용하게 된다.

남해왕 사후 조정에서는 차차웅(次次雄)이란 왕호를 지어 올렸다. 《삼국유사》에는 '차차웅이 존장의 칭호로 오직 임금에게만 해당하는 것'이라고 기술했다. 김대문(681~687년 《화랑세기》 저술)은 '신라 초기 신정 · 제사적 성격을 나타내는 칭호'라고 썼다. 차차웅을 자충(慈充)이라고도 했는데 스님을 지칭하는 '중'의 어원으로 보는 견해도 있다. 신라 임금 중 차차웅이란 묘호를 쓴 왕은 남해왕 뿐이다.

남해왕은 왕비 운제(雲帝) 부인(생몰년 미상)과의 사이에 3남 1녀를 두었다. 태자 유리(3대 유리이사금)와 3남 나로(5대 파사이사금 아버지) 외에 딸 아효(4대 탈해이사금 부인)의 기록이 전한다. 운제 부인은 박혁거세 부인 알영과 함께 농업신의 신모(神母)로 추앙되고 있다.

남해왕의 능은 부왕 부부의 능이 있는 오릉 안에 있다. 오릉은 경주시 외곽 남산의 서북 산록에 정서향으로 용사돼 있다. 중앙의 봉토분 하나를 중심 삼고 묘(卯 · 동), 유(酉 · 서), 오(午 · 남), 자(子 · 북)의 사방으로 돌려가며 묘를 쓴 형태다. 서에서 동으로, 남에서 북으로 능 번호를 부여했다. 1호분 서총(西塚)이 가장 크며 남서쪽이 돌출돼 있다. 2호분 남총은 표주박 모양이고, 3호분 중총이 두 번째로 크다. 4호분 북총은 좌우 축(軸)이 길며, 5호분 동총은 남북으로 타원형이다.

오릉은 모두 적석목곽분(돌무지 나무덧널무덤)으로 신라 왕실만의 특이한 장묘 형태다. 평지에 나무 덧널을 만들고, 그 위에 돌을 쌓은 뒤 흙을 다져 봉분을 만든 묘를 적석목곽분이라 한다.

신라 왕릉을 감싸고 있는 능역에는 아름드리 소나무가 사시사철 푸르다. 능을 찾는 참배객들에게 천년 왕국 역사를 뒤돌아보게 하는 각성제와도 같은 솔향기가 코끝을 저민다.

오릉과 알영정을 연결하는 풍성한 대나무 숲. 미풍에도 사각거리는 댓잎 소리가 신비하다.
유리왕릉은 오릉 안에 있다.

유리이사금

신라 조정은 차기 왕권 쟁탈을 놓고 극한 대립 중이었다.
탈해는 남해왕의 사위였고, 유리는 아들이었다. "예부터 지혜가
출중한 성인은 이의 수가 많다고 했다. 떡을 깨물어 나와 유리의
잇수를 헤아려 보자." 결과는 유리가 많았다. 이런 우여곡절 끝에
서기 24년 9월 즉위하니 3대 왕 유리이사금이다.

혹독한 제왕 수업으로 조정 장악
태평성대를 구가하다

동서양을 막론하고 왕이 승하하며 남긴 유언이나 유훈은 곧 국법으로 받들어졌다. 신라 2대왕 남해차차웅은 자신의 죽음이 임박했음을 직감하고 대소 신료들을 입궐토록 했다.

"나는 이미 육신의 모든 기력이 소진하였다. 탈해와 유리, 둘 중에 나이 많은 연장자가 내 뒤를 승계토록 하라."

대신들은 "아직도 옥체가 강녕하시온데 어인 분부시냐?"며 부복한 채 조아렸다. 한동안 기척이 없어 침상의 왕을 살피니 벌써 운명한 뒤였다. 개국 초 신라를 21년간 통치하던 임금이 세상을 떠난 것이다.

신라 조정은 급작스레 술렁였다. 누가 등극하느냐에 따라 권력의 향배가 좌우되기 때문이다. 오래 전부터 대궐 안은 석탈해(昔脫解 · ?~80)와 박유리(朴儒理 · ?~57) 파로 양분돼 차기 왕권 쟁탈을 놓고 극한 대립 중이었다. 탈해는 남해왕의 사위였고, 유리는 남해왕의 아들이었는데 추종 세력의 균형은 우열을 가리기 힘든 호각지세였다. 양측 간 양보 없는 정면충돌의 일촉즉발 직전 탈해가 먼저 왕위 결정 방식을 제안했다. "예부터 지혜가 출중한 성인은 이의 수가 많다고 했다. 떡을 깨물어 나와 유리의 잇수를 헤아려 보자."고 말했다. 결과는 유리가 많았다.

이런 우여곡절 끝에 서기 24년 9월 즉위하니 3대 왕 유리이사금(儒理尼師今)이다. 탈해는 유리이사금(이하 유리왕)이 재위(24~57)하는 34년 동안 대보(재상) 자리를 지키며 차기 등극을 기다렸다. 세계 왕실 역사상 유례가 드문 왕위 승계 과정이다. 이후 신라는 '잇자국'이란 의미의 이사금을 18대 실성이사금(재위 402~417)까지 393년 동안 왕호로 사용했다.

국사학계에서는 오늘날의 임금이란 어원을 이사금에서 찾고 있다. 치리(齒理)라는 뜻의 이사금이 니슨금→닛금→니은금으로 순차적 변화를 거치면서 임금으로 고착됐다는 것이다. 부족사회에서 족장을 추대할 때 잇수로 용맹을 가리던 풍습이 계승자를 뜻하는 의미로 변천된 것이다. 신라의 이사금 시대는 종래의 거서간이나 차차웅 때보다 문물·제도면에서 훨씬 향상된 통치 시기로 평가되고 있다.

유리왕은 태자 시절부터 부왕에게 혹독한 제왕 수업을 받았다. 부패한 관리들을 척결하고 해이된 궐내 기강을 바로 잡기 위해서는 무엇보다 조정 장악력이 우선이란 걸 절감했다. 그는 정실이나 소청에 의해 임면되던 이제까지의 정부 조직을 과감히 정비해 17등급으로 개편했다.

1등급 이벌찬, 2등급 이찬, 3등급 잡찬, 4등급 파진찬, 5등급 대아찬, 6등급 아찬, 7등급 일길찬, 8등급 사찬, 9등급 급벌찬, 10등급 대나마, 11등급 나마, 12등급 대사, 13등급 소사, 14등급 길사, 15등급 대오, 16등급 소오, 17등급 조위 등이다. 각간(角干)이란 관직도 동시 설관됐다.

이때 정착된 관등 제도는 신라 말기까지 지속되며 관리 등용의 전거가 되었다. 이 등급은 신분에 따라 상승할 수 있는 제한이 있어 유능한 관리들에겐 족쇄로도 작용했지만, 신라 사회를 지탱하는 버팀목 역할을 했다. 23대 법흥왕(재위 514~540) 때 이르러 관등제도는 성골·진골의 골품제도로 골격이 개편된다. 이로 인해 신라 왕실과 조정은 걷잡을 수 없는 소용돌이에 휘말리고 만다.

유리왕은 6촌 명칭을 고친 다음 이 · 최 · 손 · 정(鄭) · 배 · 설의 성씨를 각각 하사했다. 6촌 여자들을 두 편으로 갈라 길쌈으로 승부를 내는 가배(한가위) 놀이를 장려했다. 오늘날 추석의 기원이다.

이처럼 재위 전반기 백성들의 주거가 안정되고 양식이 풍족해지자 왕은 〈도솔가〉를 직접 지어 부르게 하는 등 태평성대를 구가했다. 때로는 복이 화가 되기도 한다. 서라벌이 살기 좋다고 소문나자 변경 난민들이 조수처럼 밀려든 것이다. 갑작스런 인구 팽창을 감당 못한 신라는 인접 소국들과 전쟁 상황까지 돌입했다.

이즈음 한반도 남단에서는 또 하나의 연맹체 국가가 건국됐다. 유리왕 19년(42 · 임인) 경남 김해서 김수로(金首露)가 금관가야국(42~532 · 491년 존속)을 세우며 왕위에 오른 것이다. 고구려는 3대 대무신왕 25년, 백제는 2대 다루왕 15년이다. 가야라는 국명은 고대 변한 땅에 존재했던 부족 집단들을 통칭한다. 낙동강 중 · 하류와 섬진강 유역까지 포괄하는 여러 나라가 포함된다. 이때부터 한반도와 동북아시아에서는 10여 개에 달하는 대·소국들이 대립하며 치열한 영토 전쟁을 벌이는 열국(列國) 시대로 접어든다.

한반도 중부의 강국이었던 마한 왕국이 백제에 의해 거의 몰락하자 영

오릉에는 네 임금과 알영 왕비의 능제를 지내기 위한 제당이 있다.

오릉 오른쪽으로는 S자로 구비하는 내가 흐르고, 5기의 봉분 서쪽에는 제향 때 능 안을 출입하는 숭의당과 숭의문이 있다.

토 확장을 추구하는 신라, 가야 등이 이에 합세했다. 아직 병합이 안 된 소국을 자국으로 흡수하기 위한 소모전이 연일 계속됐다. 중부 국가들이 혼란에 휩싸이자 북방의 동예, 낙랑, 말갈이 연합 전선을 구축해 변경을 침범했다. 열국 중 백제 2대 다루왕(재위 28~77)이 앞장서 마한 잔병들을 전멸시키고 낭자곡성(청주 일대)까지 영토를 넓혔다. 신라와 국경을 마주하게 된 것이다. 유리왕은 일취월장하는 백제군의 사기와 용맹에 충격을 받고 장정 동원령을 내려 군사 훈련을 강화했다.

고구려 3대 대무신왕(재위 18~44)은 낙랑공주(낙랑왕 최리 딸)와 결혼한 왕자 호동(제2 왕후 금씨 아들)의 활약으로 낙랑을 공격해 땅을 빼앗았다. 압록강 상류 개마국과 구다(句茶) 왕국을 정복하고 동부여왕 대소와의 전쟁에서 승리해 영토를 넓혔다. 중국 후한(25~220) 광무제에게는 사신을 파견해 대등한 국가로서의 국제적 위상을 떨쳤다. 대무신왕은 대수촌원이란 곳에 장사를 지냈으나 능의 위치는 전해지지 않는다.

사학계서는 유리왕의 행장(行狀) 가운데 두 가지를 주목하고 있다. 두 명의 친아들을 두고 매제 석탈해를 국본(國本)으로 삼아 대통을 잇게 했다는 것이다. 당시 조정 내 세력 판도와 무관치 않았겠지만 이는 나라의 근본이 타 성씨로 교체되는 중대사여서 동시대 다른 나라에서는 엄두도 못 낸 파격이었다. 다른 하나는 유리왕이 일지갈문왕 딸과 결혼해 왕실은 물론 신라 사회 전반에 근친혼의 효시가 되었다는 것이다. 일지갈문왕은 박혁거세 아들로 남해차차웅과 형제 간이니 사촌 여동생을 왕비로 맞은 것이다.

신라시대 갈문왕(葛文王)은 왕위에 못 오른 금상의 생부 또는 왕의 장인이나 유력 왕족에게 추증하던 시호다. 고구려의 고추가(高鄒加)나 조선시대 대원군에 해당하는 제도로 갈문왕 후손 중 임금이 여럿 배출되기도 했다.

유리왕은 사후 시조 박혁거세(할아버지) 부부와 아버지가 묻힌 오릉(경주시 탑동 67)에 안장됐다. 신라 초기 왕실이나 귀족들이 주로 썼던 평지장이다. 오릉 오른쪽으로는 S자로 구비하는 내가 흐르고, 5기의 봉분 서쪽에는 제향 때 능 안을 출입하는 숭의당과 숭의문이 있다.

풍수에서는 좌청룡(왼쪽, 남자 · 관직)이 우백호(오른쪽, 여자 · 재물)를 다정히 환포하고 남주작(남쪽, 공작새 · 손님)과 북현무(북쪽, 거북이 · 조상)가 상서롭게 마주한 물형을 이상적인 길지로 판단한다. 그러나 넓은 평지에서는 이런 산세를 찾을 수가 없다. 그대신 묘를 감싸 도는 물길로 명당 여부를 가리는 법수(法數) 풍수를 적용한다.

차기 왕위 계승 문제로 매제와 아들 세력 간 충돌을 예견한 유리왕이 임종을 앞두고 조정 신료들에게 당부했다.

"석탈해는 신분이 왕의 인척인 데다 지위가 재상에 이르렀고 국가를 위해 여러 번 공을 세웠다. 나의 두 아들(후일 5대 파사이사금 · 7대 일성이사금) 재능이 그를 따르지 못한다. 내가 죽은 뒤 탈해를 왕위에 오르게 하라. 나의 유언을 잊지 말라."

부족 9개국 간(왕)이 하늘에서 내려온 여섯 사내를 맞으며 불렀다는 구지가 노래비. 경남 김해시 구지봉 입구에 있다. 가야 6국의 발원지다.

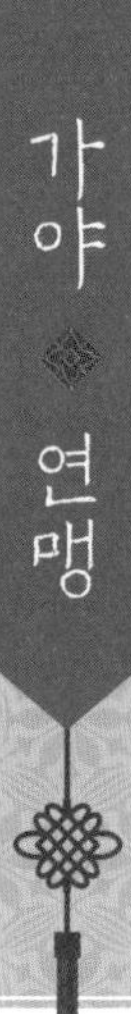

가야 6국

아홉 간과 무리들은 구지가를 불렀다. 잠시 후 해처럼
둥근 알 여섯 개가 황금상자에 담겨 하늘에서 내려왔다.
알에서 차례로 사내가 태어났다. 아홉 간의 추대를
받아 여섯 사내가 여섯 나라를 건국했다.
가야라는 이름이 비로소 불려졌다.

아홉 간의 추대 받아 여섯 사내가 여섯 나라를 건국하니 가야라

사학계서 일컫는 고조선은 단군조선(BC 2333~BC 1122), 기자조선(BC 1122~BC 194), 위만조선(BC 194~BC 108)의 세 조선을 통칭한다. 위만조선이 망하고 한사군(BC 180~AD 313)이 설치되면서 한반도 한강 이남에는 수십 개의 신흥 소국들이 발흥했다. 그중 세 나라가 마한(경기 · 충청 · 호남지역), 진한(강원 남부 · 경북지역), 변한(경남지역)이다. 사학자에 따라서는 삼한시대 혹은 원(原)삼국시대로도 분류한다.

세 나라는 씨족이나 부족 연맹으로 여러 집단의 족장이 다스렸다. 유력한 호족이 힘센 장사 수십 명을 규합해 거사하면 나라가 세워졌다. 이처럼 소국 연맹체로 결성된 나라가 삼한 국가였다. 족장들은 스스로 선출한 왕명을 거역하고 국사를 결정할 때마다 의견이 나뉘었다. 부족끼리는 물론 불가침 약정을 맺은 이웃 나라와 영토 전쟁을 벌여 백성들의 삶은 참담했다. 이런 나라가 마한 54국, 진한 12국, 변한 12국이 있었다.

김수로왕이 아홉 간의 추대를 받았다는 구지봉석. 김해시 구산동에 있으며 지석묘라는 견해도 있다.

의사 결정이 지체되고 결속력이 약한 연맹 체제는 오래가지 못했다. 마한은 온조에게 망해 백제로 승계(BC18)됐다. 진한은 박혁거세한테 나라를 넘겨 줘 국호가 신라(BC57)로 바뀌었다. 만주 동북지역의 고구려는 일찍부터 왕권 중심 국가로 건국(BC37)돼 주변국들을 정복해 나갔다. 변한은 달랐다. 마한 · 진한이 백제 · 신라에 흡수 · 병합되는 망국 상황을 목격하면서도 연맹국마다 독자 노선을 포기하지 않았다.

당시 변한에 속했던 나라는 ①가락국(김해) ②탁기탄국(진영) ③거칠산국(부산) ④장산국(기장) ⑤미리미동국(밀양) ⑥탁순국(창원) ⑦비사벌국(창녕) ⑧칠포국(칠원) ⑨아라국(함안) ⑩골포국(마산) ⑪가라국(고령) ⑫고자국(고성) ⑬사물국(사천) ⑭산반해국(의령) ⑮다라국(합천) ⑯사이기국(마쌍) ⑰거열국(거창) ⑱거타국(진주) ⑲다사국(하동) ⑳독로국(거제도) ㉑상기문국(임실) ㉒하기문국(남원)이었다.

치열한 경쟁과 전쟁 끝에 적자생존으로 변한 22국은 다시 12국으로 통·폐합됐다. 나라 이름도 달라지고 국경도 재조정되었다. ①미리미동국 ②접도국 ③고자미동국 ④고순시국 ⑤반로국(악노국) ⑥군미국 ⑦미오야마국 ⑧감로국 ⑨구야국 ⑩주조마국 ⑪안야국 ⑫독로국이다.

《삼국유사》〈가락국기〉에 전하는 가야의 건국 설화는 은유적이며 강한 상징성을 내포하고 있다. 서기 42년(임인)의 일로 이 해는 신라 3대 유리왕 19년, 백제 2대 다루왕 15년, 고구려 3대 대무신왕 25년에 해당한다. 중국은 후한 광무제 건무 18년이다.

> 천지개벽 이후 이 땅에는 나라로 부르는 칭호가 없었고 왕이나 신하라는 호칭도 없었다. … 오직 아홉 간(干)의 추장이 백성을 통치하며 살았다.
>
> 임인년(42) 3월 계욕일(액막이 제사 지내는 날) 북구지(北龜旨)에서 뭔가 부르는 소리가 있어 2~3백 명의 무리가 모였다. 사람의 음성인데 형체는 감추고 울림만 전해 왔다.
>
> "거기 누가 있느냐, 내가 있는 곳이 어디인고?"
>
> "우리들이 있사옵니다. 이곳은 구지이오이다."
>
> "하느님이 내게 명하신 바 이곳에 나라를 세우고 임금이 되라 하셨도다. 너희들은 봉우리 꼭대기의 흙 한 줌씩을 쥐고 춤추며 노래하라. 대왕을 마중하는 절차가 될 것이로다."

아홉 간과 무리들은 음성이 들리는 대로 '거북아, 거북아/머리를 내 놓아라/만일 내어 놓지 않으면/구워 먹으리라.'하고 따라 불렀다. 구지가(龜旨歌)다. 잠시 후 해처럼 둥근 알 여섯 개가 황금상자에 담겨 하늘에서 내

경남 김해시에 있는 구지봉 정상. 김수로왕이 탄생한 가야 왕국의 성지다.

가야 연맹은 한 국가로 통일하지 못하고 백제,
고구려보다 100년 정도 앞서 멸망했다. 다른 나라를
정복해 본 적도 없다. 연맹국마다 정치적 독자성이 강해
왕권 중심의 집중 권력을 당해내지 못했다.
찬란한 철기 문화를 꽃피웠어도 역사를 기록으로 남기지 못해
'신비의 왕국', '잊혀진 왕국'이 되고 말았다.

려왔다. 알에서 차례로 사내가 태어났다. 처음 탄생한 아이가 수로(首露)다. 아홉 간의 추대를 받아 여섯 사내가 여섯 나라를 건국했다. 가야라는 이름이 비로소 불려졌다. ①금관가야(김해) ②대가야(고령) ③소가야(고성) ④아라가야(함안) ⑤성산가야(성주) ⑥고령가야(상주)다.

수로는 '왕 중의 왕', '머리 왕'이란 뜻이며 황금 상자에서 태어나 성을 김(金)이라 했다. 김수로왕이 다스린 금관가야는 6가야의 종주국이었다. 가야는 당시 언어로 갈래 · 분파 · 동족이라는 의미였다. 간은 우두머리 또는 부족 국가의 왕이었다. 아홉 간은 변한 12국 가운데 신라에 예속되지 않은 9국 왕이었다. 동쪽에 국경을 마주한 신라와 영토 전쟁을 자주 벌였다.

신라와 가야가 앙숙 간으로 발전한 데는 수로왕과 탈해왕(신라 4대, 재위 57~80)의 악연이 큰 몫을 했다. 등극 전 탈해왕이 수로왕의 왕위 찬탈을 기도하고 영토 할애를 겁박한 게 단초였다. 수로왕의 가야 건국으로 신라에 대한 연맹 소국들의 조공이 끊기자 탈해왕은 수시로 침공했다. 이후 양국은 전기 가야(42~532)가 멸망하는 491년 동안 원수 관계로 대치했다. 후기 가야(4세기 중반~562)도 전기 가야처럼 신라를 대척했다.

수로왕은 42년 등극해 199년 훙서했다. 재위기간이 무려 158년이나 된다. 신화와 구전으로 전승돼 오는 고대사 영역이지만 쉽게 납득할 수 없는 햇수다. 사학자들은 전기 가야의 셈법이 주변국과 달랐음을 밝혀냈다. 전기 가야에서는 매년 5월과 10월 두 차례씩 제사를 지냈다. 씨앗을 파종하고 농작물을 수확하는 봄 · 가을의 감사 제사였다. 전기 가야는 한 번의 제사 기간을 1년으로 여겨 지금의 1년을 2년으로 계산했다. 79세였던 수로왕의 나이가 158세로 된 것이다.

3~4세기 경 미오야마(彌烏耶馬)국은 경남 창원에 존재했던 가야 소국이었다. 5~6세기 경 탁순국으로 바뀌었다. 서기 366년(백제 13대 근초고왕 21년) 백제가 미오야마국에 사신을 보내 왜와의 교역을 중재 요청했다. 이때 백제가 미오야마와 음이 흡사한 임나를 음차(音借)해서 사용했다. 임나(任那)라는 지명의 유래이다.

가야 연맹은 한 국가로 통일하지 못하고 백제, 고구려보다 100년 정도 앞서 멸망했다. 다른 나라를 정복해 본 적도 없다. 연맹국마다 정치적 독자성이 강해 왕권 중심의 집중 권력을 당해내지 못했다. 찬란한 철기 문화를 꽃피웠어도 역사를 기록으로 남기지 못해 '신비의 왕국', '잊혀진 왕국'이 되고 말았다. 사람들은 삼국시대를 운위하며 신라 · 백제 · 고구려만 기억할 뿐 가야는 잊고 있다.

김해 구지봉(사적 제429호, 경남 김해시 구산동 산81-2) 정상에는 여섯 왕을 맞아 가야를 건국했다는 탄강 설화지가 있다. 신비한 왕기가 온몸으로 느껴지는 성역이다. 바로 옆에 자리한 수로왕비(허황옥) 능과 연결된 거북머리 지형이다.

이곳에 왕기가 넘친다며 일제가 거북의 목 부분을 잘라 신작로를 냈다. 왕릉 정기를 끊어 놓은 것이다. 지금은 터널로 연결돼 수로왕비 능과 구지봉 왕기는 다시 이어졌다. 인작백년(人作百年 · 인간이 만들어 백년)이면 천작여동(天作如同 · 하늘이 지은 것과 동일)이라 했다.

납릉으로도 불리는 김수로 왕릉은 높이가 5m나 되는 거대한 원형 봉토분이다. 산악을 끼지 않은 평지장으로 회룡고조혈의 명당이다.

가락국 ◈ 금관가야

김수로왕

난생 설화는 알에서 태어난 지도자가 왕이 되어 국가를 다스린다는 내용이다. 하지만 인간이 어찌 부모 없이 알에서 태어나겠는가. 김수로왕은 북방에서 이주해 온 강력한 세력 집단으로 사학계에서는 인식하고 있다. 부족 수준에 머물렀던 9간이 자신들보다 문명이 훨씬 앞섰던 김수로에게 부족의 지배권을 넘겼던 것이다.

황금상자에서 태어나 성이 김이라 가락국 왕으로 추대하다

1세기 초반 한반도 한강 이남에는 78개 부족 국가들이 난립해 각자도생하고 있었다. 동일 씨족이나 이익 공유 집단으로 구성된 국가 전 단계의 취락 부족이었다. 작은 나라는 수천 가구였고, 큰 나라도 1만 가구를 넘지 않았다. 소국은 대국에 조공하며 전쟁 · 외교권을 의탁했고 상호 연맹체로 나라를 유지했다. 우월적 지위에 있는 세 국가가 마한, 진한, 변한이었다. 삼한은 자국의 영토 확장을 위해 국가 간은 물론 부족끼리의 전쟁도 서슴지 않았다.

경상남도 낙동강과 섬진강 유역에 위치한 변한 12국은 주변 강대국의 압박으로 생존권조차 위협 받고 있었다. 마한의 54개 소국을 거의 병합한 백제는 마한 부흥운동을 전개하고 있는 잔여 세력을 토벌하며 변한의 영토도 수시로 침공했다.

경주의 사로 6국 추대로 나라가 개국된 신라도 진한 12국을 차례로 통합해 나가며 동쪽 국경의 변한 땅을 틈만 나면 침략했다. 한 치의 땅이라도 서로 차지하려는 신라와 백제 사이의 영토 전쟁은 더욱 치열했다.

이즈음 변한 12국에도 큰 변동이 생겼다. 12국 중 3국이 신라에 예속됐고, 남은 9국의 아홉 간(干)이 소국을 나눠 다스리며 명맥을 유지했다. 간은 우두머리 · 두령을 뜻하는 몽골어 '칸'을 취해 쓴 것이다. 부족 집단 지도자나 추장을 일컬으며 방패라는 뜻과 간섭한다는 의미도 포함돼 있다. 아홉 간이 다스리던 변한에는 아직 나라 이름도 없었고, 군신 간 칭호조차 없는 혼돈의 부족 사회였다.

아홉 간의 능력은 저마다 뛰어나 중대사를 분담해 집단을 통치했다. 칼솜씨가 탁월한 아도간, 여도간, 피도간, 오도간은 전쟁을 주도했다. 유천간, 신천간, 오천간은 하늘의 천기를 짚어내 제사를 주관했다. 신령과 잘 통하는 신귀간은 잡기를 제압해 동티가 날 때마다 앞장섰다. 유수간은 치산치수에 능해 백성들의 농업 생산을 장려했다. 그러나 이들 9간은 개

김해 수로왕릉을 지키고 있는 문무인석.

성이 너무 강해 의견 충돌이 잦았다. 부족 집단은 균열되고 연맹체 이탈 조짐으로까지 악화됐다. 위기였다.

서기 42년(임인) 3월. 9간을 위시한 200~300명이 김해 구지봉에서 액막이 제사를 지내고 있었다. 갑자기 음성이 들려 〈구지가〉 노래를 따라 부르니 황금상자 안에 여섯 개의 알이 하늘에서 내려왔다. 9간이 지성으로 보살피니 여섯 사내가 태어났다. 첫 아이를 수로라 하고, 9간이 김해 금관국(또는 가락국) 왕으로 추대했다. 황금상자에서 태어나 성을 김(金)이라 했다. 수로가 김해 김씨의 시조가 되는 연원이다. 9간은 나머지 다섯 아이도 땅을 나누어 왕으로 추대하고 나라 이름을 가야라 했다. 삼국유사에 전하는 가야의 건국 설화다.

세계 각국에는 지정학적 여건이나 자국의 환경에 따른 개국 신화와 건국 설화가 존재한다. 시조가 하늘에서 탄강했다는 북방의 천손(天孫) 신화와 알에서 태어났다는 남방의 난생(卵生) 설화가 대표적이다.

단군 탄생이 대표적인 천손 신화다. 부여, 말갈, 에벤키족(퉁구스족)도 이에 속하며 집단의 영도자가 하늘이나 높은 곳에서 지상으로 내려와 신격화되는 것이 특징이다.

난생 설화는 알 속에서 태어난 지도자가 왕이 되어 국가를 다스린다는 내용이다. 박혁거세(신라 시조), 석탈해(신라 4대왕), 수로왕이 관련된다. 쌀 농사가 생업인 난대 지역의 태국, 대만, 자바, 인도 등에도 난생 설화가 전해 온다. 얼핏 황당무계한 것 같은 신화나 설화지만 강한 상징성이 내포돼 있으므로 당시의 시대적 상황과 숨겨진 역사적 사실에 주목해야 한다.

사학계에서는 김수로왕을 북방에서 이주해 온 강력한 세력 집단으로 인식하고 있다. 부족 수준에 머물렀던 9간이 자신들보다 문명이 훨씬 앞

김수로왕은 42년에 즉위해 158년을 왕위에 있다 199년 세상을 떠났다. 가야와 주변국의 역법 차이에서 산출된 재위 기간으로 밝혀졌다. 대궐의 동북쪽 평지에 빈궁을 짓고 장사지낸 뒤 주위 300보의 땅을 수로왕 묘역으로 정했다고 한다.

숭선전에는 수로왕과 왕비의 신위를 모시고 봄, 가을에 제향을 올리고 있다.

섰던 김수로에게 부족의 지배권을 넘겼던 것이다. 신라 시조 박혁거세는 위만조선에게 멸망한 기자조선 유민의 영도자였다. 석탈해도 왜에서 망명해온 고위 관리였다. 인간이 어찌 부모 없이 알에서 태어나겠는가. 백제 시조 온조는 고구려를 탈출해 마한 땅에 정착했다가 마한을 정복한 북방 부여족이었다.

김해는 예부터 철광석이 많이 나 제련 기술이 월등했다. 지근의 합천에도 철광 매장량이 풍부해 가야인의 삶은 풍족했다. 가야 숙련공이 제작한 창, 갑옷, 방패와 말 갑옷, 말머리 가림개 등은 신라, 백제는 물론 왜에서도 두려워하는 당대의 신무기였다. 철을 녹여 뭉친 덩이쇠(철괴)는 낙랑, 대방과 왜로 수출돼 화폐 대용으로도 통용됐다. 신라는 김수로왕의 가락국을 쇠와 연관시켜 '금관(金官) 가야'라 호칭했고, 왜는 쇠를 잘 다룬다 하여 '쇠나라'로 불렀다.

김해는 야트막한 산과 넓은 평야가 일망무제로 펼쳐진 기름진 옥토다. 옛 기록과 지도를 보면 현재의 김해평야는 원래 바다였다. 섬진강 하구의 하동과 더불어 물동량이 넘쳐나고 물산이 넉넉한 국제 항구였다. 6가야 간 차이는 다소 있었으나 가야인의 생활은 넉넉했고 높은 수준의 문화도 향유했다. 때로는 넘치는 여유가 부족함만 못할 때도 있다. 현실에 자족했던 6가야는 가야라는 국명만 공유했을 뿐 다른 나라와 진배없이 지냈다.

김수로왕은 석탈해가 왕(재위 57~80)으로 즉위하기 전 수차례 전쟁을 치렀다. 석탈해가 김수로의 왕위 탈취를 기도하자 변신 술수로 기선을 제압한 뒤 500척의 배를 동원해 물리쳤다는 기록이 사서에 전한다. 대규모 해전이었다. 두 나라 간 화친의 시기도 있었다. 김수로왕 60년(102) 8월. 신라에 귀속이 안 된 음집벌국(경북 안강)과 실직곡국(강원 삼척) 간 국경 분쟁이 일촉즉발 전쟁 일보 직전으로 비화됐다. 당황한 파사왕(신라 5대왕, 재위 80~112)이 김수로왕에게 고견을 묻자 실질곡국이 점령한 땅을 음집벌국에 반환토록 중재한 적이 있다. 적대국이었지만 나이가 많고 경륜이 앞선 김수로왕을 신뢰했던 것이다.

6가야에는 여섯 명의 왕이 따로 있었고 각기 지향하는 노선도 달랐다. 김수로왕은 재위 내내 가야국 간 충돌과 신라, 백제와의 영일 없는 국경 전쟁으로 시달렸다. 내우외환이었다. 전쟁에 패할 때마다 원수와 화친의 관계를 번복하는 등거리 외교의 수모도 감수해야 했다. 김수로왕 사후의 일이지만 이 같은 가야 6국의 독자 생존 전략이 전 · 후기 가야 멸망 원인이 되고 말았다.

김수로왕은 42년에 즉위해 158년을 왕위에 있다 199년 세상을 떠났다. 가야와 주변국의 역법(曆法) 차이에서 산출된 재위 기간으로 밝혀졌다. 수로왕은 인도 아유타국에서 온 허황옥을 왕비로 맞아 2대 왕위에 오른 거등왕을 포함해 10남 2녀를 두었다. 납릉(納陵)으로도 불리는 김수로왕릉(경남 김해시 서상동 312 · 사적 제73호)은 높이가 5m나 되는 거대한 원형 봉토분이다. 산악을 끼지 않은 평지장이다.

좌향을 측정하니 3대를 적선해도 들기 힘들다는 자좌오향(子坐午向)의 정남향이다. 놀랍게도 수로왕이 탄강한 구지봉을 우측에 둔 회룡고조혈(回龍顧祖穴)이다. 왕릉 풍수에서 회룡고조혈은 자신이 태어난 곳(부모)을 다시 바라보는 물형으로 명당 중의 명혈이다.

왕비 능 앞에 혼유석을 놓았고 '가락국 수로왕비 보주태후 허씨지릉'이라는 묘비가 한자로
새겨져 있다.

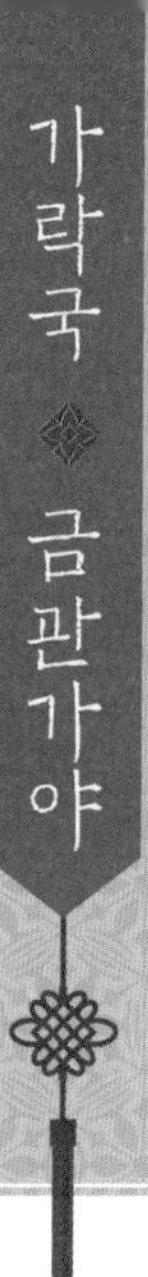

허황옥

"저는 인도 아유타국에서 온 공주입니다. 성은 허씨,
이름은 황옥이고 나이는 16세입니다. 지난 5월,
하늘의 상제가 부모님 꿈에 나타나 '가야국 왕 김수로에게
공주를 시집보내 배필로 삼게 하라.'고 하셨습니다."
왕은 아유타국 공주를 왕비로 맞아 들였다. 허 황후다.

아유타국에서 배 타고 온 공주를 왕비로 삼다

김수로(金首露 · 이하 왕)를 김해 가야국의 시조 왕(재위 42~199)으로 추대한 9간(干 · 추장)과 신하들은 걱정이 태산 같았다. 즉위한 지 6년이 지나도록 왕비 간택을 않고 있어서였다. 9간과 신하들이 왕을 배알하며 아뢰었다.

"신들이 키운 처녀 중 마음에 드는 낭자를 골라 왕비로 삼으소서."

왕은 태연했다.

"내가 이 땅에 하강함은 하늘의 분부시다. 짝지어 왕후로 삼게 함도 하늘이 명할 것이니 그대들은 염려하지 말라."

왕은 신하들에게 김해 망산도로 가 기다릴 것을 명했다. 왕명에 따라 위의를 갖춘 신하 여럿이 망산도 해변에 나가 기다렸다.

48년 7월 27일. 멀리 서남쪽에서 붉은 돛을 단 배 한 척이 깃발을 휘날리며 망산도를 향해 왔다. 배에서 내린 일행을 신하들이 영접하려하자

수로왕비릉의 안내표지판. 사적 제74호로 지정된 수로왕비릉은 직경 16m, 높이 5m의 원형 봉토분이다. 한국 풍수의 비조 도선 국사가 명당자리를 잡을 때 즐겨 썼다는 계좌정향의 남향이다.

배 안의 낭자가 일렀다.

"어찌 초면의 낯선 이를 함부로 따라 가겠느냐?"

이 말을 전해들은 왕이 직접 나가 맞이했다. 낭자는 나루터 언덕에 올라 입고 있던 바지를 벗어 신령에게 바쳤다. 그리고는 왕을 따라 궁궐로 들어갔다. 9간과 신하들이 시립해 있었다.

"저는 인도 아유타국에서 온 공주입니다. 성은 허(許)씨, 이름은 황옥(黃玉)이고 나이는 16세입니다. 지난 5월, 하늘의 상제가 부모님 꿈에 나타나 '가야국 왕 김수로에게 공주를 시집보내 배필로 삼게 하라.'고 하셨습니다. 부모님의 명을 받들어 이곳에 와 용안을 우러르게 되었습니다."

왕이 화답했다.

"나는 나면서부터 성스러워 멀리서 공주가 올 것을 미리 알았소. 현명한 공주가 스스로 왔으니 나라에 큰 홍복이오."

왕은 아유타국 공주를 왕비로 맞아 들였다. 허 황후(이하 왕비)다.

왕비는 아유타국을 떠나며 거느리던 시종과 값진 예물을 풍족히 가져

왔다. 비단, 능라 같은 옷감과 진귀한 보석 패물이었다. 후진 농경사회서 초기 철기시대로 진입하던 가야국에서는 처음 보는 것이었다. 중국과 로마의 실크로드를 거쳐 수입되던 서역의 특산물이었다. 인도, 미얀마에서만 생산되는 경(瓊 · 투명 옥)과 구(玖 · 검은 루비)도 있었다. 그중에서도 왕과 신하들의 이목을 크게 집중시킨 건 5층 파사(婆娑) 석탑이었다.

왕비가 말을 이었다.

"배로 아유타국을 출발했지만 파도가 거세 항해할 수가 없었습니다. 돌아가 부모님께 여쭈니 '이 석탑을 싣고 가라.'고 명하셨습니다. 석탑의 신통력으로 바다가 평온해져 무사히 올 수 있었던 것입니다."

왕과 신하들은 파사 석탑의 영험함에 외경심을 표하며 면밀히 살펴보았다. 사면으로 모가 난 석탑은 그 조각이 매우 기이하고 돌 표면에는 열은 무늬가 있었다. 가야국엔 없는 저 돌이 모진 바다 풍랑을 어찌 잠재울 수 있었단 말인가.

왕권이 안정되자 왕은 변방국과의 전쟁도 불사하며 영토의 확장을 시도했다. 왕은 일찍이 장남 거등을 태자로 책봉해 후사문제로 야기될 혈육간 투쟁에도 대비했다. 석탈해(신라 4대왕)의 왕권 도전이 있었지만 격퇴시키고 나라 안 문물과 제도를 새롭게 정비해 내치를 공고히 했다. "백성을 자식처럼 아껴 교화는 위엄이 섰고, 정치는 엄하지 않아도 잘 치도했다. 왕비의 내조 또한 비범해 순 임금을 도와 요씨를 일으킨 것과 같았다."고 《가락국기》에 전한다.

사학계에서는 아유타국을 인도, 태국, 중국의 세 나라로 비정하고 있다. 인도 갠지스강 중류에 아요디아라는 성읍이 존재했다. 아요디아에 건국됐던 태양 왕조가 아유타국으로 추정된다. 서기 20년 아유타국이 멸망

왕비는 아유타국을 떠나며 거느리던 시종과 값진 예물을 풍족히 가져왔다. 그 중에서도 왕과 신하들의 이목을 크게 집중시킨 건 5층 파사 석탑이었다. 파사 석탑은 머나먼 뱃길의 거센 풍랑을 제압했다.

"열 아들 중 둘은 제 성을 따르게 하고 싶습니다.
허락해 주소서." "그리 하시라." 왕은 흔쾌히 윤허했다.
왕비의 몸이 날로 쇠약해져 곡기를 끊더니 188년
숨을 거뒀다. 157세였다. 현재 5백만 명을 헤아리는
국내 김해 김씨·김해 허씨 후손들은 조상 시조모가
동일하다 하여 혼인을 기피한다.

해 태국으로 망명했다는 기록이 인도 역사서에 전한다. 왕비가 김해로 오기 28년 전의 일이다.

태국 메남강 기슭에는 아유티아라는 고도(古都)가 있다. 일찍이 아유타국이 건국한 식민지로 전해진다. 아유타국이 망하자 유민들이 아유티아로 대거 이주해 살았다는 추론이다.

왕비의 중국 도래설은 매우 구체적이다. 중국 사천성 가릉강 유역에는 보주(普州 · 현 안악)라는 도시가 있다. 아유타국이 보주에 분국을 세워 파족(巴族)이 대대로 살아 왔다. 파족의 중심 세력은 허(許)씨였다. 소수 민족이었던 파족이 후한(25~220)과의 전쟁에 져서 강하(현 우한)로 강제 이주 당했다. 왕비가 서해를 건너 김해 가야국에 도착한 건 이 무렵이다. 현재도 보주에는 15만여 명의 허씨가 살고 있다. 수로왕비릉 앞 비석 시호(諡號)에는 보주태후(普州太后)로 음각돼 있다.

왕과 왕비의 국제 왕실혼은 1~2세기 경 한국 고대사의 추적에 몇 가지 단서를 제공하고 있다. 신라, 백제, 고구려 등 동시대 주변국 왕실에선 상상조차 할 수 없었던 이역인과의 결혼이 가야국에서는 시조 왕대에 성사된 것이다. 타 성씨로의 권력 분산을 염려해 근친혼으로 왕권을 유지했던 신라와는 극명한 대조를 이룬다. 다문화 사회로 개방사회를 지향했던 가야국 주류층의 의식에도 주목하고 있다. 또한 왕비가 지참했던 결혼 예물을 통해 당시 국제 무역항으로서 김해의 입지를 유추해 볼 수도 있다.

아유타국 파사 석탑은 머나먼 뱃길의 거센 풍랑을 제압했다. 석탑은 곧 성보(聖寶)로 불교를 상징하며 인도에서 발상한 불교의 신통력을 입증하는 사례다. 파사 석탑은 불교의 남방 전래설을 뒷받침하는 증거로 제시되고 있다. 아직도 김해에는 당시 창건됐던 절터와 관련 유물 · 유적들이

다수 남아 있다. 코끼리 상(像), 쌍어(雙魚) 문양과 구비 · 전승 자료 등도 전한다.

한반도에 불교가 최초로 전래된 공식 기록은 고구려 17대 소수림왕 2년(372)으로 백제는 15대 침류왕 1년(384), 신라는 23대 법흥왕 14년(527)이다. 3국 모두 인도-중국-고구려를 거쳐 한반도에 유입된 북방 불교라는 공통점을 갖고 있다. 48년 인도 아유타국에서 왕비가 가져온 파사석탑은 한반도의 불교 기원을 324년이나 앞당기는 획기적 유물이다. 그러나 불교의 남방 전래설에 관해서는 아직도 학계의 의견이 분분하다.

왕과 왕비의 금슬은 유별나게 좋았다. 10남 2녀를 탄출했다. 어느 날 둘은 서로 얼굴을 마주 보았다. 저승꽃이 검게 핀 노안을 보며 왠지 모를 설움이 회한으로 북받쳤다.

"열 아들 중 둘은 제 성(姓)을 따르게 하고 싶습니다. 허락해 주소서."

"그리 하시라."

왕은 흔쾌히 윤허했다. 왕비의 몸이 날로 쇠약해져 곡기를 끊더니 188년 숨을 거뒀다. 157세였다. 현재 5백만 명을 헤아리는 국내 김해 김씨 · 김해 허씨 후손들은 조상 시조모(母)가 동일하다 하여 혼인을 기피한다.

사적 제74호로 지정된 수로왕비릉(경남 김해시 구산동 120)은 직경 16m, 높이 5m의 원형 봉토분이다. 한국 풍수의 비조 도선(827~898) 국사가 명당자리를 잡을 때 즐겨 썼다는 계좌정향(癸坐丁向)의 남향이다. 능 앞에 혼유석을 놓았고 '가락국 수로왕비 보주태후 허씨지릉'이라는 묘비가 한자로 새겨져 있다. 삼국 초기의 다른 평지장과 달리 경사진 낮은 언덕에 용사됐다. 거대한 좌청룡 · 북현무가 참배객을 압도한다. 남주작이 멀지만 우백호는 김수로왕이 탄강한 구지봉과 연결된다.

고구려인의 상징적 표상인 온달장군과 평강공주상.

태조왕

태조는 성장하면서 무서운 용맹과 담력을 만방에 떨쳤다. 후한 조정에서는 고구려 소년왕을 두려워했다. 《후한서》에는 '궁은 태어나면서부터 눈을 열어 능히 세상을 꿰뚫어 볼 수 있었다.'고 기록돼 있다. 대신들과 백성들은 고구려에 새로운 시조왕이 탄강했다면서 태조의 왕도 정치를 믿고 따랐다. 태조의 국정 장악력은 더욱 막강해졌고 전쟁을 통한 고구려의 팽창 정책은 주변국들을 위축시켰다.

한민족 최대의 영토 제국 실현
아시아 대륙의 맹주로 부상

묘호(廟號)는 왕이 승하한 뒤 왕의 공덕을 가려 조정에서 지어 올리는 호칭이다. 역대 임금의 신주가 봉안된 종묘에 입묘(入廟)할 때 붙이는 칭호였으므로 정작 왕이 살아서는 듣지도 보지도 못한 이름이었다. 묘호는 황제(皇帝)·제(帝)·조(祖)·종(宗)·왕(王) 등으로 대별된다.

묘호에 조를 최초로 붙인 건 중국 전한(BC 202~AD 23)의 시조 유방(고조·재위 BC 202~BC 195)이다. 전한 이전에는 제 또는 왕을 사용했다. 묘호에 황제를 쓴 건 중국 역사상 최초로 중원을 통일한 진(秦·BC 221~BC 207)나라 시황(始皇)에 의해서다.

시조 왕에게 태조(太祖)라는 묘호를 처음 사용한 나라는 중국의 후량(907~923)과 후주(951~960)이다. 후진(936~947)은 태조 대신 고조를 썼다. 이처럼 태조라는 묘호는 나라를 개국한 창업주에게만 주어지던 호칭이었다. 시조 이외의 왕에게 태조란 묘호를 지어 봉정함은 언감생심으로 크나

큰 불경이었다.

고구려는 달랐다. 6대 왕 궁(宮)이 재위 93년 1개월 만에 승하하자 태조왕(太祖王· 재위 53~146)이란 묘호를 지어 올렸다. 후량의 시조 주전충(재위 907~912)이 912년에 죽자 태조라 작호했으니 고구려가 중국보다 766년이나 앞서 태조란 묘호를 사용한 것이다. 고구려는 왜 6대 왕에게 태조왕이란 묘호를 지어 올렸을까.

고구려는 시조 동명성왕(고주몽 · 재위 BC 19~AD 18)의 개국 이래 5대 왕을 거치는 동안 빈번한 영토 전쟁과 잦은 정변으로 국정이 늘 불안했다. 태조왕(이하 태조)도 예외가 아니었다. 5대 모본왕(재위 48~53)이 폭정을 일삼고 인명을 함부로 살상하자 심복 두로(생몰년 미상)가 왕을 시해했다.《삼국사기》에는 '모본왕의 사람됨이 포악하고 나라 일을 돌보지 않으니 백성들이 그를 원망했다.'고 전한다.

조정에서는 2대 유리명왕의 6남 고추가(古鄒加 · 조선시대 대원군) 재사(再思 · 생몰년 미상)를 왕으로 추대했다. 재사는 연로했음을 이유로 사양하고 아들 궁에게 왕위를 양보했다. 궁은 부여 출신 태후 금씨(이하 태후) 소생으로 당시 7세였다. 궁의 6대 왕 등극과 함께 고구려 조정의 모든 정사는 태후가 수렴청정하며 좌지우지했다. 태후는 잔존 역모 세력을 발본색원하고 친정 세력을 구축했다.

태후는 탁월한 여군주였다. 태조의 제왕 기질을 일찍이 감지하고 수렴청정 이후의 통치기반 조성을 공고히 했다. 고조선이 멸망하며 변방국에 합병된 고토 회복을 위해 군사력을 증강하고 국경지역 성벽을 대폭 개 · 보수했다. 태조 3년(55) 요서지역에 10개 성을 쌓아 후한(25~220) 공격에 대비하고 이듬해 7월에는 동옥저(함경남도 일원)를 멸망시켜 동해까지 영토를 확장했다.

태조는 성장하면서 무서운 용맹과 담력을 만방에 떨쳤다. 후한 조정에서는 고구려 소년왕을 두려워했다.《후한서》에는 '궁은 태어나면서부터 눈을 열어 능히 세상을 꿰뚫어 볼 수 있었다.'고 기록돼 있다. 이처럼 중국 사서에는《삼국사기》에도 없는 고대 한국 역사가 전하고 있어 미궁에 빠진 삼국사 연구에 소중한 자료가 되고 있다.

태후가 수렴청정을 거두고 태조에게 통치권을 이양했다. 조정 대신들과 백성들은 태조의 친정 도래를 은근히 우려했다. 그러나 기우였다. 태조는 어제의 소년왕이 아니었다. 일찍부터 연노부, 계루부, 절노부, 순노부, 관노부의 다섯 종족이 교대로 통치해 왔던 조정을 계루 부족 위주로 개편했다. 계루 부족 출신의 태조가 전제 왕권적 지배 체제를 수립하며 이후 고구려는 계루 부족에 의한 왕위 계승이 확립됐다. 조정 내 권력 서열도 능력 위주로 환골탈태 시켰다.

태조는 외치에도 뛰어났다. 고구려 패권을 저지하려는 후한과의 긴장 관계를 강온 전략으로 맞섰다. 사은 사절을 파견해 평화 공세를 펴다가도 적극적 압박 공세로 황하로의 서방 진출을 도모했다. 대신들과 백성들은 고구려에 새로운 시조왕이 탄강했다면서 태조의 왕도 정치를 믿고 따랐다. 태조의 국정 장악력은 더욱 막강해졌고 전쟁을 통한 고구려의 팽창 정책은 주변국들을 위축시켰다.

태조의 계속된 전쟁 승리는 영토 확장으로 이어졌다. 왕 16년(68) 갈사국(부여의 망명세력) 병합. 왕 20년(72) 조나국 왕을 생포해 항복받음, 왕 22년(74) 주나국 정복. 왕 53년(105) 고구려를 침공한 후한군 격멸. 왕 59년(111) 왕 66년(118)에는 2차에 걸쳐 예맥국과 연합으로 낙랑군 소속 화

고구려 시대에 구축한 보루. 적의 기습이나 접근을 막기 위해 돌이나 흙으로 쌓은 군사 진지다.

태조의 영토 확충은 국가 경제적으로 중대한 전환점이 되었다.
화북평원으로의 진출은 농토 확장과 더불어 생활 안정으로 이어졌다.
백성들은 중국 상고시대 전설상 군주인 요 임금 때
백성들이 태평성대를 구가하며 불렀다는 격양가를
읊조리며 태조의 공덕을 치하했다.

려성(城)을 함락시킴. 이 같은 용략으로 태조는 중원 강국인 후한 압력을 차단하고 서방(황하 및 산동반도)으로의 진출 통로를 확보했다.

태조의 주변국에 대한 공격과 수비는 더욱 주도면밀해졌다. 왕 69년(121) 유주자사 풍환, 현도태수 요광, 요동태수 채풍이 연합으로 기습해 왔다. 태조는 항복 문서를 보내 방심시킨 뒤 요동과 현도의 후미를 공격해 패퇴시켰다. 이 전쟁은 태조의 동복동생 수성(遂成 · 71~165)이 참전해 올린 전과였다. 이후로도 수성은 요동군의 신안거향과 서안평을 공략해 대방 현령을 살해하고 낙랑 태수 처자를 볼모로 생포했다. 후한과 낙랑 간 교통로가 위협 당하며 양국의 전력이 분산됐다.

이 무렵 후한에서는 전국 도처의 농민 봉기가 걷잡을 수 없이 번져 황건군의 전란으로 확대됐다. 107년(왕 55) 어부지리로 왕의 외척 세력이 조정을 장악했다. 왕은 친위 세력인 환관들과 결탁해 정면 대결했다. 양측 간 무차별 살육전으로 수천 명이 희생됐다. 기회를 포착한 태조는 고구려에 전군 동원령을 내려 중원 대륙의 정벌에 나섰다.

요서의 소국들이 함락되고 산동반도 너머 동해군(郡)을 점령한 뒤 양자강 이남 화북평원까지 진출했다. 동으로는 동옥저를 굴복시켜 한반도(현 강원북부)까지 영토를 확장했다. 발해만과 서해는 물론 동해까지 고구려 강역으로 흡수됐다. 북쪽은 우수리강과 약수를 경계로 읍루(만주족) · 부여와 국경을 마주했다. 위기를 느낀 동북방의 선비와 흉노(몽골)는 고구려에 화친 사신을 보내 조공 외교를 펼쳤다.

태조는 고조선의 고토 회복을 능가하는 광활한 영역을 확보했다. 단군의 고조선 개국 이래 한민족 최대의 영토 제국이 마침내 실현된 것이다. 이로써 고구려는 중국 후한과 함께 아시아 대륙의 양대 맹주로 국제 사회

고구려의 전통 문양. 사찰이나 누각의 장식에도 사용했다.

한반도 중부를 관통하는 한강. 삼국시대부터 강을 차지하는 나라가 통치권을 장악했다.

에 부상했다. 태조는 왕 62년(114) 8월부터 10월까지 중국 남해지역 순행(巡行)을 통해 확보된 영역에 대한 중앙 통제력을 강화했다. 이때부터 사용한 고구려의 독자 연호 전통은 후대 왕으로 이어졌다.

태조의 영토 확충은 국가 경제적으로 중대한 전환점이 되었다. 고구려 수도가 있는 만주지역은 가뭄, 홍수, 우박, 메뚜기 떼 창궐 등의 자연재해가 잦은 척박한 땅이었다. 화북평원으로의 진출은 농토 확장과 더불어 생활 안정으로 이어졌다. 발해만, 서해 연안 장악은 수산물 어획을 통한 어민 소득으로 물산이 풍부해졌다. 백성들은 중국 상고시대 전설상 군주인 요(堯 · ?~?) 임금 때 백성들이 태평성대를 구가하며 불렀다는 격양가(擊壤歌)를 읊조리며 태조의 공덕을 치하했다.

개국 초 고구려 국운은 여기까지였다. 왕 69년(121) 태조가 병석에 들며 아우 수성에게 정사를 위임했다. 7세에 등극한 지 62년 만으로 79세였다. 태조의 장기 재위로 권력에서 소외됐던 세력들이 수성의 역모를 충동질했다. 환나부 어지류, 관나부 미유, 비류나 양신 등으로 이들 모두는 우태직(職), 조의직(職)에 있던 고위 신료들이었다. 처음엔 수성이 사양했다. 그러나 아무리 기다려도 태조는 죽지 않았다.

왕 94년(146) 마침내 수성이 왕위를 찬탈하고 스스로 왕위에 올랐다. 태조의 와병 25년 만이었다. 수성은 태조를 별궁에 유폐시키고 태조의 충복 복고장을 살해했다. 왕권 유지에 장애가 되는 태조의 장남 막근 태자에게 대역죄를 씌워 참수(148년 4월)했다. 자신에게 미칠 화를 예견한 차남 막덕 왕자는 목을 매 자결했다. 태조는 별궁에 갇혀 비보를 접할 때마다 죽지 않고 오래 살아있음을 원망했다.

천추의 한을 품고 연명하던 태조가 165년 3월 홍서했다. 별궁에 감금된 지 19년 만으로 119세였다. 태조가 운명하며 수성에게 유명(遺命)을 내렸다.

"수성, 네 이놈! 나는 24살이나 어린 너를 친자식처럼 양육했다. 어찌 천륜을 저버리고 천지신명 앞에 득죄 한단 말이냐? 권력은 나타났다 스러지는 구름 같은 것이다. 네 놈의 죄업은 지은 대로 돌아올 것이며 복락도 길지 않을 것이로다. 고구려의 종묘사직이 근심일 뿐이다."

7대 차대왕(재위 146~165)으로 용상에 앉은 수성은 천성이 포악하고 비열했다. 온갖 폭정과 패악질로 백성들은 피골이 상접됐다. 간신들은 부패 · 향락의 주지육림으로 날을 지새웠다. 견디다 못한 근신(近臣)들이 봉기했다. 차대왕 20년(165) 10월. 연나부의 조의(皂衣) 명림답부(67~179)가 차대왕을 독대하며 숨겨온 칼로 왕의 목을 난도질했다. 정변으로 용상에 앉은 왕의 최후였다.

태조왕은 만주 졸본성 인근에 묻혔다고 전하나 능에 대한 기록은 전하지 않는다.

탈해이사금은 죽어서도 신라 초기 임금들이 묻힌 오릉에 들어가지 못했다. 경주 북동쪽 금강산 낮은 언덕에 능이 조영됐다. 축좌미향의 남서향 원형 봉분으로 신라 왕릉치고는 작은 규모다.

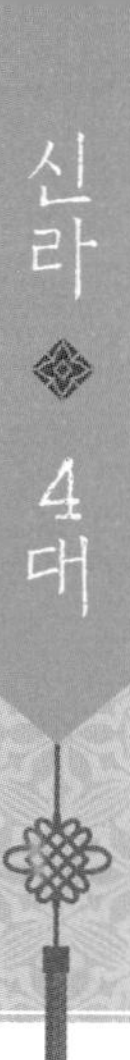

탈해이사금

처남에게 왕위를 양보했다가 62세에 즉위한 탈해이사금은 대신들의 불신과 내우외환에 시달렸다. 그가 왕위에 있었던 기간은 권력 암투와 소국 간 영토 전쟁으로 점철된 격동의 세월이었다. 탈해이사금은 신라 초기 임금들이 묻힌 오릉에 들어가지 못했다.

권력 암투와 소국 간 영토 전쟁 격동의 세월을 살다

전제 군주사회에서 한 국가의 임금으로 등극함에는 왕실의 적통성과 승계 법통의 정당성이 절대 요건이었다. 신라 4대 왕 탈해이사금(脫解尼師今)은 타 성씨로 즉위해 재위(57~80) 24년 내내 순혈 정통성을 극복하지 못했다.

신라는 박혁거세거서간의 개국(BC57)이래 세 명의 왕이 교체되는 114년 동안 박씨 왕족이 무탈하게 왕위를 이어 왔다. 이런 상황에서 대통을 이을 두 왕자를 제치고 석탈해가 왕이 된 것이다. 여러 사서에서도 탈해의 출생 배경과 신라 입경(入京) 과정에 많은 의문점을 제기하고 있다.

《삼국사기》의 기술 내용이다.

'탈해는 본래 왜국 동북쪽 천리 밖에 있는 다파나국 왕과 적녀국 공주 사이에서 태어났다. 공주가 임신한 지 7년 만에 큰 알을 낳자 왕이 놀라 바다에 버렸다. 금관국(가야)에 닿았으나 거들떠보지 않았고 진한(신라) 포

구에서 노파가 거둬보니 어린 아이가 있었다.'

《삼국유사》의 기록도 유사한데 나라 이름이 용성국인 것과 아진의선(박혁거세의 뱃사공 어머니)이란 노파가 양육했다는 내용만 다르다. 사학계서는 '왜국 천리 밖 용성국'을 당시 수많은 일본 내 소국 중 하나였던 현 이키(壹岐) 제도로 비정하고 있다.

석(昔) 씨의 성 유래는 까치와의 설화에서 비롯된다. 탈해가 바닷가에 도착했을 때 까치들이 모여들어 까치 작(鵲)자에서 새 조(鳥)자를 떼고 석(昔) 자로 성씨를 삼았다는 것이다. 이름은 알을 벗고(脫=벗을 탈) 상자를 풀어(解=풀 해) 나왔다는 데서 유래됐다.

당시에는 이미 왜국에서 귀순한 호공(瓠公)이란 인물이 신라 조정에서 높은 벼슬을 하고 있었다. 호공은 박혁거세거서간 38년(BC20) 신라 사신으로 마한에 입국해 마한 왕을 꾸짖고 돌아와 기개를 높이 칭송 받은 바 있다. 탈해는 그때 호공이 살고 있던 집이 자기 조상의 옛집이었다는 술수를 부려 억지로 빼앗아 살았다.

일부 사학계서는 호공이 용성국 신료 중 하나였으며 탈해가 호공의 아들이었다고 주장한다. 용성국을 먼저 탈출한 호공이 신라 조정에 뿌리 내린 후 박씨 왕족과의 세력 다툼 끝에 왕위까지 쟁탈했다는 것이다. 호공은 2대 남해차차웅 재위 시 대보(재상) 자리에 있으며 왕의 장녀(아효)와 탈해를 결혼시키고 정치·군사 업무를 관장토록 주선했다. 탈해이사금(이하 탈해왕)은 즉위 후 다시 호공을 대보로 임명했고, 재위 3년(59)에는 왜국과 친교를 맺어 사신을 교환했다.

처남(3대 유리이사금)에게 왕위를 양보했다가 62세에 즉위한 탈해왕은 대신들의 불신과 내우외환에 시달렸다. 그가 왕위에 있었던 기간은 권력 암투와 소국 간 영토 전쟁으로 점철된 격동의 세월이었다. 한강 이남에서는 경남지역의 가야 건국(42)과 더불어 신라, 백제의 삼국 간 전국시대가 본격적으로 전개됐다. 한강 이북도 녹록치 않았다. 동예(낙랑국) 말갈(여진족) 낙랑군(한사군의 하나로 313년까지 평양지역에 존속)이 세력을 겨뤘다. 고구려는 한반도 소국들과는 무관하게 중국 한나라와 전쟁을 지속하며 만주지역 부족 국가들을 차츰 병합해 나갔다.

탈해왕 5년(61) 8월 사면초가의 압박으로 곤경에 처해 있던 왕에게 급보가 날아들었다. 마한 부흥운동을 총지휘하던 장수 맹소(孟召 · 생몰년 미상)가 복암성을 통째로 수습해 신라에 투항해 온 것이다. 마한 땅 복암성(충북 보은 · 옥천)은 신라, 백제가 자국으로의 복속을 위해 사생결단으로 싸우던 난공불락의 요충지였다. 도처에서 출몰하는 마한 부흥군의 기습 공격으로 백제도 기진맥진했을 때다. 뜻밖의 낭보로 탈해왕의 통치력에는 동력이 실렸다.

4년 뒤에는 경주 시림 숲 금궤 속 알에서 김알지가 태어났다. 숲 이름을 계림이라 고치고 국호로 사용했다. 후에 김알지를 대보로 삼고(《삼국사기》), 태자로 책봉했다(《삼국유사》)고 사서는 전하고 있다. 돌연한 김알지의 등장은 박·석씨로 승계되던 신라 왕실 계보에 중대 변화를 예고한다.

김알지는 알에서 태어난 게 아니라 맹소의 복암성 항복 때 신라로 망명한 마한의 왕자였던 것이다. 이 같은 굴곡진 왕실 이면사는 중국 사서의 은유적 기록으로 확인된다. 이는 신라, 백제가 불구대천의 앙숙으로 대척관계에 서야 했던 원인을 규명하는 첩경이기도 하다.

후일 신라가 당나라 군을 참전시켜 삼한 통일에 국운을 걸어야 했던 의문도 풀리게 된다. 김알지에 대한 탄생 비화와 절박했던 김씨 왕실의 등

탈해왕릉임을 알려주는 비석. 왕릉에는 봉분 외에 아무 상설이 없으며 호석의 흔적도 없다.

탈해는 본래 왜국 동북쪽 천리 밖에 있는
다파나국 왕과 적녀국 공주 사이에서 태어났다.
공주가 임신한 지 7년 만에 큰 알을 낳자 왕이 놀라
바다에 버렸다. 알이 금관국(가야)에 닿았으나
거들떠보지 않았고 진한(신라) 포구에서 노파가
거둬보니 어린 아이가 있었다.

극 과정은 뒤로 미룬다.

북방 기마 민족의 웅혼한 결기로 광활한 동북아(만주)를 호령하던 고구려도 난관에 봉착했다. 낙랑공주와 애틋한 사랑으로 위기에서 나라를 구한 호동왕자(3대 대무신왕 제2 왕후의 아들)가 제1 왕후의 모함으로 자결한 것이다. 부왕은 크게 상심했다. 4대 민중왕(재위 44~48)에 이어 5대 모본왕(재위 48~53 · 제1 왕후의 아들)이 즉위했는데 모본왕은 금수만도 못한 혼군이었다. 사람 죽이기를 즐겨 신하를 깔고 앉거나 베고 자다 조금만 움직이면 가차 없이 참수했다. 백성들은 격분했다. 결국에는 신하 두로의 칼에 목이 잘려 비참하게 생을 마감했다.

그러나 고구려의 국운은 다시 왔다. 6대 태조왕(재위 53~146)이 93년을 통치하며 주변국을 정복하고 영토를 중국 황하 유역까지 확장한 것이다. 고추가(대원군) 재사(2대 유리왕 3남)의 아들로 태어난 태조왕은 난세의 영웅이었다. 그의 등극은 소노부족 출신 해(解)씨 왕의 시대를 마감하고, 계루부족 고(高)씨 왕의 시대를 새로 열었다는 데도 역사적 의미가 크다.

탈해왕의 지지 세력은 수적으로도 박씨 왕실을 대적할 수가 없었다. 유민으로 망명한 탈해와 호공이 박씨 종친의 국내 인적 기반을 능가하기란 불가능했기 때문이다. 재위 11년(67) 박씨 종척이 국내 주요 주·군을 분장, 관장토록 전권을 위임했다. 권력의 분산이었다.

국경을 마주한 가야도 신라에게는 위협적 존재였다. 가야는 백제, 왜국과 동맹을 맺고 신라를 공격해왔다. 탈해왕 재위 21년(77) 황산진에서 가야와 대규모 전투가 벌어졌다. 왕은 아찬(6등급) 길문이 대승을 거두고 개선하자 그를 파진찬(4등급)으로 승급시켰다.

탈해왕은 왕비 아효와의 사이에 자녀를 출산하지 못했다. 그의 뒤를 이어서는 처조카(3대 유리이사금 2남)가 5대 파사이사금으로 즉위했다. 탈해왕에게는 후궁 소생의 아들(구추)이 있었지만 왕이 되지 못했으니 당시 왕위계승을 둘러싼 박씨 왕실과의 다툼이 얼마나 치열했는지를 엿볼 수 있는 단면이다. 석탈해의 후손은 104년 뒤에 가서야 구추의 아들(9대 벌휴이사금 · 재위 184~196)이 왕위에 올라 12대 첨해이사금(재위 247~262)까지 78년 간 왕권을 유지했다.

탈해왕은 죽어서도 신라 초기 임금들이 묻힌 오릉에 들어가지 못했다. 경주 북동쪽 금강산(신라 5악 중 북악) 낮은 언덕에 능(사적 제174호 · 경주시 동천동 산17)이 조영됐다. 축좌(丑坐 · 북에서 동으로 30도) 미향(未向 · 남에서 서로 30도)의 남서향 원형 봉분(직경 15m, 높이 4m)으로 신라 왕릉치고는 작은 규모다. 봉분 외에 아무 상설이 없으며 호석(護石, 봉토의 흘러내림을 방지하는 돌) 흔적도 없다. 탈해왕 신위를 봉안한 왕릉 왼편의 숭신전은 원래 월성에 있던 것을 1980년 현 위치로 이전한 것이다.

계림으로 들어가는 돌다리. 계림 탄생 설화로 초기 역사를 풍미한 김알지였지만 안타깝게도 그의 행적이나 치적, 죽음에 관한 기록은 없다.

김알지

‘탈해왕이 계림에서 닭 우는 소리를 듣고 호공을 보내
알아보니 금빛 상자 안에 어린 아이가 있었다.
왕이 “이 아이는 하늘이 나에게 준 아들이
아니겠는가.”라며 궁궐로 데려와 양육했다.

경주 김씨의 시조 김알지
천년 왕국 신라 절반 넘게 지배

천년 왕국 신라는 총 56명의 왕이 992년(BC57~AD935) 동안 통치했다. 박(10명) · 석(8명) · 김(38명) 세 성씨가 교대로 왕위를 이어가며 나라를 유지했다. 시조 박혁거세거서간~8대 아달라이사금(4대 탈해이사금 제외)까지 240년은 박씨 왕, 9대 벌휴이사금~16대 흘해이사금(13대 미추이사금 제외)까지 172년은 석씨 왕, 17대 내물이사금~52대 효공왕까지 556년은 김씨 왕이었다. 53대 신덕왕~55대 경애왕까지 15년은 다시 박씨 왕, 마지막 경순왕(9년)은 견훤이 옹립한 김씨였다. 신라 전성기는 모두 김씨 왕들에 의해 다스려졌다.

신라 역사를 절반 넘게 지배한 경주 김씨 시조는 김알지(金閼智 · 65~?)다. 그는 4대 탈해이사금(재위 57~80 · 이하 탈해왕) 9년(65 · 을축) 경주 계림의 금궤 속에서 나와 성을 김씨, 이름은 알지라고 탈해왕이 지어 주었다.

《삼국사기》와 《삼국유사》에 전하는 기록이다. "탈해왕이 계림에서 닭

우는 소리를 듣고 호공(왜국에서 망명 온 신라 대보)을 보내 알아보니 금빛 상자 안에 어린 아이가 있었다. 왕이 "이 아이는 하늘이 나에게 준 아들이 아니겠는가."라며 궁궐로 데려와 양육했다. 김알지가 성장하자 탈해왕이 대보로 삼고《삼국사기》, 또는 태자로 책봉했다.《삼국유사》"고 두 사서는 달리 기술하고 있다.

재상 격인 대보와 왕위에 오를 태자 사이에는 천양지차의 간극이 존재하나 두 자리 모두 최고의 권좌라는 공통점이 있다. 도대체 금궤서 나온 김알지가 어떤 신분이었기에 당시 신라 조정에서 이토록 극진한 예우를 했을까. 이런 관점에서 김알지의 실체를 모르고는 비밀스런 신라 역사의 빗장이 열리지 않는다.

한반도에 신라 · 고구려 · 백제 · 가야의 4국 시대가 열리기 전, 이 땅에는 마한 · 진한 · 변한의 3국이 터를 잡고 오래전부터 살아왔다. 삼한 모두 부족 · 성읍 국가 연맹체를 이뤄 왕권을 행사하고 있었다. 삼한 중 강대국은 마한이었다. 마한 사람으로 마한 왕이 진한 왕을 임명했고, 변한은 마한에 조공을 바치며 군신지국 사이를 견지했다.

위태롭게 유지되던 부족 질서가 먼저 붕괴된 건 진한에서 부터였다. 중국 전국칠웅(BC 386년부터 호칭) 중 한 국가였던 연나라의 망명객과, 위만조선(BC 194~BC 108)에게 멸망한 기자조선 유민들이 대거 진한으로 몰려든 것이다. 이들 북방 민족들은 점차 세력을 확충해 진한 토착민을 누르고 신라를 건국(BC 57)했다. 그 수장이 바로 박혁거세거서간이다.

마한에도 변고가 일어났다. 아시아 동북부(만주)에서 고구려를 개국(BC 37)한 고주몽(동명성왕)의 서자 온조가 서해를 건너 마한으로 상륙했다. 마한 왕에게 의탁할 곳을 간청해 정착지를 내줬더니 급속히 세력을 키워 백제를 건국(BC18)한 것이다. 마한과 백제 사이에는 영토 쟁탈 전쟁이 계속됐다.

변한이라고 무고할 리 없었다. 알에서 태어난 김수로가 6개 부족을 결집해 금관가야를 건국(AD42)하고 왕위에 오른 것이다. 99년 사이에 전개된 한민족 4개국의 성립 과정이다.

마한은 백제에 멸망당했다. 도래인에게 속아 나라를 빼앗긴 백성들의 망국한은 하늘을 찔렀다. 마한의 왕족 일부는 고구려로 망명해 그곳에서 귀족 대우를 받으며 여생을 마쳤다. 또 다른 왕족은 마한의 맹소 장군이 이끄는 부흥군의 망국 왕이 돼 복위를 고대했다.

그러나 한번 기울어진 국운이 다시 회복되진 않았다. 탈해왕 5년(61) 8월, 맹소 장군이 백제군과의 복암성(충북 보은 · 옥천) 전투에서 참패했다. 함락 직전 맹소는 망국 왕과 같이 신라군에 투항하며 성 일대를 송두리째 신라 영토로 귀속시켰다.

당시 신라 조정에는 진한시대 이미 정착한 마한 세력이 요직을 두루 맡고 있었다. 귀화인이었던 신라 내 마한 사람들에게는 구심점이 없었다. 이즈음 망국 왕이 귀순한 것이다. 공교롭게도 김알지가 계림 숲 금궤에서 나온 건 망국 왕 귀부(歸附) 후 4년 뒤의 일이다. 결코 예사롭지 않은 시기상의 일치다.

우리나라 고대 역사서는 상당 부분이 은유와 상징으로 기술되어 있다. 오히려 중국 《수서(隋書)》의 신라 왕실에 대한 기록이 훨씬 구체적이다. 《수서》는 당 태종 시절 위징이 편찬(630)한 수(581~618)나라 역사서이다. '신라 왕은 본래 백제 사람이었는데 바다로 달아나 신라로 들어갔다. 그리고 마침내 그 나라를 왕으로 다스리게 되었다.'

계림의 내력과 경주김씨 시조 김알지의 탄생 설화를 새긴 경주김알지탄생기록비. 계림 숲 안에 있다.

김알지는 마한 왕의 직계 왕족으로 부흥운동의 상징적 존재였고, 신라가 마한의 적통임을 내세우게 되었다. 김씨가 왕권을 장악한 뒤 마한의 고토 회복을 전제로 백제와 전쟁하는 대의명분이 되기도 했다. 이는 신라의 삼국통일 전쟁 수행에 크나큰 동력으로 작용했다.

계림숲 안의 오래된 괴목.

마한 멸망 후에도 주변 국가에서는 백제를 마한으로 불렀다는 사료가 많다. 당시 신라는 26대 진평왕(김씨)이 재위(579~632)할 때로 당나라와 사신을 교환하는 등 밀접한 관계였다. 내왕하는 사신을 통해 신라 왕실의 계보도 상세히 파악하고 있을 무렵이다.

사학계서도 김알지가 마한 왕의 직계 왕족으로 부흥운동의 상징적 존재였음을 인지하고 있다. 그의 귀부와 더불어 신라는 마한의 적통임을 내세우게 되었다. 김씨가 왕권을 장악한 뒤 마한의 고토 회복을 전제로 백제와 전쟁하는 대의명분이 되기도 했다. 이는 신라의 삼국통일 전쟁 수행에 크나큰 동력으로 작용했다.

김알지는 탈해왕(석씨)의 조력으로 조정 세력권에 본격 진입했지만 박씨 왕실과 결합해 5대 왕 파사이사금(박씨)을 즉위시켰다. 석씨 왕족은 격노했다. 이후 신라의 왕위는 12대까지 박씨 왕족이 이어갔고 13대에 가서야 미추이사금(김씨)이 즉위했다. 그러나 잠시였다. 다시 14대 왕부터는 절치부심하던 석씨가 16대 흘해이사금까지 왕권을 차지했다.

임금은 부모·부부·형제·자매 사이에도 결코 양보할 수 없는 절대 권좌의 자리다. 용상이 타 성씨로 교체되는 혼란 속에 얼마나 많은 신료들이 보복에 신음하고 목숨을 잃었겠는가. 이처럼 신라의 세 왕족은 왕권 쟁탈을 거듭하면서 사직을 이어왔다.

천년을 이어오는 역사의 행간에는 신라인들만의 비밀이 감춰져 있다. 바로《화랑세기》를 통해 확인되는 자유분방한 성(性) 문화다. 여왕에게 3명의 남편이 허용되고, 친남매도 부부가 되는 근친혼 등 현대의 도덕 개념으로는 용납이 안 되는 풍속이 있었다. 그러나 당시 신라에서는 자연스런 사회 관습이었다. 오히려 이런 제도가 사회 전체를 혈연 공동체로 묶어 국론을 통일시켰다는 것 또한 우리 역사의 일부분이다.

김알지 후손들은 박 · 석씨보다 임금으로는 뒤늦게 등극했다. 그들은 영광과 좌절을 거듭하며 찬란한 문화 창조의 큰 족적을 남겼다. 계림 탄생 설화로 초기 역사를 풍미한 김알지였지만 안타깝게도 그의 행적이나 치적, 죽음에 관한 기록은 없다.

①김알지 ②세한 ③아도 ④수류 ⑤욱보 ⑥구도 ⑦미추로 이어지는 아들의 계보가 사서에 전할 뿐이다. 김알지의 7대 손이 바로 13대 왕으로 즉위한 미추이사금(재위 262~284)이다.

경기도 여주 파사성은 남한강 동쪽에 있는 돌로 쌓은 성이다. 신라 파사왕이 축조했다고 전해진다.

신라 5대

파사이사금

탈해왕은 아들 구추에게 왕위를 물려주지 못했다.
파사는 3대 왕 유리이사금이 후궁에게서 얻은 아들이다.
파사의 즉위로 박씨는 24년 만에 왕권을 회복하고,
김씨는 훗날 왕위 등극의 기반을 구축하게 된다.
이처럼 권력의 향배는 누구도 예단할 수 없어
오리무중 속 결말이 도출되기도 한다.

장가 잘 가서 왕이 되니 24년 만에 박씨 왕권 회복

신라 4대 왕 탈해이사금(이하 탈해왕) 재위(57~80) 당시 조정 안의 권력 구조는 매우 복잡했다. 신라를 건국한 박씨 왕족과 용성국(왜)에서 망명 온 석탈해파가 궐내 요직을 번갈아 차지하며 양보 없는 대치를 계속했다. 마한 왕족으로 신라에 귀순해 대보(재상) 직을 수행 중인 김알지도 두 왕족과 버금가는 무시 못할 세력으로 급성장했다. 62세에 즉위해 86세가 된 탈해왕이 위중한 병에 들었다.

군주 국가에서 왕위 계승의 우선권은 언제나 금상의 아들한테 있었다. 탈해왕의 아들 구추는 후궁 출생이었다. 3대 왕 유리이사금(박씨)도 두 후궁에게서 일성과 파사의 두 아들을 각각 얻었다. 탈해왕에게는 처조카였다. 누가 왕이 될 것인가. 이때 김알지 세력이 들고 나섰다. "유리왕의 둘째 아들 파사가 일성보다 총명하고 인물이 뛰어나니 차기 왕으로 즉위해야 한다."는 것이었다. 탈해의 아들도 아니고 유리의 장남도 아닌 둘째 왕자

파사왕 당시 신라는 중앙집권 체제 고대 국가로 발돋움했다. 그는 시조 능이 있는 오릉에 안장됐다.

파사였다.

고대 국가에서 왕실의 혼인 맥은 곧 왕권과 직결되기도 했다. 파사는 갈문왕 김허루의 딸을 아내로 맞이했다. 김허루가 김알지의 아들이었으니 파사는 실세 김알지의 손녀 사위였다. 신라 갈문왕은 조선시대 대원군과 동등한 위상이다. 조정 권력을 쥐고 있던 김씨 세력이 박씨 왕족과 결합해 석씨 즉위를 저지한 것이다.

파사의 즉위로 박씨는 24년 만에 왕권을 회복하고, 김씨는 훗날 왕위 등극의 기반을 구축하게 된 것이다. 이처럼 권력의 향배는 누구도 예단할 수 없어 오리무중 속 결말이 도출되기도 한다. 5대 왕 파사이사금(婆娑尼師今 · 이하 파사왕)의 즉위 과정은 고구려, 백제, 가야 등의 대통 승계와도 무관치 않아 시사되는 바가 크다.

역사적 사실을 기록하는 데도 기왕이면 덕담이 훨씬 낫다. 자연 재앙이나 전쟁 · 부역에 시달렸다는 시대상보다는 호시절에 어진 성군을 만나 격양가(擊壤歌 · 왕의 덕을 칭송하는 노래)를 높이 불렀다는 게 쓰기에도 좋다. 그러나 동서양 가릴 것 없이 고대사의 대부분은 권력 쟁탈을 위한 인명 살상이나 영토 빼기로 얼룩진 전쟁사가 십중팔구다. 그 와중에 희생된 백성들의 민중 봉기나 저항은 거의 도외시되고 있다.

장가를 잘 간 덕분에 임금이 된 파사도 재위(80~112)하는 33년 동안 온갖 자연 재해와 이웃 부족국가 간 전쟁에 시달려 편한 날이 없었다. BC57년 박혁거세거서간이 6촌(村) 부족 국가를 규합해 나라를 건국하긴 했지만 아직도 변방에는 정복이 안 된 소국가가 여럿이었다. 신라라는 국호도 개국 초부터 사용한 게 아니다. 사로, 서나벌, 사라, 서나, 서야, 서야벌, 서벌, 서라벌 등으로 불리다가 김알지가 시림 숲 금궤 속 알에서 태어난 후에는 계림으로 고쳐 부르기도 했다.

국호 신라를 처음 사용한 건 22대 지증마립간(재위 500~514) 4년(503)부터다. 덕업일신(德業日新)에서 新자를, 망라사방(網羅四方)에서 羅자를 취했다고《삼국사기》는 전하고 있다. '덕업이 날로 새로워져 사방을 두루 덮는다.'는 의미다. 일반적 통념으로 초기 왕부터 56대 경순왕까지 992년 역사를 통틀어 '신라'라 부르고 있는 것이다.

파사왕이 즉위하자 신라 왕실에는 지각 변동이 일어났다. 이복형 일성(태자)은 분함을 참지 못하고 이역만리 왜국으로 망명길을 떠났다. 탈해왕의 아들 구추도 벽지 어디론가 은둔해 구차한 목숨을 부지했다. 왕권이 안정되면 역모의 소지가 있는 왕손은 모두 제거됐기 때문이다. 파사왕은 비통에 잠겼다. 그러나 인군(人君)의 자리란 사사로이 슬퍼할 수만도 없는 자리였다. 일순간 방심하면 변방 소국 침략이 계속됐고, 가뭄 홍수 지진 등의 자연 재해가 끊이질 않아 백성들 원성이 도처에서 자자했다.

파사왕에게는 박·김씨 세력 간 야합으로 금상의 아들과, 이복형 태자를 제치고 즉위했다는 게 마음의 앙금이었다. 선왕들이 왕이란 묘호를 못

경기도 여주 파사성에서 바라본 남한강. 이곳은 수상교통과 중부 내륙의 육상교통을 통제할 수 있는 전략적 요충지다.

파사성의 동문. 파사성에는 동문과 남문이 있어 출입자를 효율적으로 통제했다.

쓰고 제사장이나 부족 추장을 뜻하는 거서간, 차차웅, 이사금 등으로 불리는 것이 죄스럽기도 했다. 그러나 당시 신라의 국토 규모나 백성 수를 감안할 때 감당해야 하는 수모이기도 했다. 순리를 역행하며 왕이 된 그에게는 강력한 왕권 회복이 당면 과제였다. 그것은 전쟁을 통한 영토 확장으로 백성들의 신망을 회복하는 길 뿐이었다.

파사왕이 왕위에 있던 때는 백제 2대 다루왕(재위 28~77)과 고구려 6대 태조왕(재위 53~146) 재위와 동시대다. 가야는 김수로가 42년 즉위해 199년 세상을 떠나며 158년 간 재위했다고 하는데 이 또한 역사의 수수께끼다. 《가락국기》를 면밀히 추적하다 보면 당시 가야와 삼국 간 역법(曆法) 차이에서 기인됐음을 알게 돼 의문은 일거에 해소된다. 가야의 임나일본부설과 함께 별도로 상세히 기술될 내용이다.

열국시대 4국 왕 모두는 영토 확장에 대한 열망이 집요했다. 파사왕 15년(94) 수로왕이 신라 마두성(경남 거창)을 2년 간격으로 공격해 오자 왕이 직접 기병을 지휘해 패퇴시켰다. 수로왕이 사신을 보내 사죄하며 화친을 청하자 파사왕이 수용했다. 양국 간 전쟁이 멈추지 않았던 백제와도 동맹을 맺어 모처럼 신라에는 평화가 찾아왔다.

전쟁이 빈번한 나라의 백성일수록 목숨은 추풍낙엽이고 민생은 피폐되고 만다. 반면 장정이 동원돼 생업을 그르치고 부역에 시달리는 전쟁 속에서도 군사적으로는 명암이 교차한다. 생사고비를 넘나드는 전투에서 살아남은 군대가 강군이 되기 때문이다. 주변 국가들과의 다양한 전투 경험이 축적되자 어느덧 신라군은 멀리 왜국까지 넘볼 수 없는 정예군으로 변모되었다. 신라, 백제, 가야가 맺은 화친이 사소한 변경 분쟁으로 파기되자 삼국 간 긴장은 또다시 고조됐다.

강력한 군사력이 뒷받침된 파사왕의 통치에는 탄력이 붙었다. 재위 23년(102)에 음집벌국(경북 울진 · 안강), 실직국(강원 삼척), 압독국(경북 경산)을 차례로 쳐 병합시켰다. 108년에는 다벌국(대구), 초인국(경북 기계 · 초계)이 항복해 왔다. 111년에는 백제 내기군(郡)을 점령해 다시 적대국으로 대치하게 되었다. 이 같은 파사왕의 치적으로 신라는 성읍 국가 단계를 탈피해 중앙집권 체제 고대 국가로 발돋움하게 되었다. 파사성(경기도 여주군 대신면 전서리 · 사적 제251호)을 축조해 고구려와 신라의 침공에도 대비했다.

같은 시기 고구려 태조왕은 중국 한나라 요동 6현을 공략했으나 요동 태수 경기의 완강한 저항에 부딪쳐 후퇴하고 말았다. 승승장구하던 고구려 군대의 뼈아픈 패전으로 태조왕의 영토 확장 정책은 한동안 주춤하게 되었다. 백제는 마한의 부흥운동군 소탕 작전으로 여념이 없었다. 108년 봄에는 극심한 가뭄으로 백성들이 식인(食人)하는 목불인견의 참상이 벌어졌다. 가야 수로왕은 경남 전역에 산재한 소국을 정복해 중앙집권 체제로 통합하려 했으나 부족장들의 반발이 워낙 거세 기회만 엿보고 있었다.

서기 112년 10월 파사왕이 세상을 떠나자 태자 지마(祇摩)가 6대 왕으로 등극했다. 석씨 후손은 왕권 경쟁에서 점점 멀어지고, 박·김씨 간 왕위 쟁탈전이 본격화되면서 신라 사회는 점점 양극화 현상이 심화되었다. 설상가상으로 왜국에 망명 중인 태자 일성의 귀국설이 나돌면서 신라 왕실은 또다시 파고를 알 수 없는 격랑 속에 휘말리고 만다.

파사왕은 시조 능이 있는 경주시 탑동 67에 예장됐다. 박혁거세거서간과 알영 왕비, 2대 남해차차웅, 3대 유리이사금과 함께 다섯 능이 있어 오릉(사적 제172호)으로 불리게 되었다. 모두 박씨 왕의 능이다. 봉분 서쪽의 숭의문은 능역에 들어가는 유일한 출입문이다.

지마왕은 죽어 경주 남산 서쪽 산록에 안장됐다. 야트막한 언덕에 돌로 쌓은 석실분으로 추정되고 있다.

지마이사금

신라 6대 왕 지마이사금은 조상 복을 타고 났다.
시조 박혁거세거서간의 고손자로 부왕인 5대 파사왕과
모후인 김알지의 손녀 사이에 적장자로 출생했다. 일찌감치
태자로 책봉돼 조정 원로들로부터 엄격한 제왕 수업을 받았다.
파사왕이 재위 33년 만에 세상을 떠나자 곧바로 즉위했다.

조상복 타고 나 왕좌에 올랐으나 후사 없어 수심 가득하니

신라 6대 왕 지마이사금(祇摩尼師今 · 이하 지마왕)은 조상 복을 타고 났다. 시조 박혁거세거서간의 고손자로 부왕(5대 파사왕)과 모후(김알지의 손녀) 사이에 적장자로 출생했다. 일찌감치 태자로 책봉돼 조정 원로들로부터 엄격한 제왕 수업을 받았다. 파사왕이 재위 33년 만에 세상을 떠나자 곧바로 즉위했다. 그러나 그가 재위(112~134)하는 23년은 결코 순탄치 않았다. 지속되는 자연 재앙과 인접국 간 전쟁으로 백성들은 도탄에 빠졌다. 후사를 이을 왕자를 탄출하지 못해 왕권은 요동쳤다.

부왕(박씨)이 김알지(경주 김씨 · 외증조부)와의 결탁으로 일성(이복형)과 구추(석씨 · 4대 탈해왕 아들)를 제치고 즉위했다는 건 지마왕도 익히 알고 있었다. 조정 내 일성과 구추의 세력은 마치 시한폭탄과도 같은 존재였다. 그들의 불만이나 저항 세력을 압도하기 위해서는 강력한 왕권을 과시해 제왕의 위엄을 과시하는 것이 당면한 과제였다.

지마왕은 즉위와 동시 궐내 조직을 대폭 개편해 친위 세력을 전진 배치했다. 17등급 가운데 왕명을 직접 수행하는 이찬(2등급), 파진찬(4등급), 일길찬(7등급) 등을 박씨 직계 왕족으로 교체한 것이다.

재위 3년(114) 신라 전역에 때 아닌 기상 이변으로 국토가 황폐화됐다. 봄 기근, 4월 우박, 여름 가뭄으로 식량은 고갈되고 마실 물조차 없어졌다. 백성들은 남부여대로 타관 땅을 유리걸식하며 도적떼로 변했다.

다음 해 2월, 호시탐탐 침공을 노리던 가야 수로왕이 대군을 동원해 공격해 왔다. 남의 불행을 기회로 삼은 것이다. 지마왕은 대노했다. 신라군 5천 병력을 직접 지휘해 가야군과 맞섰다. 결과는 신라군의 참패였다.

지마왕은 병법에 무지했다. 황산하(낙동강 유역)에서 가야의 매복군에 속아 포위되고 말았다. 목숨을 잃기 직전 부하 장군의 기지 덕분에 구사일생으로 탈출했다. 재위 5년(116) 8월, 분기탱천한 지마왕이 1만 병력을 이

지마왕릉은 술좌진향의 동남향으로 장녀가 복록을 누리는 자리다. 지마왕의 장녀는 8대 왕 아달라 이사금의 왕비로 간택돼 만백성의 국모가 되었다.

끌고 먼저 가야를 공격했다. 이번에는 수로왕의 장기 수성전에 굴복해 철수하고 말았다. 1·2차 전쟁의 패전으로 왕권은 추락했다. 이참에 가야는 바다 건너 왜를 충동질해 신라를 침공토록 했다. 기습 해전에 능한 왜군의 출몰과 약탈로 신라군과 백성들은 공포에 떨었다.

지마왕 재위 시 국제 정세는 대추나무에 연줄 걸리듯 얽히고설켰다. 신라는 백제와 사신 왕래하며 화친 관계를 유지했으나 가야와는 원수지간이었다. 왜는 백제 · 가야와 무역 교류를 하면서도 신라와는 앙숙이었다. 신라가 가야와 왜 사이를 훼방 놓자 왜가 신라를 쳐들어온 것이다. 국경이 인접한 말갈(여진족)도 신라를 자주 괴롭혔다. 신라는 말갈군과 전투 경험이 풍부한 백제에 원군을 청해 퇴각시켰다. 말갈군은 백제 장군만 보면 전투를 포기하고 도망쳤다.

삼국 초기만 해도 한반도 삼국과 고구려 사이에는 별다른 교류가 없었다. 압록강과 대동강 유역을 차지한 말갈 · 낙랑 · 동예(낙랑국)가 만주지역이 터전인 고구려와 완충 역할을 했기 때문이다. 말갈은 동예와 연합군을 편성해 전쟁을 일삼았고 신라는 가야 · 왜와의 전쟁 수행으로 편한 날이 없었다. 각국의 장정 수는 격감했다. 백성들은 굶주리며 이역 땅을 배회했다. 오늘날 아프리카 여러 종족이나, 중동의 종교 간 전쟁으로 참혹해진 난민이나 진배없었다. 그들이 무슨 죄인가.

각고의 세월은 다른 나라도 마찬가지였다. 백제는 3대 기루왕(재위 77~128)과 4대 개루왕(재위 128~166)이 교체되는 권력 공백기에 역모사건이 발생했다. 기루왕의 장남(적장자)이 아버지 왕위를 찬탈해 용상에 오른 것이다. 피를 부른 형제 간 싸움판에 양편 신료들만 녹아났다. 동생(서자)이 장남을 제압하고 부왕을 복위시켰다가 사망 후 즉위하니 개루왕이다.

지마왕릉의 문화재 표지판. 지마왕이 재위하는 23년은 결코 순탄치 않았다. 강력한 왕권을 과시해 제왕의 위엄을 과시함은 물론 대추나무에 연줄 걸리듯 얽히고설킨 국제 정세에도 대응해야 했다.

왜군들의 빈번한 출몰과 침탈에 못 견딘 지마왕은
재위 12년(123) 왜와 수교하고 적대 관계를 청산했다.
대세에 밀려 체결된 적과의 동맹이었지만 백제와
가야에게는 허망한 외교적 패배였다. 지마왕의 굴욕 외교로
전쟁에 시달리던 신라에는 모처럼 평온이 찾아왔다.
지마왕의 조정 내 지지 기반도 안정세를 회복해
통치 후반기는 별다른 동요 없이 국정에 전념했다.

고구려에서도 대동소이한 대역 사건이 일어났다. 6대 태조왕(47~165)은 재위(53~146) 기간이 무려 93년으로 119세를 살았다. 왕이 노쇠하면 권력의 향배가 차기 왕위 승계자에게 쏠리기 마련이다. 태조왕이 노환으로 병상에 눕자 친동생 수성이 측근들과 공모해 왕위를 탈취하고, 7대 차대왕(재위 146~165)으로 즉위했다. 그 후 태조왕은 19년을 별궁에 유폐됐다 세상을 떠났다.

신라는 왜군들의 빈번한 출몰과 침탈에 못 견딘 지마왕이 재위 12년(123) 왜와 수교하고 적대 관계를 청산했다. 대세에 밀려 체결된 적과의 동맹이었지만 백제와 가야에게는 허망한 외교적 패배였다. 지마왕의 굴욕외교로 전쟁에 시달리던 신라에는 모처럼 평온이 찾아왔다. 지마왕의 조정 내 지지기반도 안정세를 회복해 통치 후반기는 별다른 동요 없이 국정에 전념했다.

신라에 골품제도가 정착되기 전 초기 왕위는 반드시 남자가 이어왔다. 지마왕의 용안에는 늘 수심이 가득 찼다. 왕비 애례부인(경주 김씨 · 마제갈문왕 딸)이 공주 1명만 낳았기 때문이다. 국본(國本)을 못 정함은 종묘(임금의 조상)와 사직(백성)에 큰 혼란을 초래하는 죄업이었다. 대통 승계를 둘러싼 권력 암투로 대신들은 갈라서고 음모와 보복이 뒤따랐기 때문이다. 그러나 인간의 능력으로는 어쩌지 못하는 인륜대사였다.

우려는 현실이 되었다. 지마왕이 숨지자 신라 조정은 극도의 혼란에 빠졌다. 용상에 오를 왕자가 없어서였다. 왕실과 조정의 갑론을박 끝에 박씨 왕족과 경주 김씨 세력은 합의했다. 왜에 망명 중인 태자 일성을 귀국시키기로 한 것이다. 석탈해(4대 왕) 후손은 철저히 배제됐다.

일성은 3대 유리왕의 장남으로 이복 아우(5대 파사왕)에게 왕위를 빼앗긴 뒤 자의반타의반으로 왜에 망명했다. 김알지의 손녀와 혼인한 파사왕의 왕실 안 인맥에 밀렸던 것이다. 지마왕에게는 서(庶)백부였다. 젊어서 조국을 떠난 지 56년 만에 백발이 성성한 노인으로 일성이 환국했다. 그가 천추의 한을 삭이며 왕위에 오르니 7대 왕 일성이사금(逸聖尼師今 · 재위 134~154)이다.

지마왕은 죽어 남산 서쪽 산록(경주시 배동 30 · 사적 제221호)에 안장됐다. 봉분 직경 12.4m, 높이 3.4m, 면적 9488㎡로 야트막한 언덕에 용사됐다. 인근의 여러 고분들과 함께 돌로 쌓은 석실분으로 추정되고 있다. 신라 초기 왕 가운데 처음으로 평지를 벗어난 왕릉이다. 술좌진향(戌坐辰向)의 동남향으로 장녀가 복록을 누리는 자리다.

명당의 발복 덕분일까. 지마왕의 장녀는 8대 왕 아달라이사금(阿達羅尼師今 · 재위 154~184)의 왕비로 간택돼 만백성의 국모가 되었다.

일성왕릉은 경주 남산의 북쪽 해목령에서 뻗어 내리는 능선 서쪽의 경사면에 위치하고 있다. 경사진 지형을 3단으로 나눠 중단에 상석을 설치한 뒤 하단 석축으로 토사 유출을 방지했다.

일성이사금

일성은 동생과 조카가 즉위하는 왕권의 혼란 속에 생명이 위태롭게 되자 왜국으로 피신했다. 왜국 땅에서 소일하고 있던 중 134년 8월, 본국에서 급보가 날아왔다. 지마이사금이 세상을 떠났으니 속히 귀국해 왕위를 이어 달라는 박씨 왕실의 요청이었다. 우여곡절 끝에 태자가 귀국해 즉위하니 7대 왕 일성이사금이다.

생명보존 위해 왜국으로 망명
우여곡절 귀국해 왕이 되었지만

신라 태자 일성(逸聖)의 왜국 망명은 한·일 양국 간 고대사 규명에 중차대한 의미를 갖는다. 그는 3대 유리왕의 장자로 5대 파사왕의 이복형이었으며 6대 지마왕의 서(庶)백부였다. 동생과 조카가 즉위하는 왕권의 혼란 속에 생명이 위태롭게 되자 왜국으로 피신했다.

일성은 그곳에 가서 천일창(天日槍)이란 이름으로 살았다. 망명길에 신라 도공을 데리고 갔다. 학계에서는 한국 도자 기술의 일본 전래 역사를 1천 수백 년 앞당기는 사실로 크게 주목하고 있다. 종전까지는 조선시대 임진왜란(1592) 이후로 인식해 왔다.

일성에 관한 행적은 《일본서기(日本書紀)》 권 제6 제11세 수인(垂仁) 천황조에 전한다. 《일본서기》는 서기 720년에 편찬된 일본의 정사다. 신라 33대 성덕왕 19년에 해당한다. 《일본서기》의 편년 햇수는 통상 2갑자(120년)를 더해야 서력기원과 일치한다. 사학계서는 여자 천황을 폄하하기

일성왕릉의 측면과 후면에는 호석으로 보이는 자연석이 드문드문 노출돼 있다.

위해 오기한 역사 왜곡으로 정의하고 있다.

다음은 일성에 대한《일본서기》내용이다.

'수인 천황 3년(93) 3월, 신라 왕자 천일창이 내귀하였다. 왕자가 가져 온 물건 일곱 가지(명세 생략)는 단마국에 모셔 놓고 항상 신보(神寶)로 삼았다. 천황이 사람을 보내 천일창에게 물었다. "그대는 누구이며 어느 나라 사람인가?" "저는 신라국 왕자입니다. 일본국에 성황이 계시다는 것을 듣고 나라를 아우 지고(파사왕)에게 주고 회귀하였습니다." 천일창은 천황의 윤허를 얻어 근강 서쪽 단마국에 정착해 살았다. 근강국 경촌 골짜기 도기장이들은 천일창을 따라온 자들이다. 천일창은 태이의 딸 마다오에게 장가들어 단마제조를 낳고 단마일유저-단마청언-전도간수로 대를 이었다.'

《삼국사기》에도 일성의 왜국 망명 배경이 기술돼 있다.《삼국사기》는 고려 17대 인종(재위 1122~1146) 23년(1145) 유학자 김부식(1075~1151)의 주도 아래 국가사업으로 편찬된 한국의 정사다. 김부식은 신라 13대 미추왕(경주 김씨 · 재위 262~284)의 13대 손이다. 신라 위주의 일방적 찬술로 형평성에 의문이 제기되지만, 우리 고대사 대부분은《삼국사기》에 인용된 고서들을 저본으로 삼고 있다.

일성은 왜국 땅에서 마다오 사이에 출생한 자식들과 왜국 말을 능숙히 구사하며 소일하고 있었다. 망명 초기엔 신라 왕실과 조정의 정략적 토사구팽에 치를 떨었지만 세월과 함께 그 또한 부질없는 자기 학대임을 터득했다. 조국 신라가 멀리 있는 동해 창공을 우러르며 남몰래 낙루하는 회한의 시간이 부쩍 늘었다.

그러던 134년 8월, 본국에서 급보가 날아왔다. 지마이사금이 세상을 떠났으니 속히 귀국해 왕위를 이어 달라는 박씨 왕실의 요청이었다.

일성은 망설였다. 5대 파사왕이 즉위하며 역모에 몰릴까봐 숨어 산 기간과, 6대 지마왕 때 쫓겨 와 연명한 세월을 합치니 50년이 넘는 햇수였다. 귀국한들 인적지지 기반이 전무한 상황에서 어찌 국정을 주도할 것인가. 그러나 촌각을 지체하다가는 월성(경주의 옛 지명) 석씨와 경주 김씨에게 왕권이 넘어갈 화급한 순간이었다. 이런 구절양장의 우여곡절 끝에 태자가 귀국해 즉위하니 7대 왕 일성이사금(逸聖尼師今 · 이하 일성왕)이다.

예상은 적중했다. 박씨 왕실 · 석씨 왕족 · 김씨 세력은 차기 왕권의 선점을 위해 사사건건 충돌했다. 이럴 때마다 일성왕은 신라로의 동행 입국을 거부하고 왜국에 살고 있는 아들 단마제조가 야속했다. 순수 혈통을 절대 중시하던 신라 왕실서 왜국 출신 부인과 아들이 용납될 리 만무했지만 일성왕에게는 소중한 권속이었다. 그의 희망은 왕비 박씨(지소례왕의 딸) 사이에서 출생한 태자 아달라 뿐이었다.

일성왕은 자신이 적국에서 귀국했다는 백성들의 불신 해소와 조정 내

능을 휘감아 도는 우백호 물길이 바로 보이는 명당수에서 좌청룡과 조우한다. 집안이나 직장에서 여자가 주도권을 잡고 남자를 좌지우지할 물형이다. 이런 산세에서는 친손보다 외손의 발복이 두드러진다.〈아래는 일성왕릉 앞의 명당수(저수지)〉.

친위 세력의 구축이 급선무였다. 살인범을 제외한 죄수들을 대폭 사면하고, 시조 사당에 제사를 올려 임금의 위상을 널리 알리려 했다. 정사당을 설치해 여론을 수렴하려 했지만 반응은 싸늘했다. 그믐 일식과 지진 발생으로 민심마저 흉흉한데 북방의 말갈군은 2년이 멀다하고 침략해 왔다. 왕 13년(146)에는 귀부했던 압독국(경북 경산)에서 반란이 일어나 겨우 진압했다.

일성왕이 재위(134~154)한 21년 동안 신라는 왕권 다툼과 국경 전쟁으로 국력이 크게 소모됐다. 국가 기강 해이로 백성들이 사치 · 향락에 탐닉하자 임금이 직접 나서 금 · 은 · 주옥의 사용 금지령까지 내렸다. 궁여지책으로 왕실의 실권자 박아도를 갈문왕에 봉해 정국 수습을 기대했지만 별무신통이었다. 일성왕의 노쇠한 용안에선 화색이 사라졌고, 수라는 들지도 않고 물렸다. 저승길이 문전이었다.

백제는 장남의 역모를 제압하고 즉위한 동생(4대 개루왕 · 재위 128~166)이 민심을 얻었다. 북방 이민족의 남침 저지를 위한 북한산성 축조에 백성들이 자진 부역했다. 백제 북진 정책의 교두보로 한성백제와 운명을 함께 한 이 성은 현재까지도 존재한다. 신라 24대 진흥왕(재위 540~576)이 553년 나제동맹을 깨고 기습 점령한 뒤 진흥왕 순수비(국보 제3호)를 세운 바로 그 성이다.

고구려는 친형(6대 태조왕)의 왕위를 탈취하고 즉위한 7대 차대왕(재위 146~165)의 폭압 정치로 조정과 백성들이 공포에 떨었다. 태조왕을 별궁에 가두고 태조왕의 장남 막근 태자를 무참히 살해하자 차남 막덕은 미리 알고 자결했다. 왕족과 신하들도 누명을 씌워 닥치는 대로 죽였다. 태조왕은 인간 망종의 광란을 병석에서 목도했다. 결국 차대왕도 심복 명림답부와 측근들에게 참혹한 죽임을 당했다.

주변국의 상황이 이러하다 보니 신라 일성왕은 태자의 대통 승계 보장이 더 염려되었다. 고심 끝에 6대 지마왕(조카)의 외동딸을 태자빈으로 맞이했다. 손녀였다. 8대 아달라이사금(재위 154~184)의 왕비 애례부인이다. 장고 끝에 악수 둔다했다. 애례부인의 간택은 박씨 왕실에겐 극약이었고, 신생국 신라를 뒤흔든 최대 섹스 스캔들로 비화됐다. 그녀의 상상 못할 불륜은 와신상담하던 석씨 왕족에겐 천재일우의 기회였다. 반전의 반전을 거듭한 끝에 9대 벌휴이사금(석씨 · 재위 184~196)이 박씨 왕족을 제치고 즉위하는 과정은 매우 극적이다.

일성왕이 숨을 거두자 조정에선 남산의 북단(경주시 탑동 산 23 · 사적 제173호)에 횡혈식 석실분으로 왕릉을 조영했다. 봉토 직경 16m, 높이 5.3m, 지정 면적 4,618㎡의 원형분 단릉이다. 경사진 지형을 3단(천 · 지 · 인)으로 나눠 중단에 상석을 설치한 뒤 하단 석축으로 토사 유출을 방지했다. 묘좌유향(卯坐酉向)의 정서향으로 측면과 후면에는 자연석이 드문드문 노출돼 있다. 능을 휘감아 도는 우백호(여자 · 재물) 물길이 바로 보이는 명당수에서 좌청룡(남자 · 관직)과 조우한다. 집안이나 직장에서 여자가 주도권을 잡고 남자를 좌지우지할 물형이다. 이런 산세에서는 친손보다 외손의 발복이 두드러진다.

아달라왕은 죽어 경주 남산 서록 하단의 배동 삼릉에 묻혔다. 동쪽으로부터 8대 아달라왕, 53대 신덕왕, 54대 경명왕의 세 능이 열을 이루고 있어 삼릉으로 불린다. 모두 박씨 왕릉이다.

아달라이사금

일성왕이 숨을 거두자 태자 아달라가 왕이 되었다. 신라 왕실의 족내 혼인은 8대 왕 아달라이사금이 즉위하며 더욱 심화됐다. 왕족의 순수 혈통을 계승하고 부동의 왕권 유지를 위한 혼례법이었지만, 그로 인한 부작용과 폐단도 매우 컸다.

족내 혼인으로 왕권 유지코자 했건만 불륜 파장으로 신라 왕조사 다시 쓰다

신라 왕실의 족내 혼인은 8대 왕 아달라이사금(阿達羅尼師今 · 이하 아달라왕)이 즉위하며 더욱 심화됐다. 왕족의 순수 혈통을 계승하고 부동의 왕권 유지를 위한 혼례법이었지만 그로 인한 부작용과 폐단도 매우 컸다. 왕비 간택을 앞두고는 딸을 둔 왕족들 간 반목과 대결이 극심했다. 만백성 위에 군림하고 온갖 부귀영화를 누릴 수 있는 왕권과 직결됐기 때문이다. 간택에서 낙오됨은 한 지파 왕족의 몰락으로 이어졌다. 왕족들 간 근친혼은 삼국통일을 전후한 신라 중기로 접어들며 더욱 노골화됐다.

아달라왕(재위 154~184)은 당질녀(5촌 조카)를 배필로 맞았다. 6대 지마왕(아달라왕의 사촌)의 외동딸 내례부인이다. 왜국에서의 오랜 망명으로 박씨 왕실 내 옹호 세력이 빈약했던 부왕(7대 일성왕)의 정략적 간택이었다. 박씨 왕족 세력을 규합하려는 의도도 다분했다. 내례부인의 막강한 정치적 영향력으로 아달라왕은 단시일 내 조정을 장악했다. 왕의 치적은 주로

아달라왕릉은 묘좌유향의 정서향으로 원형 봉토분이다. 아달라왕릉의 규모는 직경 19m, 높이 4.7m로 횡혈식 석실분이다.

왕실과 신료들의 지지에 힘입은 즉위 초기에 이루어졌다.

왕 2년(155) 북방으로 통하는 계립령(문경과 괴산을 잇는 고개) 길을 새로 내고 사도성(영덕군 해안지역)을 순행하며 장병들의 사기를 진작시켰다. 왕 5년(158)에는 왜와 화친을 성사시켜 전쟁 위험에서 해방시켰다. 연오랑과 세오녀가 왜로 건너가 그곳 소국의 왕과 왕비가 되었다는 《삼국유사》 설화도 이 당시(157) 기록이다. 《삼국유사》 편자 승려 일연(1206~1289)은 '신라 사람으로 왜에 건너가 왕이 된 자는 없다. 이는 변방의 작은 나라 왕이니 제대로 된 왕은 아니다.'고 주석을 달았다.

아달라왕의 안정된 치세는 오래가지 않았다. 왕 12년(165) 10월 아찬(6등급) 길선이 반역을 모의하다 발각돼 백제로 도망갔다. 왕은 백제 개루왕(4대왕 재위 128~166)에게 송환을 요청했으나 백제왕은 불응했다. 당시 신라 조정은 서자로 즉위한 개루왕을 하찮게 여기고 있었다. 분노한 아달라왕이 군사를 일으켜 백제를 공격했다. 백제가 성문을 굳게 잠그고 장기전에 돌입하자 군량미가 바닥난 신라군이 철수했다. 민심을 얻어가던 왕에게는 굴욕적인 패퇴였다.

하늘도 아달라왕을 돕지 않았다. 그믐 일식과 지진으로 땅이 흔들리고 신라 전역은 암흑 세계로 변했다. 한 여름의 가뭄 · 우박 · 서리에다 흙비까지 내려 백성들은 굶주렸다. 원인을 알 수 없는 역병마저 창궐했다. 서쪽 변경의 두 성을 백제가 공격해 주민 1천여 명을 포로로 잡아갔다. 백성들은 동요했다. 민심은 급속히 이반했고, 왕은 고립무원의 사면초가 위기에 봉착했다. 설상가상으로 인접국의 정정 불안이 신라 조정을 옥죄었고 왕권은 위태로웠다.

이 무렵 고구려는 연노부 출신 명림답부(67~179)가 포악한 군주 차대왕을 시해하고 8대 신대왕(재위 165~179)을 즉위시켰다. 신대왕은 고추가(조선시대 대원군) 재사의 셋째 아들로 6대 태조왕과 7대 차대왕의 이복 아우였다. 차대왕이 즉위하자 역모 누명을 피해 심산유곡으로 숨어들었다. 165년 10월 명림답부의 간청으로 왕위에 오르니 77세였다. 신대왕은 명림답부를 국상에 앉히고 전권을 위임했다. 국상은 당시 고구려 지배 세력의 회의체 수장이다. 명림답부는 중국 후한(25~220)과의 좌원대첩에서 크게 승리해 차대왕이 잃은 영토를 회복했다. 신대왕이 세상을 떠나자 고국곡(谷)에 장사지냈는데 능 위치는 전해지지 않고 있다.

백제는 5대 초고왕(재위 166~214)이 즉위하며 신라와의 동맹을 깨고 수시로 공격했다. 초고왕은 4대 개루왕의 아들로 매우 호전적이었으며 영토 확장에 대한 집념이 유별났다. 북방의 말갈과 끊임없는 국경 분쟁으로

경주의 신라 왕릉은 6대 지마왕부터 초기의 평지장을 벗어나 산악장으로 이동한다. 배산임수의 명당 혈처를 택지하는 자생 풍수의 지혜와 안목이 두드러진다.

일성왕은 태자의 대통 승계 보장이 염려되었다. 고심 끝에
6대 지마왕의 외동딸을 태자빈으로 맞이했다. 손녀였다.
8대 아달라이사금의 왕비 애례부인이다. 장고 끝에 악수 둔다했다.
애례부인의 간택은 박씨 왕실에겐 극약이었고, 신생국 신라를
뒤흔든 최대 섹스 스캔들로 비화됐다.

백성들은 전쟁과 부역에 시달렸다. 남서부에 변경을 마주한 가야와는 선린 관계를 유지하며 왜와의 교역도 증가시켰다. 백제 역사에서 초고왕의 등장은 그동안 비류계 세력으로 형성됐던 연맹국 주도권이 온조계로 대체된다는 데 의미가 크다. 이후 백제 왕통은 부여씨(扶餘氏)를 중심으로 승계되었다.

고구려의 금상 시해, 백제와의 영토 분쟁, 말갈의 남침, 가야의 침공 등으로 민심이 팍팍해진 신라에도 경천동지할 변고가 발생했다. 왕위 찬탈을 노린 대역 사건이 일어난 것이다.《삼국사기》아달라왕 11년(164) 조에는 '신라 왕경에 용이 나타났다.'고 기술돼 있다. 용은 곧 왕을 상징한다. 내례부인이 박씨가 아닌 석씨 왕자를 출산한 것이다.

신라는 박혁거세왕의 건국(BC57) 이래 8대 아달라왕(184)까지 241년(4대 석탈해왕 제외) 간 박씨 왕족이 지배해 왔다. 9대 벌휴이사금(재위 184~196 · 이하 벌휴왕)부터 갑자기 석씨 왕족이 즉위해 16대 흘해이사금까지 172년(13대 미추왕 제외 · 경주 김씨) 동안 신라를 통치한다. 국가 최고 권력이 타 성씨에게 넘어가는 과정이 순탄했을 리 만무하다. 벌휴왕 즉위 당시는 탈해왕이 죽은 지 104년 후였고, 석씨 왕족의 등극 가능성은 가시권에서 벗어난 지 오래였다. 벌휴왕 아버지 구추는 탈해왕의 서자로 5대 파사왕에게 왕위를 빼앗겼다.

우리의 고대 역사서 상당 부분이 은유와 상징으로 편찬돼 있음은 여러 차례 강조한 바 있다.《삼국사기》는 아달라왕 21년(174)부터 죽던 해까지 10년 동안을 공백으로 남겨두고 있다. 그 연유는 무엇일까. 학계는 김부식이《삼국사기》를 편찬하며 누락시킨 충격적인 비밀을 밝혀냈다.

아달라왕과 내례부인 사이는 거듭되는 실정과 배역 사건으로 균열이 생겼다. 그런 와중에 아달라 왕비(내례부인 박씨)와 석벌휴의 둘째 아들 석이매 사이의 간통 행각이 드러난 것이다.《삼국사기》 내용에 근거한 석벌휴의 음모, 내례부인과 석이매 사이의 아들이 10대 내해왕으로 즉위하는 이면사는 벌휴왕 편에서 다루기로 한다.

내례부인의 불륜 파장은 신라 왕조사를 다시 쓰게 했다. 박씨 왕족은 728년 뒤인 53대 신덕왕(재위 912~917)이 즉위할 때까지 역사의 뒤안길에서 통한을 반추했다. 그것도 3대 왕 16년에 걸친 짧은 재위 기간이었다. 이미 신라의 천년 사직이 붕괴되는 시기였다.

아달라왕은 죽어 남산 서록 하단(경주시 배동 73-1)의 배동 삼릉(사적 제219호)에 묻혔다. 능 앞을 오가는 백성들이 왕릉을 향해 절을 한다 하여 마을 이름을 배동(拜洞)으로 부르게 되었다. 동쪽으로부터 8대 아달라왕(앞), 53대 신덕왕(중간), 54대 경명왕(뒤)의 세 능이 열을 이루고 있어 삼릉으로 불린다. 모두 박씨 왕릉이다. 묘좌유향(卯坐酉向)의 정서향으로 원형 봉토분이다. 아달라왕릉 규모는 직경 19m, 높이4.7m로 횡혈식 석실분이다.

경주의 신라 왕릉은 6대 지마왕부터 초기의 평지장을 벗어나 산악장으로 이동한다. 배산임수의 명당 혈처를 택지하는 자생 풍수의 지혜와 안목이 두드러진다. 배동 삼릉의 우백호에는 능역과 등산로를 가르는 가파른 물길이 있다. 이곳에 놓인 다리를 금천교(禁川橋)라 하는데 속세와 신계를 가르는 분할선이다. 금천교를 건너 능역에 진입하면 경건한 자세로 옷깃을 여미는 게 왕릉 참배의 예절이다.

경주의 수많은 고분 가운데서도 서악동 고분군에는 왕릉급 무덤이 많다. 벌휴왕의 능도 서악동 고분 가운데 하나일 것으로 추정하고 있다.

신라 9대

벌휴이사금

아달라왕의 비 내례부인이 석이매와 통정해 아들을 낳았다.
아달라왕은 진노했다. 내례부인은 외면하고 석이매는 참수했다.
격분한 내례부인이 석벌휴와 합세해 왕권에 도전한 것이다.
10년에 걸친 난리 끝에 아달라왕과 석골정이 비참한
최후를 맞았다. 이 와중에 석벌휴는 어부지리로 즉위했다.

어부지리로 왕좌 얻으니 다시 석씨 왕조를 열다

군주시대 임금의 승하는 국가적 변괴였다. 왕실의 최고 수장은 옥새부터 확보해 대통 승계권을 선점한 뒤 사왕(嗣王) 등극을 서둘렀다. 조정은 국상을 선포하고 궁정 수비군을 동원해 3겹, 5겹으로 대궐을 에워쌌다. 권력의 공백을 틈탄 모반이나 민중 봉기를 사전에 차단하는 포석이었다. 백성들은 새 왕권이 순조롭게 이양되길 고대했다. 차기 왕위가 무탈하게 승계되지 못하면 반드시 피를 불렀기 때문이다.

고대 왕조사에서 기록 공백이나 갑작스런 왕의 등장은 왕실 변고를 의미한다. 《삼국사기》는 신라 8대 아달라왕 재위(154~184) 31년 중 21년부터 사망 직전까지 10년간 아무 기록도 남기지 않았다. 개국 이래 241년(4대 탈해왕 제외) 동안 계승되던 박씨 왕조가 돌연 석씨 왕조로 교체되며 9대왕 벌휴이사금(伐休尼師今 · 재위 184~196 · 이하 벌휴왕)이 즉위한다. 신라는 조정 내 권력 투쟁으로 시조 박혁거세 왕이 참혹한 죽음을 당한 바 있다.

석씨 왕조의 내력을 기록한 석비. 석씨 왕족은 4대 탈해왕 외에는 비정된 왕릉조차 없다.

《삼국사기》는 벌휴왕 즉위와 관련해 중요한 단서를 기록으로 남겼다. 10대 내해왕(벌휴왕 손자)이 등극하는 경위에 대한 설명이다. '전 임금(벌휴왕)의 태자(석골정)와 차남(석이매)이 먼저 죽었다. 장손(골정 아들)이 어려서 이매 아들을 왕으로 세웠다.'는 내용이다.

벌휴왕의 장성한 두 아들이 일찍 죽고 차남의 아들이 즉위했다는 건 필시 석씨 왕족의 유고를 의미한다. 왕실 쿠데타가 발생했던 것이다. 여기서 역사의 전면에 부각되는 여인이 아달라 왕비 내례부인 김씨다.

아달라왕 치세 후반의 시대적 상황과 사서를 근거로 학계서 추적해 낸 사실은 매우 구체적이다. 왕이 되기 전 석벌휴는 군사력(사병)과 문화적 소양까지 겸비한 석씨 왕족의 영도자였다. 부인은 경주 김씨로 조정 실세의 딸이었다. 석씨와 김씨의 동맹으로 신라를 개국한 박씨 왕족은 점차 정국 주도 세력에서 소외됐다.

아달라왕의 정치력에 염증을 느낀 내례부인이 석이매와 통정해 아들을 낳았다. 박씨 왕실의 절대적 지지를 받고 있던 내례부인을 아무도 간섭하지 못했다. 당시 신라 왕실에서는 왕비가 딴 남자와 관계해 아이를 낳아도 묵인하는 풍습이 있었다. 이 같은 독특한 성문화는 신라 사회 전체로 만연돼 거대한 혈연 집단으로 형성됐다.

아달라왕은 진노했다. 내례부인(5촌 조카딸)은 외면하고 석이매는 참수했다. 이게 화근이었다. 격분한 내례부인이 석벌휴와 합세해 왕권에 도전한 것이다. 아달라왕도 쉽게 무너지지 않았다. 10년에 걸친 난리 끝에 아달라왕과 석골정이 비참한 최후를 맞았다. 박씨 왕실로선 내례부인으로 인한 왕권 몰락이었다. 이 와중에 석벌휴는 어부지리로 즉위했다. 도덕·윤리 관념이 투철했던 유학자 김부식이 《삼국사기》를 편술하며 수치스런 10년간의 역사를 누락시켰다. 백성들은 "때로는 구중궁궐의 산해진미가 삼간 모옥의 소찬맥반만 못하다."며 권력을 조롱했다.

벌휴왕이 즉위하자 궐내 신료들은 박씨 왕조를 잊고 석씨 왕실에 충성했다. 왕은 시조 묘(廟)에 제사 지내 위엄을 과시하고 군부 조직을 개편했다. 좌군주(主)에 파진찬(4등급) 구도, 우군주(主)에는 일길찬(7등급) 구수혜를 임명해 충성 경쟁을 유도했다. 왕 2년(185) 좌·우 군의 합동 작전으로 소문국(경북 의성)을 멸망시킨 뒤 신라 영토로 병합시켰다. 전국 주·군에 농번기 토목공사를 중지시켜 농민들을 위무했다. 왕 10년에는 한 여인이 4남 1녀의 다섯 쌍둥이를 낳는 큰 경사가 있었다. 왕은 백미를 하사하고 축하 서신을 하달했다.

호시절은 잠시였다. 재위 후반기는 주변국과의 전쟁과 끊임없는 천재지변이 잇따랐다. 국토는 황폐화되고 식량 수급마저 위기에 봉착했다. 백제 초고왕(5대·재위 166~214)과는 국경 문제로 공방전을 자주 벌여 아까

4대 탈해 왕릉 옆에 있는 석씨 사당. 벌휴왕이 즉위하자 궐내 신료들은 박씨 왕조를 잊고 석씨 왕실에 충성했다. 왕은 시조 묘에 제사 지내 위엄을 과시하고 군부 조직을 개편했다.

벌휴왕이 즉위하자 궐내 신료들은 박씨 왕조를 잊고
석씨 왕실에 충성했다. 왕은 시조 묘에 제사 지내 위엄을
과시하고 군부 조직을 개편했다. 좌군주에 파진찬 구도,
우군주에는 일길찬 구수혜를 임명해 충성 경쟁을 유도했다.
왕 2년 좌·우 군의 합동 작전으로 소문국을 멸망시킨 뒤
신라 영토로 병합시켰다. 전국 주·군에 농번기 토목공사를
중지시켜 농민들을 위무했다

운 병사만 수없이 희생됐다. 왕 7년(190) 부곡성(경북 군위) 전투에서 백제군에 패해 왕권이 휘청거렸다. 가뭄 · 홍수 · 폭설 · 지진 등의 재앙이 겹칠 때마다 부덕의 소치는 왕에게로 향했다.

이즈음 왜에서도 혹독한 기근이 들었다. 아사 직전의 왜인 1000여 명이 신라로 무단 상륙해 구휼을 애원했다. 신라도 위기 상황인데 왕은 기가 막혔다. 이들 중 상당수는 왜의 상황이 호전됐는데도 귀국하지 않고 신라 땅에 정착해 살았다. 고대 사회서 흔히 있었던 국가 간 민족 대이동이었다.

고구려 9대 고국천왕(재위 179~197)은 과감한 개혁 정책으로 국가의 체질을 개선했다. 국가 성장을 저해하는 반발 세력에 굴하지 않고 파격적인 인재 등용으로 번영의 초석을 다졌다. 농민 출신의 을파소(?~203)를 국상으로 기용해 실시한 진대법(환곡법)은 조선 후기까지 춘궁기 농민을 구제하는 정책으로 시행됐다. 고국천왕은 8대 신대왕의 차남으로 초기 부족 연맹체를 성공리에 장악한 임금으로 추앙 받고 있다. 후한(25~220)의 요동 태수가 침공했을 때는 직접 전투에 나서 격멸시켰다.

권력에 대한 끝없는 욕망은 남녀노소 · 시대불문이다. 고국천왕이 숨지자 왕후 우씨부인의 마음이 돌변했다. 왕의 죽음을 숨기고 시동생 발기(?~197)를 밤중에 찾아가 즉위를 청했다. 발기는 모반인 줄 알고 형수를 나무랐다. 분개한 우씨부인이 연우(발기의 아우)를 찾아가 등극을 제의했다. 연우는 쾌히 수락하고 그날 형수와 동침했다. 상피(相避)였다. 연우가 10대 산상왕으로 등극하자 우씨부인은 다시 왕비가 돼 복락을 누렸다. 발기는 땅을 쳤다.

고국천왕은 고국천원(原) 언덕에 묻혔는데 위치는 알 수 없다. 고구려는 고국천왕부터 왕의 장지를 왕호로 사용했다. 산상(산 위)왕, 동천(냇가 동쪽)왕, 중천(냇가 중간)왕, 서천(서쪽 냇가)왕, 봉상(산봉우리)왕, 미천(좋은 냇가)왕 등이 대표적이다. 고국천왕 재위 시 태자의 위상은 월등히 격상되고 왕제들의 지위는 급격히 추락했다. 왕이 부족 간 추대 형식을 벗어나 초월적 존재로 군림하게 되는 것도 이때부터다.

신라 벌휴왕 이후 석씨 왕권은 16대 흘해왕(재위 310~356)까지 172년간 유지됐다. 13대 미추왕(경주 김씨)은 석씨 왕실의 사위였다. 공교롭게도 석씨 왕족은 4대 탈해왕 외에는 비정된 왕릉조차 없다. 경주 김씨 중에도 능의 소재가 불명인 왕은 여럿 있으나 36기 임금 능이 경주에 전하고 있다. 화장 후 수장(30대 문무왕, 34대 효성왕, 37대 선덕왕) 했거나 화장 후 매장(38대 원성왕), 화장 후 산골(51대 진성여왕)했다는 기록이 전해오지만 벌휴왕릉에 관한 정보는 없다.

경주에는 웬만한 동산 크기의 고분들이 도처에 산재한다. 어느 왕의 무덤인지 분명치 않으나 실전된 왕의 능으로 추정하는 데는 학계에서도 주저함이 없다. 무덤을 조성하는데 엄청난 경비와 인력이 동원됐음은 불문가지의 일이다. 임금이 아니고서는 상상조차 할 수 없는 무덤의 사회사(社會史)다. 수많은 경주 고분 가운데서도 서악동 고분군에는 왕릉급 무덤이 많다. 벌휴왕의 능도 서악동 고분 가운데 하나일 것으로 추정하고 있다.

경북 경주시 일원에 산재한 왕릉급 고분. 당시 임금이나 왕족이 아니고서는 엄두도 못냈을 규모로 조영됐다. 내해왕의 능 위치는 전하지 않고 있다.

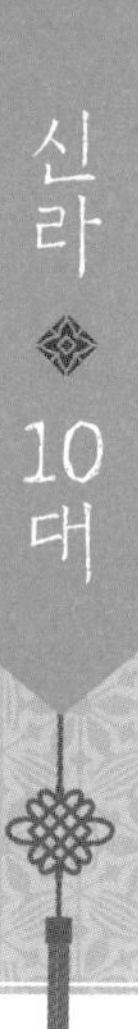

내해이사금

내해왕은 아버지 석이매를 일찍 여의고 할아버지 벌휴왕과 어머니 내례부인의 극진한 보살핌 속에 성장했다. 박씨 왕족은 외손자 내해왕을 적극 지지했다. 영민한 내해왕은 박씨 왕실의 심기를 살펴가며 석씨 왕실의 대통승계를 공고히 다졌다.

왕족 지지 속에 석씨 왕실의 만년대계 공고히 하다

부족 연맹의 고대 국가에서는 정변이 다반사였다. 국경도 조변석개로 자주 변했다. 나라마다 닥친 최대의 위기라면 새 임금의 등극 전후와 자연 재앙이 닥쳤을 때였다. 권력 기반이 취약할수록 모반으로 직결됐다. 이웃 나라의 정정 불안은 변경을 마주한 인접국에 들불처럼 전이됐다. 남의 불행을 기회로 포착한 앙숙 국가 간에는 군사를 일으켜 영토를 빼앗았다. 포로가 된 백성들은 소모전에 투입됐다. 전쟁에 져 역사 속에서 사라진 국가가 부지기수다. 이웃이 원수였다.

신라 10대 왕 내해이사금(奈解尼師今 · 이하 내해왕) 재위(196~230) 중에는 주변 삼국의 왕권 변동이 잦았다. 고구려는 9대 고국천왕(재위 179~197), 10대 산상왕(재위 197~227), 11대 동천왕(재위 227~248)이 교체됐다. 백제는 5대 초고왕(재위 166~214), 6대 구수왕(재위 214~234)이, 가야는 시조 김수로왕(재위 42~199)이 죽고, 2대 거등왕(재위 199~238)이 즉위했다. 새로 등극한 임금은 전 왕이 체결한 국가 간 화친 조약을 파기하고 왕권 과시를 위해 전쟁부터 일으켰다.

2~3세기 무렵 한반도와 동북아시아에는 국가 체계로는 진입이 안 된 소국들이 난립하며 흥망성쇠를 반복했다. 한반도의 한강 이남에는 신라 · 백제 · 가야가 왕권 기반을 구축해 가며 자웅을 겨뤘다. 삼국의 변경에는 아직도 평정이 안 된 부족 국가들이 다수였다. 전쟁을 일으켜 선점해 버리면 내 땅이었다. 강점한 땅을 다시 빼앗기고 그 땅을 다시 빼앗는 악순환이 계속됐다. 병합된 나라의 백성들은 노예로 전락했다.

한강 이북과 압록강 · 두만강 이남의 한반도 상황도 동일했다. 낙랑(한사군 낙랑) · 동예(한반도 낙랑국) · 남옥저 · 북옥저 · 말갈(여진족)이 서로 영토 확장을 노리고 침공했다. 만주지역의 맹주로 자리 굳힌 고구려는 부여 · 읍루 · 선비 등 북방 민족과 싸우느라 한반도는 안중에도 없었다. 당시 국가들은 안으로의 왕권 도전과 밖으로의 전쟁 위협에 철저히 대비해

석씨 왕의 위패를 모신 숭신전 안내문. 내해왕은 석탈해의 후손이다.

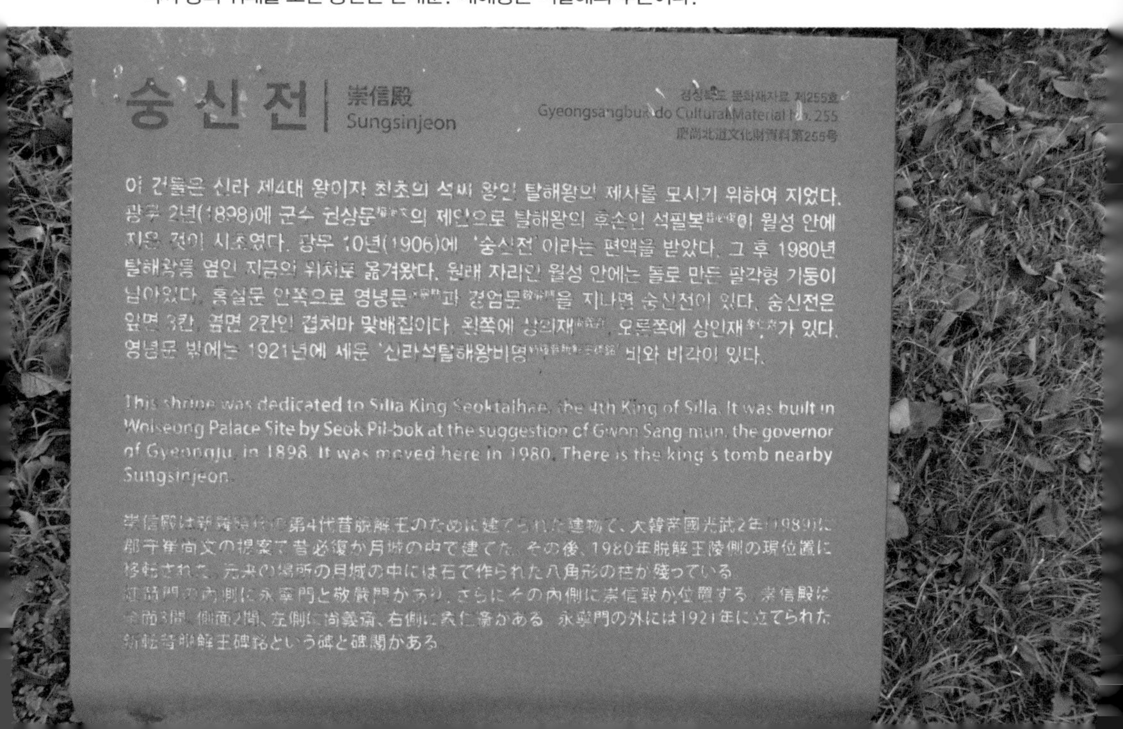

야 했다. 자칫 방심했다가는 나라가 망했다. 그럼에도 군웅들의 권력 집착은 끝이 없어 왕권 쟁탈에 목숨을 담보했다.

중국의 사정도 급박했다. 동한(후한 · 25~220) 왕조의 몰락이 임박하며 황건군 봉기와 군벌들의 난립으로 중원은 무법천지가 됐다. 환관 · 외척 간 대립 끝에 원소(?~202)가 2000여 명의 환관을 몰살하자 사태가 급변했다. 죽고 죽이는 배신과 반전의 혼란 속에 걸출한 세 영웅이 나타나 삼국시대를 열었다. 위(魏 · 220~265)의 조조, 촉(蜀 · 221~263)의 유비, 오(吳 · 222~280)의 손권이다. 조조는 황하 상류, 유비는 양자강 중류, 손권은 강남을 중심으로 세력권을 형성했다. 원나라 때 나관중(1330~1400 · 고려 26대 충혜왕 시기)이 쓴 《삼국지연의》는 이 시대를 배경으로 한 중국 최초의 역사소설이다.

내해왕은 아버지(석이매)를 일찍 여의고 할아버지(9대 벌휴왕 · 석씨)와 어머니(내례부인 · 박씨)의 극진한 보살핌 속에 성장했다. 박씨 왕족은 외손자 내해왕을 적극 지지했다.

영민한 내해왕은 박씨 왕실의 심기를 살펴가며 석씨 왕실의 만년대계를 공고히 다졌다. 즉위하던 해 봄, 긴 가뭄 끝에 단비가 내려 풍농을 예고했다. 넘어져 있던 시조 묘(廟) 앞 버드나무가 일어나 조정은 물론 백성들마저 길조로 여겼다. 내해왕 즉위 초기는 순탄했다.

내해왕의 통치 기반의 균열은 가야에서 발단됐다. 왕 4년(199) 가야의 시조 김수로왕(금관가야 · 김해)이 죽고 아들 거등이 2대 왕으로 즉위했다. 가야는 경남 낙동강 하류와 섬진강 유역을 거점으로 건국된 6부족 연맹체 왕국이었다. 신라와는 동 · 서 변경을 서로 접하고 있어 영토 전쟁이 끊이지 않았다. 김수로왕은 백제 · 왜와는 친소관계를 유지하며 교역도 활발했

숭신전 입구의 일주문. 4대 탈해왕릉 인근에 있다.

내해왕이 즉위하던 해 봄, 긴 가뭄 끝에
단비가 내려 풍농을 예고했다. 넘어져 있던 시조 묘 앞
버드나무가 일어나 조정은 물론 백성들마저 길조로
여겼다. 내해왕 즉위 초기는 순탄했다.

으나 신라는 불구대천의 원수로 대했다. 내해왕 6년(201) 거등왕이 신라에 화의를 요청해 왔다. 6가야 연맹이 해체 위기에 처하자 이를 저지하기 위한 자구책이었다. 신라는 수용했다.

가야의 정국 위기는 점점 고조됐다. 거등왕 11년(209) 포상(浦上) 팔국(八國)의 8장군이 일시에 쳐들어 와 금관가야의 수도가 함락 위기에 놓였다. 거등왕은 신라왕에게 황급히 원병을 청했다. 내해왕은 태자 우로와 차남 이음(이벌찬)에게 6부 정병을 내주며 가야 내전에 참전했다. 두 왕자는 8장군을 참수하고 포로 8천 명을 신라로 압송했다. 가야의 왕자는 신라에 볼모로 잡혀갔다. 신라에 대한 가야의 운신 폭은 크게 제한됐고 한동안 조공 관계를 유지했다.

낙동강 하류와 경남 남해안 일대에 존재했던 포상 8국의 나라 이름과 위치 비정은 가야사 연구의 핵심 과제 중 하나다. 이 시기 가야가 일본 큐슈지방에 진출해 건국했다는 축자국과, 일본이 가야 일부를 통치했다는 임나일본부설은 한 · 일 양국 사학계가 크게 대립하고 있는 고대사의 쟁점이다. 4세기 말 5세기 초의 광개토대왕(고구려 19대 · 재위 391~413) 비문 해석으로 연관되는 첨예한 사안이기도 하다.

고대 국가에서는 자연 재난이 빈번했다. 가뭄 · 홍수 · 폭설 · 지진에다 메뚜기 떼까지 창궐해 농사를 전폐시켰다. 나라를 가릴 것 없이 무차별적이었다. 백제 구수왕 18년(232) 4월에는 호두만한 우박이 쏟아져 날아가던 새가 맞아 죽었다. 재앙이 닥칠 때마다 각국의 왕은 시조 사당에 제사를 지내 조상의 음덕을 기원하고 경(輕)죄인을 방면했다. 죄수 석방은 국고 양식의 고갈과 농어촌 일손 부족을 동시 해결하고 성은에 감복하라는 정치적 복선도 깔렸다.

지난한 인생사는 왕후장상도 가리지 않는다. 25년(220) 전장에 나갔던 차남 이음(?~220)이 돌연사했다. 참척(慘慽)이었다. 왕은 대궐 뒤뜰을 혼자 거닐며 왕경 서라벌의 푸른 창공을 응시했다. 야속했다. 내해왕 사후 일이지만 태자 우로(?~249)도 왜왕을 폄훼했다는 이유로 왜 사신에게 화형당했다. 백전백승의 맹장으로 정치적 감각까지 뛰어났던 태자였다. 와신상담하던 우로 부인이 왜의 사신을 만취시킨 뒤 장작불에 태워 죽였다. 역사는 우로를 잊고 있다.

내해왕은 죽기 전 태자로 책봉한 우로에게 왕위를 물려주지 않았다. 왕실 내란으로 희생당한 친형(골정)의 아들 조분에게 대통을 승계시켰다. 11대 왕으로 즉위한 조분이사금(재위 230~247)은 내해왕의 조카이자 사위였다. 내해 왕비 석씨는 골정의 딸로 조분왕의 친누나였다. 난마 같이 얽혀 갈수록 복잡해지는 신라 왕실의 근친혼은 중기로 갈수록 더욱 노골화됐다.

내해왕의 능 위치는 전하지 않고 있다. 왕릉 연구가들은 영조 6년(조선 21대 · 1730) 박씨 · 김씨 문중 대표가 신라 왕릉을 비정할 때 석씨 문중이 동참하지 못한 걸 안타깝게 여기고 있다. 고분에 묻힌 피장자가 분명치 않아도 후손과 참배객이 왕릉으로 알고 제사 지내면 왕의 영혼이 그곳에 머문다고 심령학자들은 주장한다. 경주 고분 다수가 신라 왕릉임을 감안해 철저한 사료 연구를 바탕으로 왕릉 비정이 새로 이뤄져야 한다는 학계 의견도 있다. 오늘의 소사(小史)도 세월이 가면 역사가 된다.

동천왕의 시신을 덮었을 것으로 추정되는 섶 재료목.

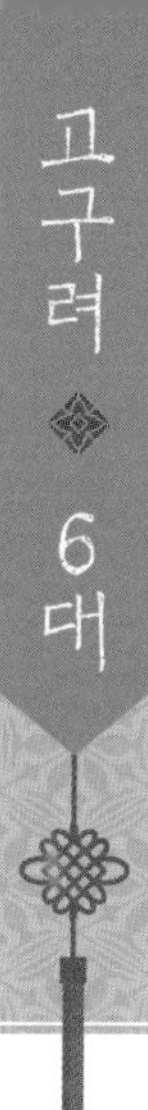

동천왕

왕은 21년 4개월을 재위하는 동안 줄곧 전쟁을 치렀다.
내치는 더욱 안정됐다. 왕은 갈급한 각국의 내정을
소상히 관통하며 발군의 외교력을 발휘했다. 왕은 태조왕 때
경략했다가 상실한 대제국의 영토를 거의 회복했다.
백성들은 태조왕이 환생했다면서 왕을 위궁이라 별칭했다.

내우외환 정세에도 영토 확장
죽어서도 만 백성의 존엄 받다

고구려 11대 동천왕(재위 227~248)의 출생은 기구했다. 성장 과정도 매우 위태로웠다. 즉위해서는 조정 내 부족 간 권력 쟁탈전으로 국정이 혼란스러웠다. 중원(중국)의 잦은 국가 생성과 소멸로 원치 않는 국제전에 휘말려 수도까지 천도했다. 끊임없는 내우외환으로 동천왕(東川王 · 이하 왕)은 뜬눈으로 밤을 지새웠다.

왕은 불면에 시달릴 때마다 모후 후녀(后女 · 생몰년 미상)를 찾아가 자신의 출생에 얽힌 비화를 청해 듣곤 했다. 크나큰 위안이었다. 후녀는 10대 산상왕의 소비(小妃 · 후궁)로 기막힌 곡절 끝에 왕을 낳은 생모였다. 후녀의 옛이야기는 백척간두에서 기사회생한 한 여인의 일생이면서 초기 고구려 왕실의 숨겨진 치부(恥部)이기도 했다.

9대 고국천왕(재위 179~197)은 왕후 우씨(于氏 · ?~234)가 왕자를 낳지 못해 후사가 없었다. 우씨는 연나부 출신 우소(생몰년 미상)의 딸로 외척 세력의 권력 독점을 위해서라면 물불을 가리지 않는 여자였다. 197년 5월 고국천왕이 승하했다. 왕에게는 발기, 연우, 계수의 세 아우가 있었다. 우씨는 왕의 죽음을 숨기고 이경(二更 · 밤10시 이후)이 넘은 시각에 첫째 발기를 찾아갔다.

"태왕이 죽으면 나를 왕비로 삼아 대통을 승계하자."며 동침을 요구했다. 발기는 외척 연나부(部)가 꾸미는 역모인 줄 알고 "야심한 시각에 이 무슨 해괴한 행실이냐?"며 우씨를 내쫓았다. 격분한 우씨는 그 길로 둘째 연우의 집 문을 두드렸다. 연우는 형수의 제의를 쾌히 수락하고 그날 밤 둘은 한 몸이 되었다. 이튿날 국상이 선포되고 연우가 즉위하니 10대 산상왕(재위 197~227)이다.

고구려는 강상(綱常)이 바로 선 나라였다. 조정 대신들과 백성들은 형수와 협잡해 왕위를 강탈한 망종이라며 산상왕을 금수처럼 여겼다. 산상왕은 형왕(고국천왕)이 왕자가 없어 야기된 왕실의 대혼란을 골수에 깊이 새겼다. 등극 전 산상왕에게는 처자가 있었으나 고국천왕 18년(196) 발기(산상왕 형 발기와 동명이인)의 역모사건 때 몰살당했다. 산상왕은 강요에 못 이겨 형수를 왕비로 들였으나 우씨는 출산한 적이 없는 중년의 석녀(石女)였다.

산상왕은 왕자를 얻기 위해 혈안이 됐다. 우씨의 훼방과 결사반대로 후궁을 맞는다는 건 연목구어(緣木求魚)였다. 산상왕 12년(208) 왕실 제사에 쓸 돼지가 관나부 주통촌(酒桶村)으로 달아났다. 뒤쫓은 관리들이 잡지 못하자 20세의 낭자가 생포해 넘겼다. 산상왕이 반색하며 우씨 몰래 낭자의 집을 찾아가 후한 상을 내리고 그날 밤 동침했다. 낭자 이름이 바로 후녀다. 모두가 산상왕과 대신들이 왕자를 얻기 위해 꾸민 계략이었다.

뒤늦게 이 사실을 안 우씨가 후녀를 죽이려 했다. 그러나 후녀는 이미 용종(龍種 · 왕의 혈육)을 잉태한 몸이었다. 산상왕은 후녀를 소비로 앉혔다. 열 달 뒤 후녀가 왕자를 출산했다. 산상왕의 기쁨은 컸다. 아명을 교체(交彘)로 짓고 이름은 우위거(憂位居)라 부르도록 했다.

산상왕의 지엄한 분부로 우씨는 왕자 모녀에게 근접이 차단됐다. 우씨는 지속적으로 모녀를 없애고자 수단 방법을 가리지 않았다. 서기 227년 5월 와병 중이던 산상왕이 승하했다. 어느덧 훤칠한 청년으로 성장한 교체가 용상에 오르니 제11대 동천왕(이하 왕)이다. 왕은 원수를 은혜로 갚았다. 다시 과부가 된 우씨를 생모 후녀와 차별 없이 봉양했다. 백성들은 왕의 효성에 감복했고, 고구려 왕실에는 따뜻한 온기가 감돌았다.

여기까지 듣고 있던 왕의 용안에 눈물이 흘렀다. 산적한 국정으로 옥체가 곤고할 때마다 왕은 모후를 찾아 절박했던 당시 얘기를 조르곤 했다. 왕 4년(230) 7월 연나부 출신 명림어수(?~254)를 국상으로 중용했다. 우씨와 연나 부족은 만족했고, 그동안 누적된 불목도 해소되었다. 조정의 안정으로 동력을 얻은 왕은 부왕(산상왕)이 빼앗긴 실지회복에 주력하며 과감한 서진정책을 펼쳤다.

왕은 21년 4개월을 재위하는 동안 줄곧 전쟁을 치렀다. 서방의 국제정세가 불안정하여 이에 맞대응하다 보니 국가는 늘 전시 태세였다. 고구려 서방은 중원이었다. 왕의 재위 전반기는 요동지방을 중심으로 세력을 확장하던 공손씨(公孫氏) 정권(190~238)과 대립이 계속됐다. 후반기는 중원 3국의 정국 혼란으로 지축이 출렁일 때마다 고구려도 편승해야 했다.

흙으로 쌓은 토성. 고구려의 성은 흙과 돌을 섞어 쌓은 혼축성이 많다.

고구려 시대 마을의 골목길.

이 당시 중원은《삼국지》로 널리 회자되는 이른바 삼국시대였다. 조비(187~226)가 낙양을 중심으로 위(魏 · 220~226)를, 유비(161~223)는 성도에 촉(蜀 · 221~263)을, 손권(182~252)이 남경에 오(吳 · 222~280)를 개국해 3국 정립(鼎立) 시대가 비롯됐다. 요동의 공손씨 정권과 3국은 치열한 영토 전쟁을 벌이며 중원을 통일하고자 하는 야망을 불태웠다. 동북아(만주) 종주국인 고구려와의 동맹 여부가 전쟁의 승패를 결정지었고 국가의 존립을 좌우했다.

왕은 갈급한 각국의 내정을 소상히 관통하며 발군의 외교력을 발휘했다. 내치는 더욱 안정됐다. 왕 4년(233) 오가 화친을 제의해 왔으나 거절했다. 이듬해 위가 요청해온 외교 동맹은 윤허했다. 3국 중 위는 국력이 가장 우세했고 지리적으로도 고구려와 가까웠기 때문이다. 다급해진 오가 왕 7년(236) 7월 사신을 보내 재차 화친을 간청했다. 왕은 오의 사신을 참수하고 그 목을 위로 보냈다.

왕 12년(238) 위가 고구려와 동맹으로 연(燕 · 190~238)을 협공하자고 제의해 왔다. 연은 하북성 일대에서 세력을 키우던 공손씨 정권이었다. 왕은 위가 보낸 사마의(179~251)의 1천 병력과 연합으로 연왕 공손연(?~238) 부자를 죽였다. 연이 멸망하자 고구려는 위와 국경을 마주하게 되었다. 연의 영토였던 구(舊) 요동 지역으로 고구려가 진출하려하자 양국의 충돌이 불가피해졌다. 어제의 동맹이 오늘의 적으로 돌변했다.

3세기(200~299) 초의 고구려 국경은 매우 광활했다. 동의 읍루, 북의 부여 · 선비 · 흉노, 서의 중원 3국, 남의 신라 · 백제가 위치해 전쟁 상황에 따라 국경이 수시로 변했다. 왕 16년(242) 고구려는 요동 서안평현(현 하북성 덕주)을 공격해 점령한 뒤 황하를 넘어 산동성 일대까지 장악했다. 왕은

아차산 정상의 제3보루 평원. 고구려 · 백제 · 신라 군대가 번갈아 주둔하며 격전을 벌인 현장이다.

백성들이 왕의 은덕을 생각하며 왕의 죽음을
슬퍼하지 않는 자가 없었다. 왕의 장례날 근신과
백성들이 몰려와 자살한 후 순장되기를 간청했다.
백성들이 섶을 베어 왕의 시체를 덮어 주었다.
이후 그곳을 시원이라 했다.

태조왕 때 경략했다가 상실한 대제국의 영토를 거의 회복했다. 백성들은 태조왕이 환생했다면서 왕을 위궁(位宮)이라 별칭했다. 태조왕의 이름이 궁(宮)이었다.

위의 실권자 사마의는 초조해졌다. 고구려에 더 이상 밀리면 황하 이북을 내주고 중원 종주국의 지위를 잃을 수 있다는 위기감이 팽배해졌다. 왕 20년(246) 8월 사마의는 유주지사 관구검(?~255)에게 1만 군사를 내줘 고구려를 치게 했다. 밀고 밀리는 접전 끝에 친정에 나선 왕의 지략으로 대승을 거두었다. 승기를 잡았다고 판단한 왕은 고구려 전군을 동원해 위나라 군을 궁지로 몰았다.

퇴로를 차단당한 위나라 군이 결사 항전해 고구려군은 치명타를 입었다. 이에 앞서 고구려 군은 왕 19년(245) 10월 신라 조분왕(11대 · 재위 230~247)의 북침을 격퇴하느라 국력을 소모한 상태였다. 고구려는 수도 환도성(현 중국 집안현 통구)을 함락 당했다. 왕은 남옥저(함경남도 동해안 일대)를 거쳐 북옥저(함경북도 두만강 유역)로 패주해 겨우 목숨을 건졌다. 이듬해 밀우(생몰년 미상)와 유유(생몰년 미상) 장군의 결사대 활약으로 환도성에 귀환했으나 도성 전체가 파괴돼 복구 불능의 폐허였다.

왕의 용안에 그늘이 드리우고 수심이 깊어졌다. 왕 21년(241) 2월 환도성을 포기하고 평양(平陽)으로 천도해 성을 새로 축조했다. 새 도읍지 평양은 현 평안남도 평양(平壤)이 아닌 별도의 성이다. 사학계에서는 환도성에서 1백리 가량 거리인 요양이나, 평안북도 강계였을 것으로 비정하고 있다.

왕은 의욕을 상실했다. 입맛이 소태 같이 쓰다며 수라상을 거부했고 옥체는 점점 미령(靡寧)해졌다. 왕 22년(248) 고구려에 국상이 났다. 동천왕이 홍서한 것이다. 보령 40세였다. 능은 동천(동쪽 냇가) 시원(섶동산)에 조영되었고 묘호는 동천(東川)으로 봉정했다.

다음은 《삼국사기》에 기록된 바다.

'백성들이 왕의 은덕을 생각하며 왕의 죽음을 슬퍼하지 않는 자가 없었다. 왕의 장례 날 근신과 백성들이 몰려와 자살한 후 순장되기를 간청했다. 백성들이 섶(식물 덩굴을 받치는 막대기)을 베어 왕의 시체를 덮어 주었다. 이후 그곳을 시원(柴原)이라 했다.'

동천왕은 왕후(성씨 불명) 외 1명의 후궁을 두었으나 왕후한테서만 3남(연불, 예물, 사구)을 두었다. 장남 연불이 12대 중천왕(재위 248~270)이다.

경북 경주시 전역에서 흔히 목격되는 신라시대 고분군. 조분왕도 저 무덤 중 하나에 영면해 있을 것으로 추정된다.

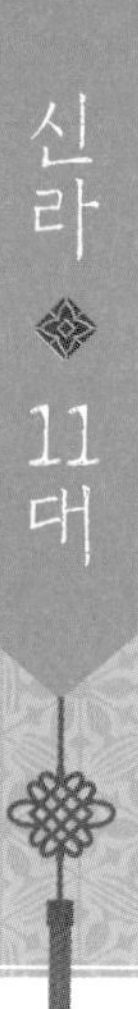

조분이사금

내해왕은 항상 사촌동생 석조분에게 심리적 부채를
안고 있었다. 종손이 차지할 왕위를 지손이 재위하고
있다는 죄책감이었다. 내해왕은 자신의 딸 아이혜를
사촌동생 석조분에게 시집보내 사위로 들였다.
내해왕은 숨지며 석조분에게 대통을
승계하라고 유언했다.

백성을 자상히 보살피고 국가 발전에 기여 조분이라 칭하니

고대사를 연구하는 사학자들도 신라 왕실의 근친혼 관계를 계촌(計寸)하다 보면 자주 혼란을 초래한다고 말한다. 왕실 계보를 다룬 전문 서적에서도 종종 오류가 발견된다. 사촌 간 혼인으로 백부가 장인이 되는가 하면 숙부가 조카딸을 아내로도 맞는다. 신라 중기 이후에는 백성들에게도 널리 확산돼 친남매 사이에도 부부가 된다. 동시대 삼국(고구려 · 백제 · 가야)에서는 강상(綱常)이 붕괴된 별종 집단이라고 조소했다. 하지만 신라의 강력한 국가적 응집력은 유별난 근친혼에서 태동됐다. 사회 구성원 전체를 거대한 혈연 집단으로 결속시키는 원동력으로 작용했던 것이다.

신라 11대 왕 조분이사금(助賁尼師今 · 재위 230~247, 이하 조분왕)부터 석(昔)씨 왕실 혼인맥은 더욱 복잡해져 마치 구절양장 같이 얽히고설킨다. 왕권이 불안하고 등극 명분이 취약할수록 가까운 혈육 내 근친혼은 절정에 달했다. 타 성씨와의 혼혈로 인한 권력 누수를 결코 허용하지 않았던 것이다. 삼국통일의 주역이었던 화랑의 풍월주들도 근친혼으로 맺어진 혈연 집단이었다.

석탈해(신라 4대왕, 석씨 시조)의 손자 석벌휴는 석골정, 석이매의 두 아들을 두었다. 장남 석골정은 아들 석조분을 낳았다. 차남 석이매는 내례부인(8대 아달라왕비)과 통정해 아들 석내해를 출산했다. 치정으로 얽힌 난리통에 아달라왕, 석골정, 석이매가 죽었다. 석벌휴가 어부지리로 9대 왕에 즉위했다. 석벌휴는 유언으로 석내해를 10대 왕에 즉위토록 했다. 자신을 왕으로 추대한 내례부인에 대한 보답이었다.

내해왕(재위 196~230)은 두 아들을 두었다. 장남 석우로를 태자로 책봉하고 왕위 세습 교육을 철저히 시켰다. 차남 석이음에게는 군부 요직을 맡겨 전쟁에 나가 공을 세우게 했다. 내해왕은 항상 사촌동생 석조분에게 심리적 부채를 안고 있었다. 종손이 차지할 왕위를 지손이 재위하고 있다는 죄책감이었다. 내해왕은 자신의 딸 아이혜를 사촌동생 석조분에게 시집보내 사위로 들였다. 내해왕은 숨지며 석조분에게 대통을 승계하라고 유언했다.

창졸간에 즉위한 조분왕은 당황했다. 호전적인 석우로와 군부를 장악 중인 석이음 형제의 승복 여부가 왕권 유지의 최대 걸림돌이었다. 둘 다 5촌 조카이자 처남이었다. 조분왕은 석우로에게 이찬(17관등 중 2등급)직을 제수하고 대장군으로 삼은 뒤 석이음과 함께 감문국(경북 김천)을 정벌토록 했다. 태자였던 석우로는 출전하며 고뇌했다. "비록 왕위엔 못 올랐지만 금상은 나의 당숙이고 누이의 남편이다. 석씨가 나라를 통치함은 매일반이지 않은가. 국가에 충성하리라."

석우로 형제는 감문국을 쳐 신라 영토로 귀속시켰다. 당시 감문국은 가야의 속국이었지만 신라, 백제와도 국경이 인접해 있어 지배권을 둘러싼 충돌이 끊이지 않았다. 가야는 2대 거등왕(재위 199~253)이 즉위하며 왕권이 취약해졌다. 독립 체제로 유지되던 6가야 연맹이 와해 위기에 처했다. 거등왕은 왜와 공조로 감문국을 지켜내려 했으나 신라군에게 참패했다. 이후 왜군은 여러 차례 신라 침공을 거듭했지만 조분왕과 석우로 형제가 지휘하는 신라 정예군에게 번번이 패했다. 조분왕의 왕권은 더욱 강화됐고 신라와 가야의 관계는 악화일로로 치달았다.

조분왕과 아이혜 왕비는 딸 둘을 낳았다. 장녀 명원부인은 외삼촌 석우로에게 시집보냈다. 차녀 광명부인은 13대 왕이 되는 경주 김씨 미추에게 출가시켰다. 누가 한 치 앞의 미래를 장담할 것인가. 미추와의 이 혼사가 발단이 돼 석씨 왕조는 몰락하고 영원히 왕권을 회복하지 못한다. 뒷날 17대 내물왕(재위 356~402, 경주 김씨)이 즉위하며 이후 565년간 경주 김씨가 신라의 왕권을 장악한다. 김씨 왕실의 근친혼은 더욱 철저해졌다.

조분왕 7년(236) 골벌국(경북 영천) 왕 아음부의 자진 항복 귀속은 신라 조정의 천군만마였다. 전쟁의 참상 없이 삼한의 성읍 국가 중 하나였던 골벌국을 접수해 국토를 넓힌 것이다. 무섭게 팽창하는 신라의 국력 신장을 주변 소국에서 두려워했다. 조분왕 18년 재위 동안은 백제, 고구려와의 큰 전쟁도 없어 장정들은 생업에 전념했다. 인구는 늘어났고 자연 재해도 적어 백성들의 삶은 평온했다.

한 시대의 역사 반전은 변방의 국제 정세와도 무관치 않다. 신라 조분왕의 치세 기간 중 백제에서는 세 임금이 교체되는 정변이 발생했다. 6대 구수왕이 숨지자 어린 서자 사반왕(재위 234~234)이 7대 왕으로 즉위했다. 권력 기반이 전무한 10세 소년 왕의 등장은 곧바로 골육상쟁의 피를 불렀

남녀 간의 각별한 애정에 비유되는 연리지 나무. 신라 왕실에서는 남매, 인척 등 근친혼이 많았다. 능역 안에 연리지목이 흔하다.

조분왕 18년 재위 동안은 백제, 고구려와
큰 전쟁도 없어 장정들은 생업에 전념했다. 인구는
늘어났고 자연 재해도 적어 백성들의 삶은 평온했다.
조분왕의 인산 날 신라 백성들은 슬피 울었다.
영토를 확장하고 백성을 자상히 보살피던
어버이 같은 왕이었다.

왕릉 앞의 예감. 왕릉 제향을 지내고 축문을 태워 묻던 곳이다.

다. 4대 개루왕의 차남이자 5대 초고왕의 친동생인 고이(古尒)가 즉위한 지 며칠 안 되는 사반왕을 살해하고 8대 고이왕으로 등극한 것이다. 고이는 사반왕의 숙부였다.

삼국 역사에서 백제 고이왕(재위 234~286)의 등장은 각별한 의미를 갖는다. 고이왕은 중국 요서(遼西) 지역으로 진출해 군·현을 설치하고 중국, 고구려와 국경 전쟁을 벌이며 영토를 넓혔다. 요서는 오늘날의 산동반도와 발해만 일부가 해당된다. 고이왕은 한반도의 한성백제와 중국의 대륙백제를 동시에 통치했다. 이 같은 백제의 '요서경략(經略)'은 한국의 사서보다 오히려 중국 사서에 상세히 기술돼 있다. 당시 중국은 위·촉·오의 삼국시대(220~280)의 개막으로 중원이 분열돼 국력이 분산됐을 때다.

이 무렵 고구려는 11대 동천왕(재위 227~248)이 즉위했다. 동천왕은 태조왕(6대·재위 53~146)이 정복했다 빼앗긴 광활한 북방 영토를 거의 회복했다. 동천왕은 중국 요서지역에선 위나라(220~266)·대륙백제와 싸우고, 한반도에서는 강원 북부 접경까지 진출해 신라와 국경 전쟁을 벌였다.

가야는 독자 생존을 위해 왜와의 접촉이 더욱 긴밀해졌다. 한반도 안에서 4국시대가 본격적으로 전개된 것이다.

신라 조분왕이 숨을 거두자 석씨 왕실과 조정은 일대 혼란에 빠졌다. 조분왕이 두 후궁한테 얻은 두 아들이 적통이 아닌데다 어리다는 이유로 조분왕의 동생 석첨해가 돌연 12대 왕으로 즉위한 것이다. 정변이었다. 개국 이래 신라에서는 보위를 이을 왕자가 어리거나 없으면 사위가 승계하는 게 전통이었다. 당시 조분왕에게는 큰 사위 석우로(5촌 조카)와 둘째 사위 김미추(경주 김씨)가 있었다. 첨해왕(재위 247~262)도 결국 정변으로 김미추에게 왕위를 빼앗겼다.

조분왕의 인산(因山) 날 신라 백성들은 슬피 울었다. 영토를 확장하고 백성을 자상히 보살피던 어버이 같은 왕이었다. 조정에서는 국가 발전에 크게 기여했다는 의미로 조(助 · 도울 조) 분(賁 · 클 분)이란 묘호를 지어 올렸다. 김부식이 《삼국사기》를 찬술하며 인용한 《신라본기》에는 조분왕릉의 위치가 분명히 존재했을 것으로 사학계에서는 판단하고 있다. 《신라본기》는 유실됐고 《삼국사기》에도 조분왕릉에 관한 기록이 없다.

경주 일원에는 현재 왕릉으로 비정된 일부 왕릉보다 훨씬 크게 조영된 고분들이 많다. 당대 임금이 아니고서는 감히 엄두도 못낼 동산 크기의 무덤들이다. 조분왕도 저 무덤 중 하나에 영면해 있을 것이다.

서울시 송파구의 몽촌토성은 인근의 풍납토성과 함께 백제 초기 국력을 상징하는 거대한 방어성이다.

고이왕

백제가 경략한 곳은 요서지역이다. 백제의 요서경략에 관한 기록은 중국의 심약이 편찬한 《송서》를 비롯한 10개가 넘는 중국 사서에 전해 온다. 안타깝게도 《삼국사기》에는 백제의 '요서경략'에 관한 기록이 없다. 김부식이 고의로 누락시킨 것으로 인지하고 있다.

중국 요서 산동반도에 백제대국 건설
한반도 한성 백제 오가며 양국 통치

동트기 전 여명 무렵의 백제 궁궐 안. 인시(03~05시)에 기침한 8대 고이왕(古尒王 · 재위 234~286)은 침상을 배회하며 장고의 심연으로 빠져들었다. '내 기필코 온조왕이 경략했던 중원 대륙의 백제 땅을 다시 차지하고야 말 것이다.' 고이왕은 두 주먹을 힘껏 쥐었다.

"밖에 누구 있느냐?"

"벌써 대령하고 있사옵니다."

"태자 책계를 속히 입실토록 하라." 태자가 부왕 앞에 부복했다.

"내 온조왕의 건국 비화를 다시 들려주마. 태자는 결기를 더욱 굳히도록 하라."

책계(責稽 · 9대 왕, 재위 286~298)는 처음 듣는 자세로 옥음을 경청했다.

소서노(召西奴 · BC66~BC6)는 생각할수록 분노가 치밀었다. '고구려를 누구 덕분에 개국하고 왕까지 되었는데 이제 와서 변심한단 말인가. 동부여에 있던 첫 부인 예씨와 아들(유리)까지 불러들여 정비로 삼고 태자로 책봉하니 우리 세 모자의 신세는 무엇인고. 못 믿을 것이 권력의 속성이고 인간 심사로다….'

소서노는 남편 고주몽(고구려 시조 동명성왕, 재위 BC37~BC19)에 대한 배신감으로 절치부심했다.

"거기 아무도 없느냐?"

"밖에 있사옵니다. 분부 내리소서."

"비류와 온조를 들라하라." 장성한 두 왕자가 모후 앞에 우슬착지했다.

"오늘은 각혈할 것 같은 어미 심정을 기탄없이 실토하겠다. 잘 듣고 나의 명에 따르도록 하라."

오래된 옛날 해모수가 천명으로 북방(만주지방)에 북부여를 개국해 시조 왕에 즉위했다. 해모수의 아들 해부루가 부왕의 뜻을 거역하고 가까운 변경에 동부여를 건국해 왕이 되었다. 늙은 해모수가 젊은 유화부인을 취해 해추모(이하 고주몽)를 출산했다. 해부루와 고주몽은 이복형제 사이다. 해모수가 죽자 유화부인과 고주몽은 동부여에 가서 해부루한테 몸을 의탁했다.

동부여 왕 해부루는 아들 해금와에게 2대 왕위를 물려줬다. 해금와의 아들 해대소가 3대 왕이 되었다. 해대소는 지혜롭고 무예가 출중한 고주몽을 음모해 죽이려 했다. 고주몽이 동부여를 탈출해 졸본부여로 망명했다. 당시 계루부족 추장이었던 연타발이 고주몽의 비상함을 알아채고 둘째 딸 소서노를 시집보냈다. 고주몽은 연타발의 영향력과 재력을 바탕으로 고구려를 개국해 시조 왕이 되었다.

소서노는 첫 남편 우태가 죽어 과부였다. 고주몽과 소서노는 모두 재혼이었다. 둘 사이에 비류, 온조 형제를 두었다(사서마다 출생 경위가 약간 다름). 왕권이 안정되며 후계 구도가 부상되자 고주몽의 마음이 변했다. 동부여의 낭인시절 예씨 부인 사이에 낳은 아들을 불러들여 태자로 책봉했다. 2대 유리왕(BC19~AD18)이다.

와신상담하던 소서노가 중대 결심을 했다. '고구려보다 훨씬 더 강력한 나라를 세우면 될 게 아닌가.'

비류와 온조에게 소서노가 말했다. "나와 함께 새 땅을 찾아 떠나자. 길은 걷고 있는 자에 의해 정복되는 법이다. 너희 둘의 지략과 용맹이면 못 이룰 게 무엇이겠느냐? 두려울 게 없다."

소서노와 비류, 온조는 그를 따르는 계루부족의 신하와 병력을 인솔해 고구려를 탈출했다. 일행이 배를 타고 발해만을 건너 처음 당도한 곳은 중국 산동반도 하남의 대방(帶方)이었다. '백성들이 줄지어 따라왔다', '1백 가구가 함께 왔다' 하여 백제(혹은 십제)라 했다.

대방은 고구려 유민인 백제인들에게 우호적이었다. 원래 대방은 전한(BC202~AD23) 왕이 위만조선(BC194~BC108)을 멸망시키고 설치한 한사군 중 진번의 옛 땅이었다. 대방은 백제에게 기거할 땅을 제공하며 친교동맹까지 맺었다. 깊은 산을 가다 겨우 늑대를 피했더니 호랑이를 만난다고 했다. 대방 옆의 낙랑(한반도 낙랑과 다름)이 끊임없이 백제를 침탈했다. 비류가 아우 온조를 불러 명했다.

"백제의 군사·가구 절반을 내어줄 테니 서해 건너 한반도에 가 새 국가를 세우라. 나는 추후에 갈 것이다."

천신만고 끝에 온조는 바다 건너 미추홀(인천)에 도착했다. 당시 한반

서울시 송파구 석촌동에 있는 백제토성의 목책. 삼국시대에는 목책으로 국경을 구획지었다.

고이왕은 산동반도에 진평군을, 발해만에는
요서군을 설치해 한반도의 한성백제를 오가며
통치했다. 곳곳에 목책으로 국경을 표시해 주변국의
범접을 막았다. 재위 후반에는 태자 책계와 분담해
대륙백제와 한성백제를 오가며 다스렸다.

도는 마한 · 진한 · 변한이 한강 이남을 분할해 통치하고 있었다. 온조는 삼한의 종주국인 마한 왕을 배알하고 의탁할 곳을 사정했다. 마한 왕은 황해도와 강원도 접경의 색리국을 내주었다. 북방의 동예(한반도 낙랑)와 말갈이 틈만 나면 쳐 들어오는 화덕 같은 전쟁터였다. 그나마 온조에게는 감지덕지였고 마한 왕한테는 최대의 악수였다. 온조의 백제군은 동예, 말갈과 수없이 전쟁하며 강군이 됐고, 결국 마한까지 멸망시켰다.

백제 고이왕의 훈교를 듣고 있던 태자 책계의 표정에 결기가 넘쳤다. 여명이 걷히고 새 날이 밝았다.

"소자는 오직 아바마마의 성심만을 받들겠나이다. 천추만대에 종묘사직을 길이 보전토록 분골쇄신 하겠사옵니다."

근엄하던 고이왕의 용안이 온화해졌다. 어린 조카(7대 사반왕)를 단칼에 목 베고 왕위에 오른 냉혈 군주였다. 이날 오전 조회 용상에 앉은 고이왕의 옥음은 여느 날보다 우렁찼다.

"무릇 한 나라가 흥하고 쇠함에는 숱한 우여곡절과 희생이 수반되기 마련이다. 국가 존속과 권력 유지는 오직 승자에게만 주어지는 특권일 뿐이다. 오늘의 백제와 고구려가 그 실증적 본보기다. 양국은 부자지국(父子之國)이기도 하거늘 불구대천 원수가 되어 싸우고 있지 않은가. 짐이 중원 대륙으로 진출해 온조대왕이 경략했던 고토를 회복하고야 말 것이다. 경들은 나를 따르라."

고이왕은 즉시 조정을 전시 체제로 개편하고 군 수뇌부도 심복들로 배치했다. 이즈음 중원 대륙의 상황도 변해 있었다. 온조가 한반도에 백제를 건국(BC18)한 지 250여 년이 넘었지만 아직도 대륙에는 백제의 잔존세력이 백제방(坊)을 형성해 건재하고 있었다. 대방도 국력이 쇠약해져 소국으로 변했다. 고이왕은 산동반도(대방)에 진평군을, 발해만(낙랑)에는 요서군을 설치해 한반도의 한성백제를 오가며 통치했다. 곳곳에 목책으로 국경을 표시해 주변국의 범접을 막았다. 재위 후반에는 태자 책계와 분담해 대륙백제와 한성백제를 오가며 다스렸다.

요하(遼河 · 랴오허)는 중국 동북지구 남부를 흐르는 1,430km의 대하로 발해만에서 황하와 만난다. 강 동쪽을 요동(만주지역), 강 서쪽은 요서(산동반도)라 한다. 백제가 경략(經略 · 나라를 경영하여 다스림)한 곳은 요서지역이다. 백제의 요서경략에 관한 기록은 중국의 심약(441~513)이 편찬한《송서》를 비롯한 10개가 넘는 중국 사서에 전해 온다.

안타깝게도 한국의 정사서인《삼국사기》에는 백제의 '요서경략'에 관한 기록이 없다. 사학계에서는 고려 17대 인종 23년(1145) 김부식이《삼국사기》를 찬술하며 고의로 누락시킨 것으로 인지하고 있다. 유학자로 신라 왕실의 후예였던 김부식이 사대주의적 사고로 백제를 비하한 결과라는 관점이다.

백제의 요서경략에 관한 쟁론은 조선 후기로도 이어졌다. 22대 정조 때 지리학자였던 한진서(1777~?)는 "바다 건너 만 리가 넘는 요서지방에 수 개의 군을 차지했다는 건 이치에 맞지 않는다."고 백제의 국력을 폄하했다. 이에 대해 동시대 지리학자였던 신경준(1712~1781)은 "중국 기록에도 명백히 나오는 의심할 수 없는 사실을 우리 역사책이 빠뜨렸을 뿐이다."며 축소 지향적이고 비루한 조선인의 역사관을 개탄했다.

경주의 신라 고분 중에는 민묘 보다 초라한 왕릉군 무덤들이 많다. 살해 당한 첨해왕도 산재한 무덤 중 하나에 묻혔을 것으로 유추하고 있다.

첨해이사금

목숨을 건 반정 끝에 신라 12대 왕 첨해이사금이
역사의 전면에 부상했다. 왕권파도 사생결단으로 대항했다.
한동안 신라 조정에는 피바람이 휘몰아쳤고 백성들은
첨해왕을 배역자로 낙인찍어 부끄럽게 여겼다.

반정으로 왕위에 올랐으나
자업자득 반정으로 마감하니

서기 247년(정묘) 음력 5월 24일. 유별나게 더운 여름날이었다. 신라 석(昔)씨 왕실은 깊은 슬픔에 잠겼다. 이날 11대 조분왕이 재위 16년 만에 승하한 것이다. 영토를 넓히고 국난을 잘 극복해 백성들의 신망이 두터웠던 왕이었다. 그러나 보위는 잠시도 비워 둘 수 없는 게 국법이다.

왕실 수뇌부와 조정 신료들이 차기 왕권 승계자 지명을 위한 구수회의를 개최했다. 아이혜 왕후(조분왕비), 석우로(조분왕의 큰사위 · 재상), 김미추(조분왕의 둘째사위 · 경주 김씨)가 침통한 표정으로 상석에 앉았다. 아이혜 왕후에겐 왕자가 없었다.

무거운 침묵이 좌중을 압도했다. 대궐을 수비하고 있던 시종이 화급한 급보를 전했다.

"종친 석첨해가 방금 이사금으로 즉위했다 하옵니다."

석첨해는 조분왕의 친동생이다. 석우로와 김미추가 경악했다. 왕위 승계 서열 1·2위인 두 사위였다. 석우로가 아뢰었다.

"왕후마마, 이건 명백한 대역입니다. 즉각 포박해 참수해야 하옵니다."

국상 중 석씨 왕실의 최고 수장인 아이혜 왕후가 명을 내렸다.

"석첨해를 속히 제압해 왕권을 사수토록 하라!"

석우로, 김미추와 조정 신료들이 황급히 궐 안으로 진입하려 했으나 때는 이미 늦었다. 대궐 안팎은 정변 세력에 의해 장악됐고 왕권파 신료들이 체포, 구금된 뒤였다. 왕권파의 한 순간 방심이 왕위 찬탈로 이어진 것이다. 용의주도한 아이혜 왕후가 땅을 쳤다.

목숨을 건 반정 끝에 신라 12대 왕 첨해이사금(沾解尼師今·재위 247~262, 이하 첨해왕)이 역사의 전면에 부상했다. 왕권파도 사생결단으로 대항했다. 한동안 신라 조정에는 피바람이 휘몰아쳤고 백성들은 첨해왕을 배역자로 낙인찍어 부끄럽게 여겼다.

신라의 왕통 승계법은 특이했다. 정비 출생의 ①태자 ②공주 ③부마(공주 남편)가 우선 순위였다. 천년 사직의 신라 역사에 3명의 여왕(27대 선덕여왕·28대 진덕여왕·51대 진성여왕)이 등극할 수 있었던 건 이 같은 왕통 승계법에 따른 것이었다. 왕실 인맥 구도에 따라서는 태자보다 부마가 앞서 즉위하기도 했다. 동시대 삼국(고구려·백제·가야)과는 전혀 판이한 왕위 세습 제도였다. 삼국에서는 철저한 왕자 승계 원칙이 고수됐고, 정비 태생 왕자가 없으면 후궁 소생 서자가 왕위를 이었다.

첨해왕은 시조 왕 박혁거세 개국(BC57) 이후 왕제(王弟)로 재위한 최초의 왕이다. 즉위 첫해 생부 석골정을 세신갈문왕으로 추존했다. 석골정은 9대 벌휴왕의 장남으로 11대 조분왕의 생부이기도 하다. 첨해왕은 조분왕 재위 기간 동안 생부에 대한 예우가 소홀하다며 불만을 제기했다. 신라의 갈문왕 제도는 조선시대 대원군(금상의 생부)에 해당하는 왕실 최고의 명예 직위다.

정변으로 출범한 권력은 결여된 정통성 확보를 위해 무리수를 남발하는 게 수순이다. 첨해왕은 전 왕조가 애써 이뤄놓은 국정 성과를 모조리 뒤집었다. 긴장관계를 통해 유지되던 고구려와 백제에 사신을 보내 억지 동맹을 맺은 뒤 조공도 감수했다. 왜와 친교를 구걸해 왜 사신이 신라 땅에 상주토록 허가했다. 그러나 백제 고이왕(8대 · 재위 234~286)은 화친 동맹을 파기하고 신라 국경을 수시로 침공했다.

첨해왕의 반정으로 극도의 절망에 빠지게 된 사람은 석우로(?~249)였다. 그는 10대 내해왕의 장남으로 일찍이 태자로 책봉됐다. 내해왕이 딸 아이혜를 사촌동생 석조분에게 출가시켜 석조분을 11대 왕위에 즉위 시켰다. 조분왕은 석우로에게 5촌 당숙이자 매형이었다. 석조분은 자신의 장녀(명원부인)를 석우로한테 시집보내고 재상직을 제수해 국정 전반을 관장케 했다. 이런 상황에서 석첨해가 정변을 일으켜 12대 왕이 된 것이다.

석우로는 매일 두주불사의 통음으로 인사불성이었다. 과음은 반드시 실수를 자초한다. 어느 날 주석에서 석우로가 "조만간 왜왕을 염전 노비로 삼고 왕비는 식모로 만들겠다."고 호언했다. 왜와 통교한 첨해왕을 비방한 것이다. 이 말이 신라에 체류 중이던 왜의 사신 갈나고가에게 전해져 왜왕한테 보고됐다. 격분한 왜왕이 군사를 일으켜 신라에 전쟁을 선포했다. 첨해왕이 석우로를 추궁했다. 석우로가 왜의 사신에게 본뜻이 아니었음을 전하고 사과하러 갔다. 갈나고가는 석우로를 장작불에 화형시키고 본국으로 도주했다. 일개 사신이 일국의 재상을 화염 속에 태워 죽인 것이다.

첨해왕은 수수방관했다. 사서에는 정적 석우로를 제거하기 위한 첨해

충북 중원군에 있는 신라 중원탑평리 7층 석탑. 국보 제6호이며 중앙탑으로 불린다.

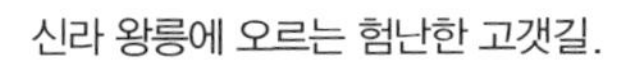

신라 왕릉에 오르는 험난한 고갯길.

왕의 치밀한 술책이었다고 은유적으로 기술해 놓았다. 얼마 후 더 큰 참극이 반복됐다. 와신상담하던 석우로의 아내 명원부인이 왜 사신을 불러 만취시킨 후 장작불에 분사(焚死)시켰다. 일행 여러 명도 비명횡사했다.

일련의 사건이 초래한 파장은 엄청났다. 왜는 신라에 단교를 통고했고 명원부인의 송환을 요구했다. 명원부인은 잠적했다. 첨해왕의 차도살인(借刀殺人) 후 민심은 이탈했고 신라 조정은 혼미를 거듭했다. 이처럼 첨해왕의 불안한 치세는 재위 16년 동안 지속됐다.

고구려에서는 12대 중천왕(재위 248~270)이 즉위하며 역모에 연루된 중천왕의 친동생 예물과 사구를 참수했다. 고구려는 ①연노부 ②절노부 ③순노부 ④관노부 ⑤계루부의 다섯 부족이 연합으로 국가를 통치했는데 중천왕이 연노부 출신 연(掾)씨를 왕비로 책봉했다. 중천왕의 친동생 둘이 왕비 책봉에 반기를 들었다. 급기야 소수 부족 비류나족과 합세해 모반을 획책하자 처형한 것이다. 중천왕은 후궁 관나부인이 왕비 연씨를 모함하자 관나부인을 자루에 담아 서해 바다에 수장시켰다. 중국 위나라(202~266) 군이 침공해 오자 중천왕이 직접 참전해 위나라 병사 8000명을 몰사시키고 대승을 거뒀다.

가야는 2대 거등왕이 세상을 떠나고 3대 마품왕(麻品王 · 재위 253~292)이 즉위했다. 6개 연맹국의 철저한 각자도생으로 금관가야(김해)의 위상은 위축됐다. 고구려의 팽창정책, 백제의 요서경략으로 주변국은 번창하는데 마품왕은 초초했다. 왜와 긴밀히 공조해 국난을 타개하려 했으나 왜왕의 조변석개로 국격만 실추됐다.

첨해왕도 주변 삼국의 상황을 명경지수처럼 파악하고 있었다. 실정에 대한 자괴심으로 측근 권신들의 배알조차 기피했다.

'내 천륜을 역행하고 권좌에 올라 청사에 남긴 일이 무엇인가.'

왕은 허망했다. 침전 밖에서 다급한 목소리가 들려왔다.

"대궐이 김미추 추종 세력에게 점령당했다 하옵니다."

자업자득인가. 왕은 눈을 감았다. 서기 262년 12월 28일 새벽이었다.

《삼국사기》에는 '이날 왕이 병으로 갑자기 죽었다.'고만 기술돼 있다. 첨해왕의 가족 관계에 대한 언급도 전혀 없다. 사학계에서는 김미추(13대 왕 · 재위 262~284) 세력에 의해 가족이 살해되고 시신은 서둘러 매장된 것으로 판단하고 있다.

경주의 신라 고분 중에는 민묘 보다 초라한 왕릉군(群) 무덤들이 많다. 첨해 왕릉도 산재한 무덤 중 하나일 것으로 왕릉연구가들은 유추하고 있다. 회한과 탄식이 가득 찬 공간이다.

대릉원에 조성된 미추왕릉. 미추왕이 승하하자 백성들은 하늘을 원망하며 앙천통곡했다.
그의 재위 23년을 반추하며 죽어서도 나라를 지켜줄 것이라 믿었고 성군으로 추앙했다.

신라 13대

미추이사금

신라의 역성 혁명 중 13대 미추이사금의 등극은 매우 극적이다. 경주 김씨 미추왕이 등극하며 신라의 왕실 구도에 지각변동이 일어났다. 극도의 혼란 속에 즉위한 13대 미추왕은 첨해왕 세력과의 극한 대치로 즉위식조차 하지 못했다. 1년 후 시조 묘에 제사를 지내고 왕이 되었음을 공포했다.

경주 김씨가 전면에 부상
신라 최초 수호신으로 신격화

신라는 박·석·김의 세 성씨가 서로 왕통을 이어가며 992년(BC57~AD935)간 존속해 온 '천년 왕국'이다. 박씨(1~3대, 5~8대, 53~55대), 석씨(4대, 9~12대, 14~16대), 김씨(13대, 17~52대, 56대)의 56명 임금이 천년 사직을 나누어 재위했다. 혈육, 부부조차 공유할 수 없는 게 국가의 최고 권력이다. 타 성씨끼리 왕위가 교체되는 역성혁명이 일어날 때마다 부지기수의 인명 살상이 반드시 뒤따랐다. 신라의 역성혁명 중 13대 미추이사금(味鄒尼師今·재위 262~284, 이하 미추왕)의 등극은 매우 생소하고 뜻밖이다.

미추왕은 경주 김씨 시조 김알지(65~미상)의 7세손이다. 신라는 개국 이래 319년(1~12대) 동안 박씨·석씨가 치열한 왕권 다툼을 벌이며 박빙 같은 왕정을 이어왔다. 여기에 경주 김씨 미추왕이 등극하며 신라의 왕실 구도에 지각변동이 일어났다.

동시대 삼국(고구려·백제·가야)은 물론 중국·동북아(만주) 국가에선 상상할 수 없었던 사위의 왕통 승계가 어인 연유로 신라에서는 가능했던 것일까. 이 같은 의문은 모계 혈통을 중시한 신라의 권력 구조를 이해하면 쉽게 풀린다.

봉건 군주 국가에서 정비가 왕자를 출산하지 못하면 정비에겐 곧 재앙이었다. 임금은 후궁을 취해 아들을 얻으려 했고, 이는 곧 내명부 분란의 단초였다. 신라는 달랐다. 왕자가 없으면 공주 또는 부마가 왕통을 계승했고 조정 신료들도 이에 승복했다. 왕의 친동생보다 왕의 사위가 우선 순위였다. 난마 같이 얽힌 게 신라 왕실의 권력 서열이다. 이후로도 계속 등장하는 난데없는 임금 출현의 경위를 납득하려면 신라 왕실의 혼인 계보를 관통하는 게 첩경이다.

미추왕은 11대 조분왕의 둘째 사위였다. 신라 왕실에서 부마를 들이는 조건은 매우 까다로웠다. 모계 혈통에 박 · 석 · 김의 세 왕족 중 한 성씨와의 혼혈이 반드시 전제됐다. 미추왕의 선대 계보를 추적하다 보면 너무 복잡해 필설로 전달하기가 난감하다. 약술하면 미추왕의 어머니(술례부인)가 이칠갈문왕의 딸로 박씨 왕족이었다. 미추왕비 광명부인은 11대 석조분왕의 둘째 딸로 4대 석탈해왕(석씨 시조)의 6세 손녀였다. 미추왕의 누이 옥모부인은 석조분왕의 어머니였다. 경주 김씨의 시조 김알지는 석탈해왕이 계림 숲 속 금궤에서 데려와 대보(재상)로 삼았다. 이후 경주 김씨는 신라 귀족 신분으로 수 명의 갈문왕과 왕비를 배출했다.

역사는 반복된다. 11대 조분왕의 두 사위(석우로 · 김미추)를 제치고 정변으로 즉위한 12대 첨해왕(조분왕의 친동생)은 실정만 거듭하다 자신도 미추왕 세력의 정변으로 용상을 탈취 당했다. 극도의 혼란 속에 즉위한 13대 미추왕은 첨해왕 세력과의 극한 대치로 즉위식조차 하지 못했다. 1년 후 시조 묘(廟)에 제사를 지내고 왕이 되었음을 공포했다. 아버지 구도(김알지 6세손)를 구도 갈문왕으로 추존했다. 하지만 민심은 반정으로 즉위한 미추왕에게도 냉랭했다.

미추왕은 민심을 돌이켜 백성의 신망을 얻고자 했다. 경범 죄인을 방면하고 국경지역 병사들을 찾아 사기를 진작시켰다. 마침 춘궁기 농사철이었다. 왕은 지방 각 곳을 순방하며 극빈자와 노인들을 구휼했다. 논밭에 일꾼이 보이지 않아 늙은 농부에게 물으니 국가 부역과 귀족 · 관리에게 차출돼 장정이 없다고 했다. 왕은 권력자의 부당한 노동력 착취와 가진 자들의 횡포에 진노했다. 왕이 명을 내렸다.

"자고로 농사는 천하의 근본이오. 부귀빈천을 가릴 것 없이 먹고사는 일보다 더 중한 것이 무엇이겠는가. 이후부터 농사일에 짐이 되는 일체의 적폐는 모두 폐지시키도록 하라!"

왕은 협소한 궁궐을 헐고 크게 새로 짓자는 대신들의 간언을 일언지하에 거절했다. 정사를 토론하는 남당(南堂 · 조정 신료들이 집결해 국사를 논하던 장소) 회의에 창의적 방책을 제시하지 못하는 대신들은 크게 질책했다. 국록을 먹는 전국의 관리들도 바싹 긴장했다. 나라님이 베푼 선정은 두메산골 촌부에게까지 감지됐다. 마침내 미추왕은 반정으로 즉위한 부당 왕권의 취약성을 서민 편의와 복지로 극복해냈다. 자연 재해도 적어 이만하면 태평성대였다. 백성들은 환호했다.

백제 고이왕(8대 · 재위 234~286)은 중국 산동반도에 진평, 낙랑의 두 식민 군현을 설치하고 한성백제와 대륙백제를 오가며 영토 확장에 전념했다. 신라와의 국경인 봉산성(경북 영주), 괴곡성(충북 괴산)의 변경지역을 자주 침공해 신라군과 교전했다. 그러나 미추왕의 잦은 순시와 배려로 사기

미추왕릉은 죽현릉으로도 불린다. 죽현릉은 미추왕의 영혼이 댓잎 병사로 변장해 침략군과의 전쟁에서 신라군의 승리로 이끌었다는 데서 연유한다.

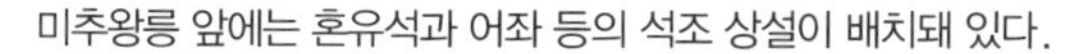

미추왕릉 앞에는 혼유석과 어좌 등의 석조 상설이 배치돼 있다.

능역과 세속을 가르는 승혜사 담장. 미추왕릉은 경주 고분공원으로 정비된 대릉원 안에 자좌오향의 정남향으로 용사됐다.

가 올라있는 신라군을 당해내지 못했다.

고구려는 12대 중천왕이 재위 23년 만에 훙서하고 중천왕의 차남 연불이 13대 서천왕(재위 270~292)으로 즉위했다. 서천왕의 두 동생 일우와 소발이 왕을 비방하며 자신들이 나라를 위해 큰 일을 할 동량이라는 소문을 퍼뜨리고 다녔다. 왕은 두 동생에게 국상을 시켜주겠노라고 기별했다. 일우와 소발이 쾌재를 부르며 대궐 앞에 당도하자 서천왕은 살수(殺手 · 사형수의 목을 베는 칼잡이)를 시켜 참수해 버렸다.

서천왕은 부왕 중천왕을 빼닮아 과단성이 뛰어나고 용맹스러웠다. 왕은 당시 동북아(만주) 지역에서 패권을 다투던 선비(鮮卑 · 중국 수 · 당나라 왕실 선조)와 부여를 제압해 국토를 확장했다. 한반도에서는 중천왕이 진출한 강원북부 국경을 지켜내며 신라군과 대치했다. 고구려 역사에 큰 궤적을 남긴 서천왕은 장남 상부가 14대 봉상왕(재위 292~300)으로 즉위한 뒤 온갖 악행을 저질러 역사 속에 망각되고 만다. 봉상왕은 동생과 숙부를 죽이고 선비족에 의해 서천왕의 묘가 파묘 당하는 굴욕을 당한다.

신라 왕조사에 미추왕의 등장은 그 역사적 의미와 파장이 매우 크다. 경주 김씨가 역사 전면에 부상하는 초석을 다지고 신라 최초로 수호신으로 신격화된 임금이다. 미추왕 이후 왕권은 다시 석씨 왕족에게 승계돼 72년 동안 유지된다. 박씨는 왕권에서 소외되고 석씨와 김씨 사이의 권력 투쟁이 피를 부른다. 《삼국사기》에는 미추왕의 가족에 관한 기록이 없다. 미추왕의 두 딸이 17대 내물왕(경주 김씨)과 18대 실성왕(경주 김씨)의 왕비였다고 전하나 시차가 너무 커 신빙성이 결여된다.

미추왕이 승하하자 백성들은 하늘을 원망하며 앙천통곡했다. 그의 재위 23년을 반추하며 죽어서도 나라를 지켜줄 것이라 믿었고 성군으로 추앙했다. 미추왕릉은 경주 고분공원으로 정비된 대릉원(사적 제175호 · 경주시 황남동 89-2) 안에 자좌오향의 정남향으로 용사됐다. 높이 12.4m, 지름 56.7m의 원형 적석목곽분으로 평지 고분 중 대형 무덤이다. 능 앞에는 혼유석과 석상 등 석조 상설(象設)이 배치돼 있고 위패를 봉안한 숭혜사는 능 입구에 있다. 경주 김씨 후손들의 성역이다.

미추왕릉은 대릉(大陵) 또는 죽현릉(竹現陵)으로도 불린다. 대릉은 제사 직위를 시조 묘인 오릉(박혁거세)보다 높인데서 비롯됐다. 죽현릉은 미추왕의 영혼이 댓잎 병사로 변장해 침략군과의 전쟁에서 신라군을 승리로 이끌었다는 데서 연유한다. 《삼국사기》와 《삼국유사》에는 김유신 장군의 혼령이 미추왕릉 속으로 들어가 억울한 후손들의 죽음을 해원했다는 기록이 전한다. 미추왕릉을 봉심(奉審 · 제사를 지내기 전 새벽 왕릉을 살피는 절차)하다 보면 신령한 서기와 기이한 신비를 느낀다고 누구나 말한다.

유례왕의 장사 경위나 능에 관한 정보도 없다. 유례왕도 경주 일원에 산재한 수많은 고분 중 하나에 영면하고 있을 것이다.

유례이사금

조분왕은 아이혜왕비가 왕자를 출산하지 못하자
갈문왕 박내음의 딸과 몰래 상간해 유례왕을 낳았다.
재위 말기에 조분왕이 정식으로 혼인하지도 않고 박씨 처녀와
사생아를 출산한 것이다. 왕자가 없었던 미추왕이
이복동생 유례왕을 부마로 들여 왕통을 승계시켰다.
역성혁명으로 석씨 왕조를 뒤엎은 미추왕이
석씨에게 왕권을 넘긴 데는 이런 곡절이 있었다.

이복동생을 부마 삼으니 김씨에서 석씨로 왕권 넘어가

군주시대 임금에게 왕자가 없으면 차기 왕권의 행방이 묘연했다. 고구려, 백제, 가야에서는 간혹 왕제나 왕숙의 대통 승계도 있었으나 반드시 왕권 투쟁의 빌미가 됐다. 신라는 달랐다. 공주나 부마가 왕으로 즉위해도 조정은 무탈했다. 모계 혈통을 신성시한 신라 왕실만의 전통 때문이었다. 친족 간 혼인으로 순수 혈통을 고수해 온 신라 왕실에서도 왕의 조카보다는 공주였고 공주보다는 왕자가 우선이었다. 신라 왕조사에서도 부마에게 왕위를 계승시켰다가 골육상쟁의 피를 부른 예는 허다하다.

신라는 개국(BC57) 이래 12대 왕 319년 동안 박씨와 석씨 왕족이 왕위를 서로 계승하며 국가를 유지해 왔다. 왕의 성씨가 바뀌는 역성혁명이 일어날 때마다 무고한 인명이 희생됐다. 경주 김씨 최초로 13대 미추왕이 등극하면서는 석씨였던 12대 첨해왕 일족과 그 추종 세력이 몰살당했다. 미추왕의 절대 권력도 23년 만에 종지부를 찍었다. 미추왕에게는 왕자가 없었다. 다시 왕권은 석씨에게 넘어갔다. 14대 왕 유례이사금(儒禮尼師今 · 재위 284~298, 이하 유례왕)이다.

유례왕은 11대 조분왕의 장남으로 12대 첨해왕은 숙부였다. 13대 미추왕은 유례왕의 이복 누나 광명부인을 왕비로 맞은 이복 매형이었다. 미추왕의 누나 옥모부인은 유례왕의 친할머니(석골정 부인)였다. 유례왕은 깊은 고뇌에 빠졌다. 23년 전 숙부 일가를 멸족시킨 이복 매형과 그 친위 세력을 어찌할 것인가. 조정의 모든 권력은 유례왕에게 집중돼 있었다. 그러나 유례왕에게는 함부로 발설하지 못할 비밀이 있었다.

11대 조분왕은 아이혜왕비(10대 내해왕의 딸 · 유례왕의 6촌 누나)가 왕자를 출산하지 못하자 마음이 조급해졌다. 갈문왕 박내음의 딸과 몰래 상간해 유례왕을 낳았다. 재위 말기에 조분왕이 정식으로 혼인하지도 않고 박씨 처녀와 사생아를 출산한 것이다. 미추왕이 유례왕의 이복 매형이 되는 경위다. 《삼국사기》에는 '박씨가 밤길을 가던 도중 별빛이 입안으로 들어

신라 초기의 석조 유물. 경주 대릉원에서 출토된 것이다.

가 임신이 되었다.'고 기술돼 있다. 어찌 별빛이 사람 입안으로 들어가며 여자가 남자와 상관하지 않고 수태할 수 있는가. 《삼국사기》 편자가 유례왕의 탄생을 은유적으로 표현한 것이다.

《삼국사기》는 또 미추왕의 두 딸 혼인에 관한 기록도 남겼는데 그 내용이 황당무계하다. 기록에 의하면 미추왕(재위 262~284)의 장녀 보반부인은 17대 내물왕(재위 356~402 · 경주 김씨)의 왕비다. 미추왕이 죽던 해(284) 보반부인을 출산했어도 내물왕이 즉위하던 해(356)에는 72세였다. 18대 실성왕(재위 402~417 · 경주 김씨)의 왕비가 되었다는 아류부인의 기록은 더욱 가관이다. 실성왕은 미추왕이 사망한지 118년 만에 즉위했다. 백성들에게 신격화된 미추왕의 부마로 두 왕을 둔갑시켜 신망을 얻으려 한 의도였다. 《삼국사기》의 한계를 여지없이 노정시킨 대목이다.

사학계에서는 《삼국사기》에 드러난 시기상의 괴리를 역사의 행간에서 발굴해 냈다. 왕자가 없었던 미추왕이 이복동생 유례왕을 부마로 들여 왕통을 승계시켰던 것이다. 역성혁명으로 석씨 왕조를 뒤엎은 미추왕이 다시 석씨에게 왕권을 넘긴 데는 이런 곡절이 있었던 것이다. 유례왕 즉위는 15대 기림왕(석씨), 16대 흘해왕(석씨)으로 계승되는 석씨 왕족의 대통 승계에 중대한 변곡점이 된다.

사생아였던 유례왕은 유년시절부터 열등감이 팽배했다. 만사를 내편이 아니면 적이라는 이분법으로 재단했다. 유례왕 재위 15년간 화평한 날이 거의 없었다. 가야 · 왜와의 외교 단절로 영일 없이 전쟁에 시달렸다. 왕 14년(297)에는 가야 · 왜의 지원을 받은 이서국(경북 청도)이 수도 금성(경북 경주)을 침공해 함락 위기에 처하기도 했다. 7월 우박, 10월 메뚜기떼 창궐, 1월 대홍수의 자연 재앙으로 백성들은 굶주렸다.

석씨 왕실의 사당인 숭신전으로 들어가는 영녕문. 석씨의 시조 4대 석탈해 왕릉 근처에 있다.

사생아였던 유례왕은 유년시절부터 열등감이 팽배했다.
만사를 내편이 아니면 적이라는 이분법으로 재단했다.
유례왕 재위 15년간 화평한 날이 거의 없었다.
가야·왜와의 외교 단절로 영일 없이 전쟁에 시달렸다.
왕 14년에는 가야·왜의 지원을 받은 이서국이 수도
금성을 침공해 함락 위기에 처하기도 했다.

동시대 주변 삼국에서도 왕권이 새로 교체되며 한반도의 권력 지형에 큰 변화가 초래됐다. 백제에서는 8대 고이왕이 재위 52년 만에 승하(286)했다. 중국 산동반도의 진평, 낙랑군을 정복해 대륙백제를 경략한 패기 넘치던 왕이었다. 낙랑군 옆 대방군 태수는 딸 보과를 고이왕의 며느리로 시집보내며 조공 관계를 자청했다. 고이왕은 산동반도에서 국경을 마주한 고구려 군과도 영토 전쟁을 벌였다. 고이왕의 아들 책계왕(9대 · 재위 286~298)은 대륙백제군을 지휘해 전쟁터에 나섰다가 적병의 기습으로 목숨을 잃었다.

고구려는 13대 서천왕이 등하(292)하고 서천왕의 장남 상부가 14대 봉상왕(재위 292~300)으로 즉위했다. 봉상왕은 천성이 포악 · 교만하고 의심이 많았다. 사치 · 향락에만 탐닉하며 자신보다 유능한 왕족이나 조정 신료를 시기해 무차별로 살상했다. 즉위하던 해 전쟁 영웅으로 존경받던 숙부 달가(?~292)를 질투해 역모로 몰아 처형했다. 달가는 13대 서천왕의 친동생으로 숙신족과 양맥족(중국 태자강 상류 웅거)을 굴복시켜(280) 백성들의 신망이 높았던 백전백승의 명장이었다.

즉위 2년(293)에는 국정을 도맡아 봉상왕을 보좌하던 친동생 돌고(?~293)에게 대역 누명을 씌워 참수했다. 사전 도피한 조카 을불(돌고의 아들)을 죽이려고 군사를 동원했으나 실패했다. 백성들은 망종 폭군에게 기생해 국록을 먹는 조정 신료들을 저주했다. 급기야 국상 창조리(생몰년 미상)가 궐기했다. 도주하는 봉상왕을 추포해 두 아들과 감옥에 구금하자 대세가 글렀음을 직감한 3부자가 목을 매 자결했다.

창조리와 반정 대신들은 산골 벽촌에서 소금장수로 변장해 연명하고 있던 을불을 찾아내 15대 미천왕(재위 300~331)으로 등극시켰다. 미천왕은 도피생활 중 목도한 백성들의 신고(辛苦)를 해결하며 고구려의 영토를 동북아 지역에서 중국 대륙까지 확충했다. 미천왕은 19대 광개토대왕과 함께 고구려 역사의 위대한 군주로 추앙받고 있다. 봉상왕의 반정 폐위는 고구려 개국 이래 세 번째다. 5대 모본왕과 7대 차대왕 폐위 때와 달리 봉상왕은 자신이 임명한 국상에 의해 쫓겨났다. 백성들은 민심이 천심이라며 생업에 전념했다.

가야는 3대 마품왕이 선어(仙馭)하고 4대 거질미왕(재위 292~348)이 즉위했다. 사서에서 거질미왕에 대한 행적이나 치적은 찾아볼 수가 없다. 가야사는 기록으로 전하는 내용이 극히 제한적이다. 고분 출토 유물을 통해 찬란했던 '철의 왕국' 가야를 유추할 뿐 사료 입증이 난감한 현실이다.

유례왕 15년(298) 2월. 지척을 분간하기 힘든 안개가 5일 동안 서라벌을 휘감았다. 흉조였다. 왕은 자신의 기력이 소진돼 감을 알아챘다. 설핏 왕으로 살아가는 한 세상이나 척박한 민초들의 삶이 별다를 게 없다는 생각이 뇌리를 스쳤다. 왕은 그해 12월 잠을 자듯이 안가(晏駕)했다.

유례왕의 가족에 대한 기록은 전하지 않는다. 17대 내물왕과 18대 실성왕의 부인을 미추왕의 딸로 억지 연결시키다 보니 유례왕비를 고의로 누락시켰다는 게 사학계의 해석이다.

유례왕의 장사 경위나 능에 관한 정보도 없다. 신라의 석씨 임금 중에는 4대 탈해왕릉만 유일하게 전해 온다. 유례왕도 경주 일원에 산재한 수많은 고분 중 하나에 영면하고 있을 것이다.

경주지역 고분군에는 유달리도 왕릉을 닮은 봉긋한 봉분들이 많다. 기림왕도 이러한 묘지 어딘가에 잠들어 있을 것이다.

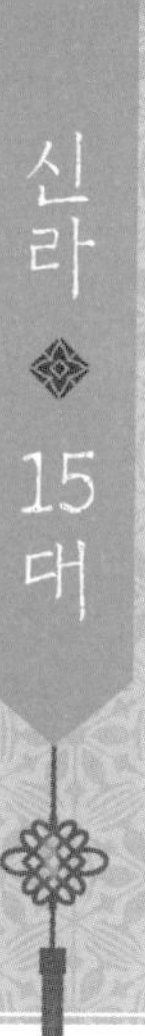

기림이사금

조분왕의 차남 걸숙은 유례왕과 이복형제였다.
걸숙이 사가 여인과 상통해 기림왕을 낳았다.
모계 혈통을 중시하던 신라 왕실에서는
도저히 용납될 수 없는 출신 성분이었다.
유례왕에게는 왕자가 없었다. 석씨 왕실에서는 석기림이
석걸숙의 친자임을 확인하고 대통을 승계시켰다.

출신성분 미천한 사생아
평생 병약하고 전쟁 혐오해

한반도가 신라, 고구려, 백제, 가야의 네 나라로 분국돼 있던 3~4세기경. 한 치의 땅이라도 자국 영토로 선점하기 위한 4국 간 교차 전쟁이 수시로 발발했다. 전쟁 수행으로 피골이 상접한 백성들은 임금을 원망했다. 15세 이상 장정들은 징발돼 전투에 동원됐고 후방의 부녀자와 노인들마저 부역에 동원됐다. 패전국 백성들은 비참했다. 포로로 끌려간 남자들은 어제까지의 조국 백성들에게 활과 창을 겨누고, 부녀자들은 적군에게 온갖 능욕을 당했다. 전쟁 때마다 포로 수는 수백 또는 수천 명에 이르렀다.

신라 15대 왕 기림이사금(基臨尼師今 · 재위 298~310, 이하 기림왕)은 날 때부터 병약했다. 상대와 정면 대결한다거나 힘에 겨운 일은 근본적으로 회피했다. 선왕(14대 유례왕) 재위 기간 목격한 숱한 교전으로 전쟁 공포증에 시달렸다. 기림왕은 즉위 당년부터 인접국과의 관계 개선에 적극 나섰다. 굴욕을 감내하면서라도 화친을 성사시켰다. 조공을 원하면 그에 응했고 적국을 자극하는 군사 훈련도 자제했다.

기림왕은 출생부터 미천해 왕실 교육을 제대로 받지 못했다. 아버지는 11대 조분왕의 차남 걸숙인데 사생아였다. 14대 유례왕과 걸숙은 이복형제였다. 걸숙이 사가 여인과 상통해 기림왕을 낳았다. 기림왕도 사생아였다. 모계 혈통을 중시하던 신라 왕실에서는 도저히 용납될 수 없는 출신 성분이었다. 유례왕에게는 왕자가 없었다. 석씨 왕실에서는 석기림이 석걸숙의 친자임을 확인하고 대통을 승계시켰다.

기림왕은 전쟁을 혐오했다. 해전에 뛰어났던 왜는 동해 국경 전역을 수시로 침략해 노략질을 일삼았다. 기습 상륙으로 해안선이 긴 신라 국토를 함부로 유린한 것이다. 민가를 불태우며 아녀자는 겁간하고 남자들은 포로로 잡아다 신라와의 전쟁에 다시 투입했다. 신라인들에게 왜군은 공포의 대상이었고 조정에서도 두려워했다. 육지 전투에서는 신라군도 강군이었으나 해전에서는 밀렸다. 왕 3년(300) 기림왕은 왜에 사신을 보내 화친을 성사시켰다.

한국, 중국 등의 고대 국가 전쟁사에서 자주 회자되는 왜(倭)는 어떤 나라인가. 왜는 예로부터 동북아 연안 국가에서 일본을 비하해 일컫던 호칭이다. 사서에 왜가 처음 등장하는 건 중국 역사지리서 《산해경》(전국시대·BC 480~BC 220)이다. 4세기 말 광개토대왕(고구려 19대) 비문에도 나타난다. 7세기 후반 왜 스스로 '이름이 상서롭지 못하다.'며 일본으로 개칭했다. 일본의 성덕태자(574~622)가 중국 수나라(581~618) 황제에게 "해돋는 나라 천황이 해지는 나라 황제에게 전한다."는 서신을 보냈다가 전쟁 직전까지 치달았다.

왜와 왜구(倭寇)도 구별된다. 왜구는 한국, 중국 등의 해안을 누비며 불법을 자행하던 일본 해적의 총칭이다. 왜의 내란으로 몰락한 무사, 농민들이 노예, 양식을 강탈할 목적으로 결집한 도적 집단이었다. 대마도, 일기, 송포 섬이 근거지였다. 그 중에서도 땅이 척박해 식량난이 극심했던 대마도가 주된 소굴이었다. 본토의 왜는 왜구를 묵인했다. 왜구는 인접국에서 약탈한 특산물을 왜왕에게 진상하며 조직을 연명했다. 고려 말 왜구들의 잦은 침입이 고려 멸망의 큰 원인이 되기도 했다.

왜구의 빈번한 출몰은 동북아 여러 국가들에게도 큰 위협이었다. 특히 영토 분쟁으로 국력이 쇠진한 한반도 삼국(신라 · 백제 · 가야)의 틈새를 교묘하게 노렸다. 삼국은 본토의 왜와 화친을 구걸해서라도 왜구를 견제하려 했다. 협상은 불리했다. 14대 유례왕은 백제와 연합군을 편성해 왜를 응징하려 했으나 재상 홍권의 만류로 철회한 적이 있다. 왜의 침공을 노심초사했던 문무왕(30대 · 재위 661~681)은 죽어서도 호국용이 돼 나라를 수호하겠다며 동해 바다에 안장을 유언했다.

《삼국사기》에는 기림왕이 왜와 화친을 맺은 그 해(300) 3월, 낙랑군과 대방군이 신라에 투항해 왔다는 기록이 있다. 같은 해 가을에는 기림왕이 비열홀(함경남도 안변)과 우두주(강원도 춘천)를 순행하고 태백산을 향해 망제(望祭 · 멀리서 지내는 제사)를 올렸다는 기술도 보인다. 하지만 사학계에서는 당시 신라의 국내 상황과 기림왕의 국정 장악력을 감안할 때 투항 사실과 순행이 불가능했을 것으로 판단하고 있다.

제도권 사학계에서는 기림왕이 유례왕의 사위 자격으로 즉위했다는 재야 사학계의 주장도 일축하고 있다. 유례왕의 왕비나 가족에 관한 기록이 어느 사서에도 전하지 않기 때문이다. 기림왕 즉위 과정과 신분 규명은 석씨 왕실의 폐문과 직결됐던 중대 사안이어서 아직도 사학계의 쟁점으로

해양 국경이 길었던 신라는 동해로의 왜구 침입이 잦았다.

경주 신라 왕릉이 평지장에서 산악장으로 용사되며 가파른 산길이 많다.

남아있다.

기림왕은 재위 10년 국호를 신라로 교체했다. 개국 이후 사라, 서라, 신라, 사로 등으로 불리던 나라 이름을 4대 탈해왕이 계림으로 정했는데 기림왕이 다시 신라로 환원시킨 것이다. 국호는 한 나라의 개국 이념과 국정 의지가 함축된 상징적 호칭인데 자주 변경하면 정체성에 혼란을 초래한다. 기림왕 이후에도 여러 국호로 혼용되다가 22대 지증왕 4년(503) 신라라는 국호로 최종 확정했다.

백제는 기림왕이 재위하는 11년 6개월 동안 3명의 임금이 바뀌었다. 9대 책계왕(재위 286~298)은 고이왕(8대)의 유지대로 중국 산동반도 별궁에서 대륙백제 경략에 매진했다. 한반도의 한성백제는 외척 진씨 일족이 통치해 사실상 국토가 양분된 상태였다. 외척 세력의 국정 농단으로 한성백제는 혼돈을 거듭했다. 책계왕은 한 · 맥국과의 산동반도 전투에서 대륙백제군을 이끌고 선봉에 섰다가 전사했다.

책계왕의 장남 10대 분서왕(재위 298~304)도 산동반도에 체재하며 서진정책에 몰두했다. 304년 2월 낙랑의 서현을 기습 점령했다가 낙랑 태수가 보낸 자객에 의해 살해당했다. 책계왕이 한성백제의 왕성을 비운 사이 형성된 불만 세력이 새 왕을 옹립했다. 11대 비류왕(재위 304~344)이다. 비류왕은 대륙의 낙랑 · 대방과 등거리 외교술을 펼치며 한성백제 치세에 주력했다. 고이왕 때 건설한 대륙백제의 웅대한 꿈은 쇠퇴일로에 들어서고 만다.

고구려는 국상 창조리의 반정으로 궁지에 몰린 14대 봉상왕 3부자가 자살하고, 15대 미천왕(재위 300~331)이 등극했다. 숙부 봉상왕의 박해에도 죽지 않고 살아남은 미천왕은 백성을 위한 선정을 베풀며 영토도 넓혔다. 302년에는 3만 군사를 일으켜 현도군(중국 산동반도 북부)을 점령해 병사 8000명을 포로로 잡고 각종 무기를 노획했다.

평생을 병마에 시달리던 기림왕이 숨을 거두자 조정에서는 서둘러 석흘해를 16대 왕으로 즉위시켰다. 흘해왕(재위 310~356) 등극이 가져온 신라 정국의 파장은 컸다. 흘해왕이 왜군 장수에 의해 화형 당한 석우로(?~249)의 손자였기 때문이다. 석우로는 10대 내해왕의 태자였다. 금상의 증조부를 장작불에 태워 죽인 왜와의 관계가 격랑 속으로 빠져들며 한반도 정세는 또다시 요동치게 된다.

경주지역 산봉우리는 유달리도 왕릉을 닮은 봉긋한 모양들이 많다. 풍수 물형으로는 금(金)형체에 해당한다. 종 모형의 이런 산세에서는 치밀한 손재주를 가진 보석 세공 장인들이 다수 출현한다. 신라 금관의 정교한 제작 기술도 금형 산세와 무관치 않다는 풍수 학인들의 해석이다.

왜군 침입의 주된 경로였던 포항 영일만. 왜와의 잦은 교전으로 신라의 해군력과 조선술은 크게 향상됐다.

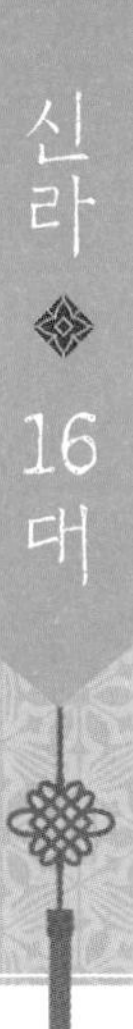

흘해이사금

평생을 병마에 시달리던 기림왕이 숨을 거두자
석흘해를 16대 왕으로 즉위시켰다.
흘해왕 등극이 가져온 신라 정국의 파장은 컸다.
흘해왕이 왜군 장수에 의해 화형 당한 석우로의 손자였기
때문이다. 석우로는 10대 내해왕의 태자였다.
금상의 증조부를 장작불에 태워 죽인 왜와의 관계가
격랑 속으로 빠져들며 한반도 정세는 또다시 요동치게 된다.

왜에 철천지원 품었지만 결혼동맹으로 화친 유지

신라 16대 왕으로 흘해이사금(訖解尼師今 · 재위 310~356, 이하 흘해왕)이 즉위하자 왜국이 긴장했다. 흘해왕의 할아버지 석우로(?~249)와 왜장 우도주군 사이의 철천지원 때문이었다. 12대 첨해왕에게 왕위를 빼앗긴 석우로(10대 내해왕 태자)는 첨해왕이 왜와 굴욕적 동맹을 맺은 것에 불만을 품고 있었다. 왜군과의 주석에서 "왜왕을 염전 노비로 만들겠다."고 실언했다가 우도주군에게 화형 당했다. 절치부심하던 명원부인(흘해왕 할머니 · 11대 조분왕 장녀)이 우도주군 대신 왜 사신을 만취시켜 장작불에 태워 죽였다. 13대 미추왕 2년(263) 일이다.

흘해왕은 할아버지의 참혹한 죽음을 연상할 때마다 치를 떨었다. 감히 일개 장수가 어찌 일국의 태자를 불에 태워 죽인단 말인가. 왕은 왜와 전면전을 결심했다. 왕 2년(311) 수륙전에 탁월한 급리(생몰년 미상)를 아찬(17관등 중 6등급)에 임명하고 조정 내 주요 정사와 내외병마사를 겸직토록 했다. 선왕(15대 기림왕)이 체결한 왜와의 화친을 파기하고 본토 진격 작전을 수립토록 급리에게 하명했다.

왕 3년(312), 전쟁 조짐을 감지한 왜왕이 선수를 쳤다. 왜 왕자의 신부로 흘해왕의 공주를 원한다는 청혼과 동시에 화친 동맹을 새로 체결하자는 외교 사절을 파견했다. 신라 조정은 양분됐다. 대군을 동원해 왜군 예봉을 꺾어 버리자는 주전론과, 국내 실정을 감안해 화친에 응하자는 주화론이었다. 어린 나이로 즉위한 왕에게는 아직 공주가 없었고 나라 안 사정도 빈사 상태였다. 봄 기근, 여름 가뭄, 메뚜기 떼 창궐로 식수와 양곡이 절대 부족했다. 조정은 왕의 주전론을 묵살하고 왜 요청을 수용했다.

관건은 왜 왕자의 신붓감이었다. 신료들은 일제히 급리의 딸을 천거했다. 왕은 쾌히 가납했다. 급리 부부는 앓아누웠다. 애지중지 키운 딸을 하필이면 원수의 나라 왜로 시집보낸단 말인가. 왕의 과도한 신임을 경계한 신료들의 시샘이 원인이었다. 왕이 급리를 위로했다. "종묘사직을 위한 아찬의 충정을 만백성이 반길 것이오." 급리의 딸은 통곡하며 부모형제와 이별하고 신라를 떠났다. 급리는 이찬(2등급)으로 승급하고 신라에는 위태로운 평화가 유지됐다.

주변국의 정세도 급변했다. 고구려는 북방 영토를 확장해 대제국을 건설한 미천왕이 승하하고 16대 고국원왕(재위 331~371)이 즉위했다. 백제는 3년(344~346) 동안 3명의 왕(11대 비류왕, 12대 계왕, 13대 근초고왕)이 교체되는 정변이 발생했다. 가야에서도 거질미왕이 등하하고 5대 이시품왕(재위 346~407)이 즉위했다. 변방국의 정치 불안은 국경을 접한 인접국의 동요로 전이됐다. 용상을 찬탈한 왕은 이반한 민심을 외부 요인으로 환치(換置)하기 위해 전쟁을 일으켰다.

중원 대륙에서도 경천동지의 변고가 잇따랐다. 황하 이북의 강토를 황폐화시킨 팔왕의 난과 5호16국의 난립이다. 인명이 무차별 도륙되고 16년 동안 8명의 황제가 등극하는 난세 중의 난세였다. 음모 술수가 난무하고 입신양명을 위한 출세가도는 곧 사지로 향하는 첩경이기도 했다. 한반도의 고대 국가 영토 변천사와 밀접한 관련이 있어 간략히 서술한다.

• 팔왕의 난. 중국 서진(266~316)의 초대 황제 사마염(司馬炎 · 236~290)이 사마 황족의 영세 천하를 도모하다 야기된 사마씨족 간의 황위 쟁탈전이다. 사마염은 전국을 8개 번국으로 분할해 자신의 자식, 형제, 조카들이 통치하도록 전권을 위임했다. 이게 화근이었다. 번왕이 돼 지방 군권을 장악한 8왕은 중앙의 황제 자리가 탐났다. 사마염 아들 사마충(259~306)이 2대 황제로 등극하며 사단이 벌어졌다.

①사마량(여남왕)과 ②사마위(초왕)가 가남풍(257~300 · 사마충 부인)의 밀명으로 황후(사마염 부인) 일족을 몰살하고 삼족까지 멸했다. ③사마륜(조왕)이 가남풍 일당과 사마량 · 사마위를 포살하고 스스로 황위에 올랐다. 사마륜은 ④사마경(제왕)과 ⑤사마영(성도왕)의 공격을 받고 자결했다. ⑥사마월(동해왕)이 ⑦사마예(장사왕)와 ⑧사마옹(하간왕)을 급습해 참수하자 생존한 번왕 추종자들이 도주했다. 최종 승자는 ⑥사마월(?~311)이었다. 세월이 흘러 사마월도 죽었다. 사마 황족 간 권력 투쟁으로 수도 낙양은 폐허가 됐고 무고한 사상자 수는 헤아릴 수가 없었다.

• 5호16국. 팔왕의 난 중 번왕들은 절박한 전세 역전을 위해 북방 이민족(호족) 병력을 화급하게 합류시켰다. 호족들은 난이 끝난 후에도 철군하지 않고 화북지역에 할거하며 세력을 확장했다. 다섯 호족(흉노 · 갈 · 저 · 강 · 선비)이 세운 십육국(전조 · 후조 · 전연 · 후연 · 남연 · 북연 · 전진 · 후진 · 서진 · 하 ·

경북 구룡포 호미곶의 연오랑세오녀 공원에 조성된 왜인관.

흘해왕의 죽음은 신라 왕실 역사에 중요한 분기점이 된다. 흘해왕 이후 석씨 왕실은 신라 왕조사에서 영원히 자취를 감춘다. 또한 신라가 멸망할 때까지 한 명의 왕비도 배출하지 못한다. 개국 이래 석씨 임금이 재위한 기간은 8왕 181년이다.

성한·전량·후량·북량·남량·서량)을 통칭해 5호(胡) 16국(國)이라 일컫는다. 이민족에 의한 중원 대륙의 최초 지배여서 한족(漢族)에게는 치욕의 역사다. 북위(386~557)가 화북을 통일하며 5호16국 시대는 종언을 고했다. 한(韓) 민족과도 연관된 국가들이 많다.

억지 결혼 동맹으로 유지되던 신라 · 왜의 박빙 평화는 32년 동안 유지됐다. 양국 간 화친 동맹 중에도 왜구(왜의 해적 집단)들의 노략질이 끊이지 않자 백성들은 왜에 대한 신라 조정의 유화정책을 원망했다. 흘해왕 35년(344). 왜왕이 또 청혼 사신을 신라에 보내왔다. 이번에는 왕녀를 보내야 한다는 무례한 요구였다. 왕은 공주가 이미 출가했다고 거절한 뒤 왜 사신을 구금하고 문초했다. 두 나라의 화친은 깨졌다. 왜왕은 절교를 선언하고 이듬해 2월 대군을 동원해 신라를 침공했다.

왜군은 포항 앞바다 풍도 민가를 약탈하고 주민을 살상한 뒤 육지로 상륙해 금성을 포위했다. 왕은 이벌찬(1등급) 강세(생몰년 미상)의 계략대로 성문을 닫고 왜군이 지칠 때까지 지구전으로 대응했다. 추위에 식량까지 동나자 왜군이 퇴각했다. 신라 기마병이 왜군 후미를 기습해 대승을 거뒀다. 왜는 수 년 동안 신라 영토를 넘보지 못했다.

흘해왕은 45년 10개월을 재위했는데 《삼국사기》에는 왕의 치적에 관한 기록이 거의 없다. 두 번에 걸친 왜와의 결혼 동맹과 천재지변으로 고통 받은 백성들의 참상뿐이다. 흘해왕이 석우로 아들이라는 출생에 대한 《삼국사기》 찬술도 신빙성이 없다. 석우로가 죽은 해는 249년이고 흘해왕이 즉위한 건 61년 후인 310년이다. 《삼국사기》에는 "흘해가 어리기는 하지만 나이든 사람이 갖출 수 있는 덕을 지녔다."고 즉위 당시 정황을 기술해 놓고 있다. 61세가 어린 나이인가. 사학계에서는 생존 연대상으로 볼

때 흘해왕이 석우로의 손자일 것으로 판단하고 있다. 가족과 능에 관한 기록도 전하지 않는다.

흘해왕의 죽음은 신라 왕실 역사에 중요한 분기점이 된다. 흘해왕 이후 석씨 왕실은 신라 왕조사에서 영원히 자취를 감춘다. 또한 신라가 멸망할 때까지 한 명의 왕비도 배출하지 못한다. 개국 이래 석씨 임금이 재위한 기간은 8왕 181년이다. 4대 탈해왕릉 외에는 7왕 모두 비정된 왕릉조차 없다. 석씨 후손들은 탈해왕릉을 참배할 때마다 나머지 일곱 왕도 동시에 향배(向拜)한다.

17대 내물왕(재위 356~402)이 즉위하며 왕권은 556년 간 경주 김씨가 장악한다. 어느 덧 신라 역사도 상고기에서 중고기로 접어든다.

군왕이 앉는 자리인 용상은 오르기도 어려웠지만 지키기는 더욱 힘들었다.

고구려 16대

고국원왕

고구려 16대 고국원왕은 종묘사직을 제대로 수호하지 못해
조상한테 죄 짓고 백성들에게 큰 고통을 주었다.
중국 연나라 모용황의 침공에 패해 부왕 미천왕이 경략한
영토를 잃었고 5만이 넘는 고구려인이 중국으로
끌려가게 했다. 미천왕의 무덤이 파묘 당해 유골은 볼모가 되고
태후와 왕비도 포로로 잡혀가 인질이 되었다.

종묘사직 수호 못해 민심이반
전쟁 중 목숨 잃고 영토도 빼앗겨

종묘는 임금의 조상 신주를 봉안해 놓고 제향 올리는 사당이고, 사직은 백성이 먹고사는 곡물신과 토지신에게 제사 지내는 단(壇)이다. 임금이 곧 국가였던 군주사회에서 종묘와 사직은 나라와 백성을 일컫는 또 다른 별칭이었다. 두 제사의 제주는 임금이었다. 임금에게는 조상을 온전히 섬기고 외적으로부터 백성을 지켜내야 하는 책무가 부여됐다. 백성들은 강제로 징수하는 조세 의무를 감당했다. 종묘사직을 보전하지 못한 죄업은 임금한테 씌워졌고 실덕한 임금에게 백성들은 추종을 거부했다.

고구려 16대 고국원왕(故國原王 · 재위 331~371)은 종묘사직을 제대로 수호하지 못해 조상한테 죄 짓고 백성들에게 큰 고통을 주었다. 동북아시아를 호령하며 중원 대륙까지 넘보던 고구려인의 진취적 기상에 패배의식과 굴욕감을 안겼다. 부왕(15대 미천왕)이 경략한 영토를 잃었고 5만이 넘는 고구려인이 중국으로 끌려가 중국인이 되게 했다. 미천왕의 무덤이 파묘 당해 유골은 볼모가 되고 태후(어머니)와 왕비도 포로로 잡혀가 인질이 되었다. 민심이 이반했다.

3~4세기 중원 대륙에는 주인이 없었다. 진(秦 · BC 221~BC 207)나라 시황제의 중원 통일 이후 강력한 카리스마를 지닌 영도자가 없었다. 지방 분국시대가 오래 지속돼 100명이 넘는 토호들이 번국(藩國) 왕을 자처하며 전쟁을 일삼았다. 중국 황하 이북의 강북지역이 극심했다. '팔왕의 난'과 '5호(胡)16국(國)'의 난립으로 살육전이 난무하고 변방국 전쟁에 연루돼 멸망한 나라가 부지기수였다.

고대사는 전쟁의 역사이기도 하다. 광활한 만주 땅을 터전으로 중국 산동반도까지 진출했던 고구려는 국경이 방대해 사방이 적이었다. 고국원왕 재위 시 고구려에게는 중국 연(燕)나라가 원수였다. 연은 5호 16국(304~439) 중 하나로 선비족 가운데 모용부(部) 부족이 건국한 나라였다. 모용부족 추장 모용외(269~333)가 요령지방에서 초석을 다졌고 영토는 화북으로부터 남만주에 이르렀다. 모용외의 아들 모용황(297~348)이 국가 체계를 갖춘 뒤 337년 연왕을 칭했다. 중원 통일을 도모하던 모용황에게 동북아 맹주 고구려는 공포의 대상이었다.

고국원왕 12년(342) 11월. 모용황이 5만 5천 대군을 동원해 고구려를 쳐들어 왔다. 연의 침공을 사전 탐지하고 있었던 고국원왕도 6만 대군을 일으켜 응전했다. 영하 30도를 오르내리는 혹한이었다. 연에서 고구려로 진격하는 길은 험준한 남도와 평탄한 북도뿐이었다. 모용황은 책사의 묘략을 수용해 4만 군대의 선봉에 서서 남도를 먼저 공략했다. 1만 5천 병력은 북도에서 대기토록 했다. 허를 찌르는 허허실실 전법이었다.

고국원왕은 연군이 평탄한 북도를 먼저 공략할 것으로 예상했다. 정예군 5만을 북도에 배치하고 왕의 동생 고무가 선봉에서 기다렸다. 왕은 보충부대 1만을 이끌고 남도에서 기다렸다. 보충부대 안에는 태후와 왕비도 함께 있었다. 결과는 참담했다. 북도에서는 연나라 군이 섬멸되고 남도에서는 고구려 군이 전멸했다. 수도 환도성이 모용황에게 함락되고 고국원왕은 근위병 몇 명과 피신해 겨우 목숨을 건졌다. 승승장구하던 고구려 군에게 치욕적 패배를 안긴 전쟁이었다.

승전한 모용황 군대는 연으로 철군하며 천인공노할 패악질을 자행했다. 미천왕의 무덤을 파헤쳐 유골을 탈취했다. 태후와 왕비를 백성 5만여 명과 함께 포로로 끌고 갔다. 조정과 백성들은 절망했다. 고구려는 연의 신하국으로 전락해 군신의 예의를 자청했고, 30년이 넘도록 진귀한 공물을 바쳤다. 볼모로 운신하지 못한 고국원왕은 연군의 침입에 대응하지 못하고 미천왕이 확장한 요서 영토 대부분을 상실했다.

죽은 자의 유골을 볼모로 삼는 무덤의 수난사는 동서양을 막론하고 그 역사가 유구하다. 죽은 사람이 권력자였거나 부자일 경우가 우선 공격 대상이다. 인구에 널리 회자된 저명인사의 시신 일부는 은밀히 매매되고 해부대에 올라 연구 대상이 되기도 한다. 미라로 박제된 마케도니아의 알렉산드로스(BC 356~BC 323)대왕, 이원론의 창시자 프랑스의 데카르트(1596~1650) 두개골 전시, 러시아의 '미친 수도승' 라스푸틴(1864~1916)의 성기 절단, 현재도 연구 중인 천재 과학자 아인슈타인(1879~1955)의 뇌가 대표적이다. 영국 청교도혁명의 지도자 크롬웰(1599~1658)과 이탈리아 파시즘 창시자 무솔리니(1883~1945)가 당한 사후 시신 훼손은 너무나 충격적이어서 필설로 옮길 수가 없다.

강원도 춘천시 서면 방동 1리에는 고려 개국공신으로 평산 신씨의 시

고구려 시대의 철제 무기. 당시에는 철제가 첨단 무기로 전쟁의 승패를 좌우했다.

고국원왕은 40년 8개월을 재위하는 동안 미천왕의
유골과 함께 태후·왕비가 연나라 볼모로 끌려감으로써
숨죽여 살았다. 한 번의 작전 실패로 인한 대가치고는
가혹했다. 왕은 볼모를 귀국시키기 위해 엄청난 국고를
탕진했다. 미천왕의 유골은 1년 만에 돌아왔고,
태후와 왕비는 13년 만에 환국했다.

조인 신숭겸(?~927)장군의 묘가 있다. 묘의 봉분이 세 개로 으스스하다. 그러나 고려 태조 왕건(877~943)과 신숭겸 사이에 얽힌 충정을 알고 나면 후삼국 시대상이 파노라마처럼 전개되며 숙연해진다.

후백제 견훤(?~935)과 고려 왕건이 대구 팔공산에서 일진일퇴 격전을 벌였다. 왕건의 작전 실패로 고려군이 몰사 위기에 처했다. 신숭겸이 왕건에게 아뢰었다.

"소장과 옷을 바꿔 입으시고 주군께서는 후일을 도모하소서!"

왕건은 구사일생으로 생환했으나 신숭겸은 목이 잘렸다. 뒤늦게 속은 줄을 안 견훤이 신숭겸의 몸만 왕건에게 보냈다. 왕건이 통곡하며 신숭겸의 머리를 황금으로 주조해 장사를 지냈다. 후일의 도굴을 염려해 봉분을 세 개로 조성했다.

고국원왕은 40년 8개월을 재위하는 동안 미천왕의 유골과 함께 태후·왕비가 연나라 볼모로 끌려감으로써 숨죽여 살았다. 한 번의 작전 실패로 인한 대가치고는 가혹했다. 왕은 볼모를 귀국시키기 위해 엄청난 국고를 탕진했다. 미천왕의 유골은 1년 만에 돌아왔고, 태후와 왕비는 13년 만에 환국했다. 연에서는 왕의 동생 고무를 새 인질로 잡았다. 고국원왕은 태후와 왕비에게 13년 동안의 고초를 묻지 않았다.

고국원왕 40년(370). 연이 서진(266~316)에 의해 멸망했다. 왕은 실지 회복에 나섰다. 산동반도의 대륙백제를 기습 공격했으나 패퇴했다. 분노한 백제왕(13대 근초고왕)이 고구려의 성급한 내침을 영토 확장의 기회로 포착했다. 근초고왕의 태자 근구수(14대 · 재위 375~384)를 선봉장으로 고구려 요서 평양성을 공략했다. 보복전이었다. 다시 고국원왕이 고구려 군대를 이끌고 선두에 나섰다. 평양성 함락 직전 백제군이 쏜 화살에 고국원왕이 명중하자 백제군은 철수했다. 며칠 후 고국원왕은 숨을 거뒀다. 한반도가 아닌 중국 땅에서의 전쟁이었다.

고구려와 백제 간 대륙 전쟁이 초래한 역사적 파장은 심각했다. 동명성왕(고구려 시조)을 부모로 의붓형제 나라였던 두 나라가 회복 불능의 원수지간이 되고 만다.

고국원왕의 장남이 17대 소수림왕(재위 371~384)으로 즉위하며 전쟁은 더욱 격화됐다. 전쟁은 한반도의 두 나라 국경으로 비화됐다. 아버지의 원수를 갚기 위한 양보 없는 싸움이었다. 전술에 능한 백제 근구수왕도 이에 맞서 정면 대결했다. 고구려와 백제의 국토는 피폐되고 무덤이 파헤쳐졌다.

이 간극을 신라가 파고들었다. 양국 간 화친과 절교를 반복하는 등거리 외교로 한반도 중부지방에 영토를 확장했다. 신라는 가야 연맹 각국을 이간시켜 국력을 약화시켰다. 한반도 내 4국 간 이전투구에 잠복된 변수는 언제나 왜였다.

고국원왕은 평양성 인근 고국원 언덕(原)에 장사지냈다. 위치에 관한 사서의 기록은 없다.

내물왕릉은 계림 숲 옆에 있다. 첨성대 인근 황남동 고분군에 가까운 지점이다. 원형 봉토분으로 주변의 대형 고분들에 비해 작은 규모다.

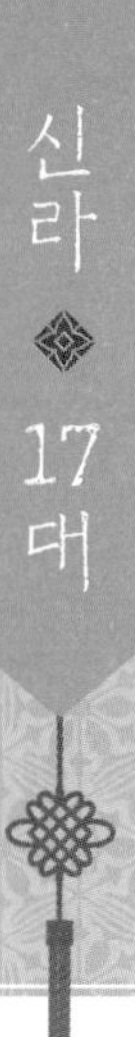

내물마립간

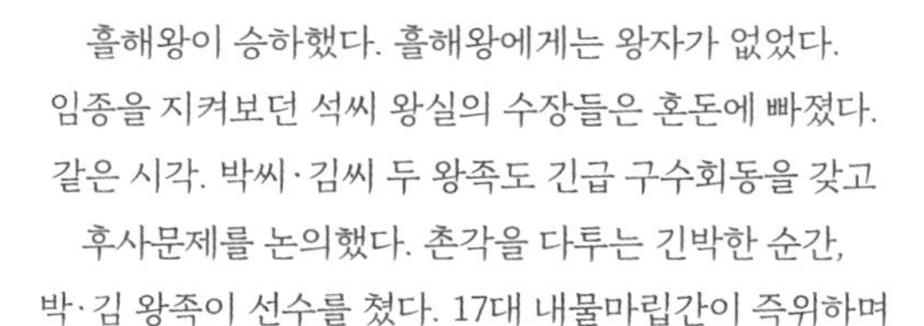

흘해왕이 승하했다. 흘해왕에게는 왕자가 없었다.
임종을 지켜보던 석씨 왕실의 수장들은 혼돈에 빠졌다.
같은 시각. 박씨·김씨 두 왕족도 긴급 구수회동을 갖고
후사문제를 논의했다. 촌각을 다투는 긴박한 순간,
박·김 왕족이 선수를 쳤다. 17대 내물마립간이 즉위하며
경주 김씨가 다시 역사의 전면에 부각된다.

왕의 칭호를 마립간으로 교체
경륜부족으로 국가 위기 초래

서기 356년 4월. 신라 16대 흘해왕이 승하했다. 임종을 지켜보던 석씨 왕실의 수장들은 혼돈에 빠졌다. 누구를 용상에 앉힐 것인가. 흘해왕에게는 왕자가 없었다. 같은 시각. 박씨(시조 박혁거세 후손) · 김씨(김알지 후손) 두 왕족도 긴급 구수회동을 갖고 후사문제를 논의했다. 촌각을 다투는 긴박한 순간, 박 · 김 왕족이 선수를 쳤다. 석씨 왕실을 제압하고 김씨 왕족을 즉위시킨 것이다. 《삼국사기》는 '흘해가 죽고 아들이 없었으므로 내물이 뒤를 이었다.'고 기술해 놓았다.

왕조시대 임금으로 등극하는 데는 천신만고의 신고가 뒤따랐다. 시국이 수상하면 반정 세력에 의한 왕위 찬탈도 감수해야 했다. 차기 임금의 성씨가 교체됨은 정변이었다. 인명 살상이 뒤따랐고, 전조(前朝)의 정책과 치적은 묵살됐다. 신라 초기 석씨 왕실은 9대 벌휴왕(재위 184~196)부터 16대 흘해왕(재위 310~356)까지 149년(13대 미추왕 23년 제외)간 유지됐다.

17대 내물마립간(奈勿麻立干 · 재위 356~402, 이하 내물왕)이 즉위하며 경주 김씨가 다시 역사의 전면에 부각된다.

신라 왕권의 향방은 신라 왕실만의 독특한 혈연관계를 관통해야 퍼즐이 풀린다. 박 · 석 · 김 세 성씨가 왕위를 교대할 때마다 이중 두 성씨 간의 합종연횡이 반드시 전제됐다. 세 왕족 사이 캐스팅 보트는 항상 박씨가 행사했다. 내물왕 즉위에는 박 · 김씨가 결속했다. 내물왕 아버지 말구(김알지 7세손)는 미추왕과 형제 간으로 갈문왕 구도(김알지 6세손)의 아들이었다. 내물왕은 미추왕 조카로 구도의 손자이면서 갈문왕 이칠(박씨 왕족 실권자)의 외손자였다. 《삼국사기》에는 '내물왕이 미추왕의 조카 겸 사위 자격으로 즉위했다.'고 기록돼 있다.

정변으로 왕권을 장악하면 대의명분이 사라진다. 백성들이 승복하지 않는 권력은 존립기반이 취약해진다. 흘해왕에게 왕자는 없었지만 출가한 공주와 사위가 있었다. 사위의 대통 승계는 신라 왕실의 오랜 전통이었다. 박 · 김씨 왕족의 야합으로 석씨 왕위를 탈취한 내물왕 지지 세력은 금상이 미추왕의 사위라며 김씨 왕실의 적통임을 내세웠다. 당시 내물왕은 김씨 왕족 중에서도 왕위 계승권에서 한참 벗어난 지위에 있었다. 백성들이 성군으로 추앙하는 미추왕 사위임을 내세워 정당성을 확보하려는 견강부회 논리였다.

《삼국사기》에도 '내물왕의 왕비가 미추왕 딸 보반부인이다.'고 기록돼 있다. 미추왕이 훙서한 해는 284년이고 내물왕이 즉위한 연도는 356년이다. 미추왕이 죽던 해 보반부인을 낳았다 해도 내물왕 즉위 때 보반부인은 72세였다. 신라 왕실의 관습상 임금의 나이는 왕비보다 많았다. 《삼국사기》의 기록대로라면 70 중반에 즉위한 내물왕이 47년을 재위했으니 120

살을 넘게 산 셈이다. 내물왕 사망 당시 장남 눌지(19대 왕)가 어려 왕의 사촌동생 실성이 18대 왕위에 올랐다고 했다. 보반부인은 아들 셋을 출산했는데 100살 넘은 노파가 어찌 아이를 낳는가. 사학계에서는 보반부인을 미추왕의 손녀나 증손녀로 추정하고 있다.

석씨 왕실을 무력으로 제압하고 용상에 앉은 내물왕에게는 이반된 민심 회복이 급선무였다. 국가 체제를 새롭게 정비하고 정국 면모를 일신하고자 했다. 이사금으로 호칭되던 왕의 칭호를 마립간으로 교체했다. 마립(麻立)은 말뚝을 뜻하며 자리를 정한다는 의미가 내포돼 있다. 간(干)은 몽골어로 추장이나 왕을 지칭하고 임금은 마립의 우두머리가 되는 것이다. 《삼국사기》에는 마립간 시기를 19대 눌지왕부터 22대 지증왕까지로, 《삼국유사》에는 17대 내물왕부터 22대 지증왕까지라고 기록돼 있다. 사학계에서는 《삼국유사》의 여섯 왕 시기를 정설로 수용하고 있으며, 거서간-차차웅-이사금보다 존엄성 있는 왕호로 해석하고 있다.

내물왕은 귀족들로 구성된 중앙정청회의를 친히 주재하며 명실상부한 최고 통치자로 군림했다. 독단적 외교권 행사로 신라의 생존 전략을 새로 수립했지만, 경륜 부족으로 인한 시행착오가 거듭돼 국가적 위기를 초

봉분 기저에 자연석 일부가 노출돼 있고 호석이 둘려져 있어 석실분으로 추정된다.

내물왕릉 표지석. 1994년 상석과 배례석을 설치했고 1999년 보호 철책을 둘렀다.

내물왕 44년 10월. 백제·가야·왜의 3국 동맹군이
신라를 일시에 침공했다. 육로와 해로를 통한 3국군의
공격에 신라 국토는 초토화됐고 수도 금성이 완전
포위됐다. 내물왕은 고구려의 속국이 될 것임을 맹세했고,
고구려 광개토왕이 보병·기병 5만 병력을 급파했다.
가야·백제·고구려에 앞서 신라가 먼저 역사에서
사라질 수 있었던 전쟁이었다.

래했다. 주변국 정변이 발생할 때마다 일관성 없는 등거리 외교로 국격이 추락했고 백성들은 불안에 떨었다. 흘해왕 공적을 부정하고 새 업적을 달성하겠다는 성급함에서 야기된 혼란이었다.

신라를 에워싼 국제 정세도 녹록치 않았다. 내물왕 재위기간 고구려는 4왕(16대 고국원왕, 17대 소수림왕, 18대 고국양왕, 19대 광개토왕)이 교체됐다. 백제는 5왕(13대 근초고왕, 14대 근구수왕, 15대 침류왕, 16대 진사왕, 17대 아신왕)이 새로 즉위했다. 중원 대륙과 왜에서도 왕권에 도전하는 세력이 도처에서 준동하며 내란으로 이어졌다.

내물왕은 초조해졌다. 왕 22년(377). 신라 사신을 고구려 사신 수행원으로 보내 전진 왕 부견(338~385)을 배알하고 굴욕적 외교관계를 수립했다. 고구려에는 사촌동생 실성(18대 왕)을 볼모로 보내 조공 동맹을 자청했다. 양국 동맹에 위기를 감지한 백제 · 가야 · 왜가 3국 동맹으로 맞섰다.

내물왕 44년(399) 10월. 백제 · 가야 · 왜의 3국 동맹군이 신라를 일시에 침공했다. 고구려 광개토왕 9년, 백제 아신왕 8년, 가야 이시품왕(5대) 55년이다. 이 전쟁은 한반도 고대 국가의 지형을 송두리째 바꿔 놓을 뻔한 역사적인 싸움이었다. 육로와 해로를 통한 3국군의 공격에 신라 국토는 초토화됐고 수도 금성이 완전 포위됐다. 3국은 신라를 멸망시킨 후 영토 분할을 밀약했다.

당시 내물왕은 70이 넘은 노인이었다. 왕은 고구려 사신에게 무릎을 꿇고 읍소했다. 영원한 속국이 되겠으니 나라를 구해 달라고 애원했다. 《삼국사기》에도 '내물왕 45년(400) 왕이 타고 다니던 궁중의 말이 무릎 꿇고 눈물 흘리며 슬피 울었다.'고 은유적으로 표현돼 있다.

내물왕의 맹세를 확인한 광개토왕이 보병 · 기병 5만 병력을 급파했다. 3국군은 지쳐 있었다. 고구려 군대가 신라 땅에 진군하기도 전 3국군은 앞다퉈 도주했다. 고구려 군은 가야에 숨어 든 왜병까지 색출해 전멸시켰다. 가야 · 백제 · 고구려에 앞서 신라가 먼저 역사에서 사라질 수 있었던 전쟁이었다.

내물왕 재위 당시 4국은 항상 준전시 상태로 편한 날이 없었다. 혹독한 자연 재앙으로 굶주림을 견디지 못한 백성들이 상식(相食)하는 참상 속에서도 왕들은 전쟁을 멈추지 않았다. 고구려와 백제는 한반도가 아닌 중원대륙에서 패권을 다투느라 두 나라 왕까지 전사했다. 특히 광개토왕(재위 391~413)과 아신왕(재위 392~405)은 앙숙지간으로 중원대륙과 한반도 국경에서 사생결단했다. 신라와 가야는 동 · 서 국경을 접하고 있어 일진일퇴의 영토 전쟁을 거듭했다.

내물왕은 왕 47년(402) 2월 오욕으로 점철된 한 많은 일생을 마감했다. 조정에서는 김알지(경주 김씨 시조)가 태어난 계림 숲 옆에 왕릉(경북 경주시 교동 14 · 사적 제188호)을 조영했다. 자좌오향의 정남향으로 햇볕 잘 드는 너른 평원의 평지장이다. 첨성대 인근 황남동 고분군(대릉원)에 가까운 지점이다. 원형 봉토분으로 주변의 대형 고분들에 비해 작은 규모(직경22m, 높이 5.7m)다. 봉분 기저에 자연석 일부가 노출돼 있고 호석(護石)이 둘러져 있어 석실분으로 추정된다. 1994년 상석과 배례석(제주가 절하는 자리)을 설치했고 1999년 보호 철책을 둘렀다.

혈기왕성한 10대 후반에 등극한 광개토왕은 그가 재위하는 22년 동안 30회가 넘는 전쟁을 수행했다. 단 한 번도 패하지 않았다. 장검을 들고 있는 광개토왕의 조형물 동상.

고구려 19대

광개토왕

고구려 18대 고국양왕이 중병에 들어 17세 된 태자 담덕에게
양위했다. 담덕이 19대 왕으로 정식 즉위하니 광개토왕이다.
담덕은 어려서부터 체격이 크고 담대했으며 학문과 무예를
당할 자가 없었다. 스승과 조정 대신들은 청출어람으로
종묘사직의 홍복이라며 기뻐했다.

영토 확장 외 문치에도 탁월한 업적
고구려가 천하의 중심임을 자부

391년 가을. 고구려 18대 고국양왕(재위 384~391)이 중병에 들었다. 왕은 17세 된 태자 담덕(談德 · 375~413)에게 양위하며 당부했다. "아까운 병사들의 희생과 숱한 백성들의 고통으로 지켜낸 고구려 땅이다. 전쟁을 두려워하지 말고 싸우면 반드시 이겨라. 태자는 능히 할 수 있다."

담덕이 울먹이며 답했다. "소자, 아바마마의 분부를 받들어 오직 나라만을 위해 생을 바치겠나이다."

왕은 그해를 못 넘기고 승하했다. 상청에 대행(大行 · 임금 승하 직후 예장하기 전 호칭)을 모신 채 담덕이 19대 왕으로 정식 즉위했다. 광개토왕(재위 391~413 · 이하 왕)이다.

사서에는 "담덕이 어려서부터 체격이 크고 담대했으며 그의 학문과 무예를 당할 자가 없었다."고 기록돼 있다. 고국양왕 3년(386) 태자로 책봉(12세)된 후 담덕은 부왕의 엄명에 따라 혹독한 태자 교육을 받았다. 혹여 전쟁놀이에서 패하면 밤중에라도 찾아가 다시 합(合)을 겨뤄 항복을 받아내고야 말았다. 학문 수업에서도 기어이 앞서가야 직성이 풀렸다. 스승과 조정 대신들은 청출어람으로 종묘사직의 홍복이라며 왕과 함께 기뻐했다.

4세기 후반(350년 이후) 동북아(만주)의 초강대국은 고구려였다. 제후(諸侯)를 세워 통치해야 할 광활한 강역이었다. 동으로는 읍루(만주 훈춘 · 우수리강 유역), 서쪽은 전월(황하 유역), 남방은 대륙백제(산동반도), 북은 부여(송화강 상류) · 거란(부여 접경) · 후연(내몽골) 등이 원근의 국경을 접하며 대치하고 있었다. 한반도와는 고구려 속국인 말갈(평안북도 및 함경북도 일부)이 압록강을 경계로 백제 · 신라 사이의 완충 접경을 이루고 있었다.

혈기왕성한 10대 후반에 등극한 왕은 그가 재위하는 22년 동안 30회가 넘는 전쟁을 수행했다. 단 한 번도 패하지 않았다. 지정학적으로 여러 나라와 국경을 접하다 보니 중원 대륙과 한반도에서 동시 전쟁을 치루기도 했다. 수장으로 임명한 장수가 패전하고 귀환하면 문책하지 않고 친정(親征)에 나서 반드시 적군을 섬멸시켰다. 왕이 친정에 나섰다는 정보가 적군 진영에 입수되면, 적장은 지레 겁부터 먹고 전투 의욕을 상실했다.

왕은 즉위(391) 하자마자 백제부터 공격했다. 백제는 371년 대륙의 평양성 전투에서 근초고왕(백제 13대 · 재위 346~375)이 고국원왕(고구려 16대 · 재위 331~371)을 전사시킨 원수였다. 고국원왕은 왕의 할아버지다.

왕 침공 당시 백제 진사왕(16대 · 재위 385~392)은 궁궐을 중수하고 기이한 새와 물고기를 기르며 향락에 빠져 있었다. 백제와 전쟁하는 사이 북방의 거란군이 고구려를 침공해 왔다. 왕은 말갈을 사주해 백제와 싸우도록 하고 거란군을 패퇴시켰다. 말갈은 북방 기마 민족으로 산악전에 뛰어났다. 고구려에 가죽 · 활 등을 조공하며 고구려의 보호를 받고 있었다.

왕 2년(392) 11월. 백제 왕실에 정변이 발생해 숙부(16대 진사왕)가 조카에게 살해당했다. 숙부를 죽인 조카가 17대 아신왕(재위 392~405)으로 즉위했다. 아신왕은 고구려에 점령당한 백제 영토의 회복을 위해 재위기간 내내 왕과 전쟁을 벌였다. 아신왕의 연전연패였다. 권토중래를 노리던 아신왕이 태자(18대 전지왕)를 왜에 인질로 보내고 화친 관계를 맺었다. 가야와도 연계해 백제 · 가야 · 왜의 3국 동맹을 결성했다.

다급해진 건 신라였다. 내물왕(17대 · 재위 356~402)은 사촌동생 실성(18대 왕)을 고구려에 인질로 보내고 치욕적인 조공 동맹을 체결했다. 한반도에 살벌한 전운이 감돌았다. 왕 9년(399) 가을. 3국 동맹군이 신라를 침공해 수도 금성이 함락 직전에 놓였다. 내물왕은 황급히 왕에게 구원군을 요청했다. 이듬해 왕이 5만 보·기병을 급파해 3국 동맹군을 격파하고 신라를 구해줬다. 굴욕을 감수하며 맺은 동맹 외교의 개가였다.

왕은 백발백중의 신궁에다 투창의 명수였다. 근거리서 돌진하는 적을 정조준해 명중시키는 예리한 투창은 가히 위력적이었다. 특히 순식간에 투척되는 동시 다발의 송곳창은 활보다도 빨랐다. 국경 전쟁의 연전연승으로 국정에 자신감을 확보한 왕은 장정들의 전쟁 부역을 줄이고 정예군 양성을 통해 군사력을 증강시켰다. 왕의 백성 사랑이 알려지자 전쟁이 발발할 때마다 지원병이 줄을 이었다.

동북아의 전략적 요충지에 자리한 지정학적 특수성으로 고구려는 수많은 외침을 받았다. 동쪽은 동해 바다로 진출할 수 있는 해상 통로였고 서방은 중원 대륙과 서역으로 가는 길목이었다. 남쪽은 발해만과 이어져 한반도 왕래가 빈번했으며, 북에는 원시림 자원이 풍부했다. 변경 국가들의 흥망성쇠로 고구려 국경은 수시로 바뀌었다. 급변하는 국제정세 속에

북한에서 기증한 광개토왕비 모조비. 비에는 고구려 특유의 웅혼한 필체로 1,775자가 음각돼 있다. 비문 글자 일부가 마모되고 확인된 글자 중에서도 판독 결과에 따라 달라지는 내용들이 많다. 경기도 연천에 있다.

광개토왕은 지정학적으로 여러 나라와 국경을 접하다 보니
중원 대륙과 한반도에서 동시 전쟁을 치루기도 했다.
수장으로 임명한 장수가 패전하고 귀환하면 문책하지 않고
친정(親征)에 나서 반드시 적군을 섬멸시켰다.
왕이 친정에 나섰다는 정보가 적군 진영에 입수되면,
적장은 지레 겁부터 먹고 전투 의욕을 상실했다.

서도 왕은 과감히 고구려의 강토를 확장했다.

왕 2년(392) 거란군을 대파하여 전쟁 물자를 노획하고 포로 5,000명을 고구려 백성으로 귀속시킴. 왕 8년(398) 숙신(여진족 조상)을 정복해 영토를 넓힘. 왕 14년(404) 산동반도 대방을 침공한 백제 · 왜 연합군을 궤멸시킴. 왕 15년(405) 대륙 요동성을 침입한 후연 왕 모용희 군대를 전멸시킴. 왕 20년(410) 동부여를 통합해 북방 영토에 편입함.

이처럼 광개토왕이 승리한 주요 전쟁들은 4세기 말 5세기 초의 대륙 국가 명멸사와도 직결된다.

왕은 고구려의 영토 확장뿐만 아니라 문치에도 주력해 많은 업적을 남겼다. 불교를 신봉해 명과 복을 기원하도록 장려하고, 승려 담시가 동진(317~420)에서 가져온 경률론을 백성들이 널리 알도록 공유했다. 조정 조직의 혁신 방안으로 장사 · 사마 · 참군 등의 중앙 관직을 신설해 능률성을 배가시켰다. 이 같은 내치 · 외치의 안정을 토대로 고구려는 동북아에서

경기도 연천군에 있는 고구려 시대 호로고루성. 임진강을 끼고 있는 전략적 요충지로 3국 간 영토 전쟁의 격전지였다.

확고한 독자세력 유지가 공고해졌다. 백성들 스스로는 고구려가 천하의 중심임을 자부하게 되었다.

서기 413년 10월. 왕이 39세의 젊은 나이로 승하했다. 조정에서는 천자와 동일한 법도로 예장 절차를 집행했다. 대신들은 대행이 누워있는 시상판을 쥐어뜯으며 대성통곡했고, 백성들도 부모를 여읜 것처럼 슬피 울었다. 묘호는 '국강상광개토경평안호태왕(國岡上廣開土境平安好太王)으로 지어 올렸다. 묘호의 마지막 세 글자인 호태왕, 또는 재위 시 사용했던 연호를 따라 영락(永樂)대왕으로도 불린다. 독자적 연호 사용은 대륙 국가와의 완전 독립을 의미한다.

왕의 장남 거연이 20대 장수왕(재위 413~491)으로 등극하며 능을 조영하고 비를 건립(414)했다. 능과 비는 현재 중국 길림성 통화전구 집안현 태왕촌 대비가에 있다. 능에 대해서는 장군총 설과 태왕릉 설이 대비되고 있어 그 진위를 가릴 수가 없다. 비에는 고구려 특유의 웅혼한 필체로 1,775자가 음각돼 있다. 비문에는 《삼국사기》나 《삼국유사》에도 없는 고구려시대 상황과 역사적 사실들이 수록돼 있다.

비문 글자 일부가 마모되고 확인된 글자 중에서도 판독 결과에 따라 달라지는 내용들이 많다. 특히 신묘년 기사의 위조된 부분(왜가 바다를 건너와 백제 · 신라를 신민으로 삼았다)의 해석을 두고 한 · 중 · 일 고고학계가 대립을 계속하고 있다.

경기도 연천군 장남면 원당 3리에는 고구려 시대에 축조한 호로고루성(瓠蘆古壘城)이 원형대로 복원돼 있다. 남한에선 드문 고구려 성이다. 임진강을 끼고 있는 성 입구에는 북한에서 기증한 광개토왕비 모조비가 보존돼 있다.

왕릉으로 추정되는 경주 고분군. 실성왕릉에 관한 기록은 없다. 눌지왕이 자신을 죽이려한 당숙의 능을 예우를 갖춰 조영했을까 싶다.

신라 18대

실성마립간

내물왕이 중병이 들었다. 고구려에 억류 중인 실성의
송환을 요청키로 했다. 고구려는 실성을 차기 왕에
즉위시키는 조건으로 이에 응했다. 실성으로서는
9년 만의 귀국이었다. 이듬해 2월 내물왕이 훙서했다.
신라 조정은 고구려 압력에 못 이겨
실성을 18대 왕으로 등극시켰다.

인질 원한 보복으로 국정 소홀
복수의 화신되어 원수도 못 갚고 피살

천추의 한을 설욕하려고 복수의 화신이 되었다가 원수도 갚지 못하고 피살당한 비운의 왕이 있다. 신라 18대 실성마립간(實聖麻立干 · 이하 실성왕)이다. 그는 16년을 재위(402~417)하는 동안 선왕(17대 내물왕)이 추진했던 국가 시책을 사장시키고 원수를 갚는데만 골몰해 국정을 등한시했다. 실성왕은 내물왕의 사촌동생이다. 국가 존립을 고구려에 의존해 자주성은 상실했고 국고는 탕진돼 백성들 원성이 자자했다. 임금을 잘못 만나 백성들이 치른 대가는 너무나 컸다.

내물왕 재위(356~402) 시 신라는 적국에 포위된 고립무원의 상태였다. 백제 · 가야 · 왜는 3국 동맹을 체결해 신라를 침공했고, 고구려 사주를 받은 말갈이 신라 국경을 유린했다. 벼랑 끝에 선 내물왕이 고구려에 사신을 보내 화친을 앙청했다. 내물왕 37년(392). 신라는 고구려에 실성을 인질로 잡히고 영원한 속국이 되겠다는 맹세 후 동맹을 성사시켰다. 내물왕에게는 눌지(태자) · 복호 · 미사흔의 세 왕자가 있었으나 너무 어려 실성을 인질로 보냈다.

실성은 "왜 하필이면 내가 적국에 가야 하느냐?"며 울면서 끌려갔다. 고구려 왕실은 실성에게 고구려 종속 교육을 철저히 시켰다. 언어는 중국 한자를 차음(借音)한 고구려 방언이어서 쉽게 터득할 수 있었다. 실성은 이찬(17 관등 중 2등급) 김대서지의 아들로 13대 미추왕 · 김말구(내물왕 아버지) · 김대서지는 친형제 간이었다. 실성은 구차하게라도 목숨을 부지해 신라로 기어이 생환하겠다고 마음을 굳혔다.

세월이 흘러 내물왕 46년(401). 왕이 중병에 들었다. 김씨 왕실과 조정은 화백회의를 갖고 고구려에 억류 중인 실성의 송환을 요청키로 했다. 고구려는 실성을 차기 왕에 즉위시키는 조건으로 이에 응했다. 실성으로서는 9년 만의 귀국이었다. 이듬해(402) 2월 내물왕이 홍서했다. 신라 조정은 고구려 압력에 못 이겨 실성을 18대 왕으로 등극시켰다. 금상은 전왕 가족에 대한 분노와 적개심으로 가득 차 있었고, 모든 권력은 금상에게로 집중됐다.

실성왕은 즉위하자마자 보복에 착수했다. 왕 1년(402) 왜와 억지 화친을 맺고 내물왕 3남 미사흔(?~433)을 인질로 보냈다. 왜가 원하지도 않는 인질이었다. 미사흔은 통곡하며 신라를 떠났다. 왕은 조정 관직제도를 고구려 직제로 바꾸려다 신료들의 결사반대로 포기했다. 백성들은 실성왕이 내물왕에 대한 원한을 청산하고 대범하게 포용하는 덕치를 기대했지만 허사였다. 설상가상으로 지진 · 가뭄 · 홍수에다 메뚜기떼까지 극성부리는 재해가 겹치자 백성들 원망은 왕에게로 향했다.

왕 4년(405) 4월. 왜가 신라와의 화친을 깨고 경주 외곽 명활성을 공격해 왔다. 왕은 기병을 이끌고 참전해 왜군 300여 명을 참수했다. 적국에 인질을 보내놓고 적병의 목을 치면 인질의 목숨이 위태로운 법이다. 왜는 실성왕의 정적 제거 목적임을 인지하고 미사흔을 죽이지 않았다. 이후로도 왜는 동쪽(포항) 변경과 남쪽 해안을 수시로 기습해 약탈을 일삼고 양민 포로를 닥치는 대로 끌고 갔다. 백성들은 국가의 존재 의미가 무엇이냐고 하늘에 물었다.

명활성(사적 제47호)은 경북 경주시 천군동과 보문동에 걸쳐 있는 신라 초기의 산성이다. 왜군의 침입로를 봉쇄해 수도 금성을 방어하던 중요 거점으로 자연석을 활용한 게 특징이다. 20대 자비왕(재위 458~479)이 산성을 개수하고 이곳에 거주했다. 둘레가 약 6km로 신라 후기 여러 차례 개축했다는 기록이 《삼국사기》에 전한다. 최근에 다시 복원됐다.

고구려는 19대 광개토왕(재위 391~413)이 등극하며 국가적 위상과 국력이 크게 신장됐다. 동북아시아의 초강대국으로 새롭게 군림하며 한반도까지 호령했다. 중원 대륙에서는 대륙백제와 싸워 승리하고 후연(386~413 · 5호 16국 중 하나)의 모용희 군대를 격파시켜 황하 이북 주도권을 회복했다. 왕 20년(410)에는 동부여를 통합해 만주의 송화강 · 우수리강 유역까지 지배권에 넣었다. 한반도에서도 한성백제와 신라를 제압해 대륙 땅과 더불어 광활한 영토를 다스렸다.

중국 길림성 통화전구 집안현 대왕촌 대비가에 있는 광개토왕릉비는 왕의 치적과 당대의 시대 상황이 음각된 역사적인 석비다. 1880년 이 지역에서 땅을 개간하던 농부에 의해 발견됐다. 서기 414년 20대 장수왕(재위 413~491)이 부왕 업적을 기리기 위해 건립한 것이다. 비문 해석을 둘러싸고 한 · 일 고고학계가 대립해 왔다.

경북 경주시에 있는 명활성. 신라 초기의 산성으로 수도 금성을 방어하던 중요 거점이었다.

실성왕은 내물왕의 3남 미사흔을 왜로, 차남 복호는
고구려에 인질로 보냈다. 눌지마저 제거하기 위해
고구려인을 동원했다. 눌지를 고구려 인질로 다시
보내놓고 도중에 암살하려는 술수였다. 눌지를 만난
고구려인들이 눌지의 인물됨에 감복해 실성왕의 음모를
실토해 버렸다. 눌지는 그 길로 고구려인들과 금성으로
잠입해 실성왕을 참수하고 가족을 몰살했다.

백제는 숙질간의 왕위 쟁탈전으로 왕권이 휘청거렸다. 15대 침류왕 사망 당시 태자(아신)가 어려 침류왕 이복동생 진사가 16대 왕으로 대신 즉위했다. 진사왕(재위 385~392)은 태자의 숙부였고, 태자가 성장하면 선위한다는 조건부였다. 천재일우의 기회로 차지한 용상을 순조롭게 내줄 진사왕이 아니었다. 왕은 백성들 신망을 얻기 위해 무리수를 남발했다. 산동반도에서 광개토왕과 선불리 전쟁을 벌였다가 대륙백제의 마지막 보루였던 관미성을 빼앗겼다. 관미성 전투(392)의 패배로 백제는 대륙에서의 패권을 상실했다.

숙부의 실정이 거듭되자 조카 아신이 숙부를 살해하고 17대 왕으로 즉위했다. 그러나 백제의 왕실 내홍은 지속됐다. 양대 외척 세력인 해(解) · 진(眞)씨의 권력 다툼으로 조정이 양분된 것이다. 아신왕(재위 392~405) 태자 전지(18대 왕)가 왜에 인질로 잡혀가고 전지는 왜 왕녀 팔수(八須)와 강제 결혼했다. 전지왕비가 된 팔수가 백제에 끼친 해독은 상상을 뛰어 넘는다. 임나가야의 목만치(왜인 권력자)와 통정하며 국고를 축낸 죄상은 양국 간 외교 분쟁으로까지 비화됐다.

실성왕은 생존을 위한 자구책으로 백제와도 화친을 시도했다. 배신을 감지한 광개토왕이 인질을 다시 요구했다. 실성왕은 망설임 없이 내물왕 차남 복호(생몰년 미상)를 보냈다. 그래도 실성왕에게는 더 큰 근심거리가 있었다. 내물왕 태자 눌지가 훤칠한 장정으로 성장한 것이다. 신라 왕실에서는 어린 태자를 대신해 즉위했다가도 태자가 성장하면 선위하는 게 관습이었다. 4대 탈해왕은 2대 남해왕 사위로 즉위했다가 5대 파사왕(3대 유리왕 차남)에게 왕위를 물려줬다. 13대 미추왕도 11대 조분왕 사위로 등극했다가 조분왕 태자 유례왕(14대)으로 대통을 승계시킨 바 있다.

실성왕은 달랐다. 눌지마저 제거하기 위해 고구려 인질 당시 절친했던 고구려인을 동원했다. 눌지를 고구려 인질로 다시 보내놓고 도중에 암살하려는 술수였다. 눌지를 만난 고구려인들이 눌지의 인물됨에 감복해 실성왕의 음모를 실토해 버렸다. 눌지는 그 길로 고구려인들과 금성으로 잠입해 실성왕을 참수하고 가족을 몰살했다.《삼국사기》에 기술된 신라 왕실의 잔혹사다.

실성왕은 신장이 7척 5촌(약 225cm)의 거구였다고 한다. 부인이 미추왕 딸 아류부인이라는 기록이 전하나 언어도단이다. 실성왕 즉위가 미추왕 사후 116년 뒤의 일이다. 사학계에서는 실성왕이 내물왕의 사위일 것으로 추정하고 있다. 왕릉에 관한 기록은 없다. 자신을 죽이려한 당숙 왕릉을 예우 갖춰 조영했을까 싶다. 허망한 게 권력이다.

충남 공주시 공산성 안에 있는 백제시대 연못 연지. 고대 축성 연구의 귀중한 자료다.

백제 18대

전지왕

백성들은 삼촌을 참살하고 왕이 된 혈례를 축출하라며
전지에게 힘을 보탰다. 대세가 글렀음을 감지한 혈례가
야반도주하다 해씨 세력에게 추포돼 현장에서 참수됐다.
진씨 외척들도 몰살됐고, 이후 백제 왕실에서
진씨는 영원히 사라지고 만다. 405년 9월. 천신만고 끝에
전지가 백제 18대 왕으로 즉위했다.

외척 간 권력 다툼으로 국정 마비
왜 왕녀와 결혼해 정통성 상실

백제 18대 전지왕(腆支王 · 재위 405~420)은 부왕의 빈번한 전쟁 수행으로 기구한 일생을 살았다. 부왕(17대 아신왕 · 재위 392~405)은 중원 대륙에서는 고구려 광개토왕(19대 · 재위 391~413)과 패권 싸움을 벌였고, 한반도에서는 신라 내물왕(17대 · 재위 356~402)과 영토 전쟁을 계속했다. 아신왕은 연전연패했다. 한반도의 국경 전쟁(396)에서 수도 한성이 고구려 군에 함락되려하자 아신왕이 광개토왕에게 무릎 꿇고 항복했다. 광개토왕은 백제 왕족과 장군 · 신료 등 10여 명을 인질로 잡아갔다.

아신왕은 복수를 별렀다. 백제 · 가야 · 왜의 3국 동맹을 체결하고 대륙 · 한반도에서 전쟁을 멈추지 않았다. 왜에는 태자 전지를 인질로 보내놓고(397) 왜의 간섭을 받는 수모까지 자초했다. 백성들은 강제 부역과 전쟁 물자 충당으로 지쳤다. 조정에서도 주전론과 화전론으로 양분돼 격하게 대립했다. 왕은 15세 이상 장정에게 총동원령을 내리고 군사훈련을 직접 참관하며 전쟁을 독려했다. 이 혼돈 속에 405년 9월 아신왕이 급서했다. 국가의 총체적 위기였다.

용상은 한 시도 비울 수 없는 게 국법이다. 백제 조정에서는 왜에 억류 중인 전지에게 귀국을 서두르도록 기별했다. 전지는 왜 응신천황(15대)에게 체루비읍하며 귀국을 애원했다. 당시 전지는 왜 왕녀 팔수(八須)와 결혼해 왜 왕실의 부마 신분이었다. 응신천황은 호위무사 1백 명을 출동시켜 전지의 귀국길에 동행토록 했다. 하지만 8년 만의 귀국길이 순탄하지 않았다. 백제 왕실 내 반란으로 정국이 요동치고 있었기 때문이다. 전지의 귀국시까지 훈해(아신왕 동생)가 정무를 대신하고 있었는데 혈례(아신왕 아들 · 전지 이복동생)가 삼촌을 죽이고 왕위에 오른 것이다.

이 무렵 백제 조정은 해(解)씨 · 진(眞)씨의 두 외척 간 권력 다툼으로 만신창이가 돼 있었다. 해씨는 온조(백제 시조)가 고구려를 탈출할 때 동행해 온 씨족으로 동부여의 왕실 혈통이었다. 백제 건국 초부터 조정 요직을 장악하고 왕비를 배출해 왔다. 진씨는 마한의 토착 귀족으로 백제가 마한을 병합할 때 백제 편에서 싸웠다. 일찍이 조정에 대거 진출해 해씨와 자웅을 겨뤘다. 두 외척은 번갈아 왕비를 탄출시키며 앙숙 간으로 변했다. 훈해와 전지는 해씨 왕비 출생이었고, 혈례는 진씨 왕비 소생이었다.

전지 일행이 서해안에 당도할 무렵 한성 관료 해충(解忠)으로부터 급보가 날아왔다. 섬(해도)에 머물다가 반란 진압 후 입궐하라는 밀령이었다. 전지는 공포에 떨었다. '부왕도 삼촌(16대 진사왕)을 살해하고 용상에 올랐는데 나도 죽임을 당하는 게 아닌가.' 전지는 뱃머리를 돌려 왜로 향하려 했으나 백제 왕실의 근위병이 침소를 지키고 있어 포기했다. 황망 중에도 팔수부인이 아들을 순산해 전지는 기뻤다. 뒷날의 19대 구이신왕(재위

420~427)이다.

전지왕은 인구에 회자되는 빈도가 드물어 일반인에겐 다소 생소한 임금이다. 그러나 사학계에서는 전지왕 즉위를 백제 역사의 중대한 분기점으로 인식하고 있다. 678년(BC18~AD660)의 백제 역사를 통사적으로 고찰할 때 전지왕 재위 시부터 국운 쇠퇴기로 접어들기 때문이다. 외척 세력 발호에 왕권은 위태로웠고, 일본 왕실의 피가 섞인 백제 왕실의 정체성에 백성들은 외면했다. 장자 승계의 순수 혈통을 고수하던 완고한 백제인들에겐 용납되지 않는 적국과의 혼혈이었다.

혈례의 용상 탈취로 백제 조정은 혼미를 거듭했다. 혈례를 옹호하는 진씨 외척과 태자 전지의 해씨 세력 간 일진일퇴 공방전이 계속됐다. 내전이었다. 백성들은 삼촌을 참살하고 왕이 된 혈례를 축출하라며 전지에게 힘을 보탰다. 대세가 글렀음을 감지한 혈례가 야반도주하다 해씨 세력에게 추포돼 현장에서 참수됐다. 진씨 외척들도 몰살됐고, 이후 백제 왕실에서 진씨는 영원히 사라지고 만다.

역모 진압 소식을 접한 전지 일행이 비로소 한성에 입성했다. 일각이 삼추 같았던 긴장의 나날이었다. 405년 9월. 천신만고 끝에 전지가 백제 18대 왕으로 즉위했다. 귀국과 등극의 환희도 잠시였다. 국내의 정치적 기반이 전무한 상태서 용상에 앉다보니 모두가 신세진 사람뿐이었다. 왕은 해씨 외척의 핵심 인물인 해충 · 해수 · 해구에게 정사를 위임하고 사냥과 잡기로 소일했다. 해씨 왕실에서 해씨 부인의 왕비 간택을 압박해 새로 맞아 들였다. 이듬해 왕자를 출산하니 20대 비유왕(재위 427~455)이다.

전지왕은 전쟁을 극도로 혐오했다. 부왕의 거듭된 패전으로 대륙의 백제 영토를 거의 상실했고, 자신은 전쟁 피해 당사자로 왜에 인질로 잡혀가

공주 금강변 공산성 안의 영은사. 전형적인 백제의 건축 양식이다.

귀국과 등극의 환희도 잠시였다. 국내의 정치적 기반이
전무한 상태에서 용상에 앉다보니 모두가 신세진 사람뿐이었다.
전지왕은 전쟁을 극도로 혐오했다. 전지왕 재위 14년 동안
전쟁은 한 번도 일어나지 않았다. 전지왕의 온건 화평 정책은
약체 백제군 양성으로 이어지며 전투능력 저하를 초래했다.

숱한 생사고비를 넘겼다. 조정 신료들에게 전쟁만은 피하라고 국정 지침을 하달했다. 전지왕 재위 14년 동안 전쟁은 한 번도 일어나지 않았다. 이 같은 전지왕의 온건 화평 정책은 약체 백제군 양성으로 이어지며 전투능력 저하를 초래했다.

전지왕은 고구려 · 신라 · 가야는 물론 왜와도 화친 관계를 유지하며 고구려에 잡혀간 인질 송환은 도외시했다. 아신왕이 광개토왕에게 항복할 때 인질로 보낸 왕족과 장수들을 방치해 버린 것이다. 인질들은 절치부심하며 백제를 잊고 고구려 귀족과 맹장으로 변신했다. 전지왕의 인질 실정(失政)은 뒷날 상상을 초월하는 부메랑이 되어 백제 국체를 송두리째 흔들어 놓았다.

세월이 흘렀다. 백제에선 전지왕 · 구이신왕 · 비유왕이 죽고, 고구려의 광개토왕도 죽었다. 백제에는 21대 개로왕(재위 455~475)이 즉위하고 고구려에는 20대 장수왕(재위 413~491)이 즉위했다. 두 임금은 영토 확장을 위해 전쟁을 일삼았다. 개로왕과 장수왕이 한강을 목전에 둔 아차산성(사적 제234호 · 서울시 광진구)에서 운명의 한 판 승부를 겨뤘다. 475년 9월. 개로왕이 제증걸루 장군에게 생포돼 장수왕 앞에 무릎을 꿇었다. 제증걸루는 고구려에 끌려간 백제 장군의 후손이었다.

제증걸루는 왕에 대한 예의를 갖춘 뒤 얼굴에 침을 뱉고 개로왕의 목을 쳤다. 장수왕은 개로왕의 시신을 볼모로 잡고 백제군 사기를 꺾었다. 백제 왕실과 신료들은 앙천통곡하며 복수를 다짐했지만 국고는 바닥났고 민심도 떠났다. 새로 등극한 22대 문주왕(재위 475~477)은 500년 넘는 도읍지 한성을 버리고 웅진(충남 공주)으로 천도(475)했다. 문주왕은 비유왕의 차남으로 개로왕의 동생이다.

백제 왕실은 금강변 공산성(충남 공주시 산성동2 · 사적 제12호)에 성벽을 수축하고 전성기 영광을 되찾으려 했다. 문주왕은 성 안의 연지(蓮池)에 물을 가둬 가뭄에 대비했고 고구려에 빼앗긴 영토 회복을 도모했지만 재위 2년 만에 살해되고 만다. 외척인 해구의 역모였다. 문주왕이 찾았던 연지(충남기념물 제42호)는 길이 21m, 너비 15.3m, 깊이 7.7m 크기로 백제 초기의 초대형 연못이다. 성 안의 영은사 앞에 있으며 고대 축성 연구에 귀중한 자료가 되고 있다.

재위하는 동안 국가 운명을 짊어진 군주의 무능으로 백제의 국운은 다시 단애(斷崖) 절벽에 서고 말았다. 서기 420년 3월, 왕이 훙서하자 대신들은 묘호를 전지(腆支)로 지어 올리고 종묘에 신주를 입묘했다. 능에 관한 기록은 전하지 않고 있다.

서울시 광진구 아차산성 중턱에 있는 고구려정. 장수왕이 백제 개로왕을 참수한 곳으로 전해지고 있다.

고구려 20대

장수왕

413년 10월, 태자 거연은 20대 장수왕으로 즉위했다. 왕은 과묵했고 정사를 처결함에 매우 신중했으며 한 번 내린 왕명은 거두지 않았다. 60세 노 재상도 20세 신왕을 극진히 섬겼다. 용상에 오른 장수왕은 국제 정세부터 면밀히 살폈다.

98세로 장수하며 영화 누리고 고구려 최대 전성기를 이끌다

태자 거연(巨連 · 394~491)은 부왕(고구려 19대 광개토왕)의 궤연(几筵) 앞을 지키며 다짐했다. '영토에 대한 과욕을 자제하고 백성들을 지켜낼 것이다. 아바마마께서 확장한 강역만 잘 지켜내도 고구려는 대제국이다.'

413년 10월. 태자는 20대 장수왕(長壽王 · 재위 413~491)으로 즉위했다. 왕은 과묵했고 정사를 처결함에 매우 신중했으며 한 번 내린 왕명은 거두지 않았다. 60세 노(老) 재상도 20세 신왕을 극진히 섬겼다.

용상에 오른 장수왕은 국제 정세부터 면밀히 살폈다. 당시 중원(중국)은 5호 16국 간 패권 투쟁으로 대륙이 요동치던 시기다. 중원 북쪽에서는 선비족(북아시아 유목민족) 출신 탁발부가 북위(386~557) 세력을 팽창시키며 맹주를 자처하고 있었다. 북위 개국 전 탁발 씨족은 중국 대흥안령 일대에서 국위를 떨쳤으나 376년 동진에게 멸망했다. 왕은 수시로 급변하는 중원 남쪽 동향도 예의 주시했다.

중원 남쪽은 동진(317~420) · 송(420~479) · 제(479~502)가 흥망을 거듭하며 대륙을 2등분했다. 중원 이북은 이(異)민족, 이남은 한족(漢族)의 대결 구도로 극한 대치중이었다. 사학자들은 이 시기를 남조(송 · 제 · 양 · 진)와 북조(북위 · 동위 · 북제 · 서위 · 북주)시대라 일컫는다. 내란이 수습된 남 · 북조 국가들은 조공이나 왕실 혼사를 트집 잡아 변방국들을 수시로 침공했다.

장수왕은 부왕을 따라 수많은 야전에서 전술을 익힌 무장이기도 했다. 전쟁의 참상을 익히 알고 있어 외교력으로 국가 간 평화를 유지하고자 했다. 왕 1년(413) 고익(생몰년 미상)을 동진에 사신으로 보내 화친을 맺었다. 동진 왕은 화답으로 장수왕에게 작호(爵號)를 내렸다. 동진 왕은 교활했다. 3년 후(416) 동진 왕은 백제 전지왕(18대 · 재위 405~420)에게도 동일한 작호를 내려 장수왕과 충성 경쟁을 유발시켰다. 이후 고구려 · 백제와 중원 국가 간 외교 각축전이 치열하게 전개됐다.

당시 중원 국가들은 남 · 북조로 양분됐지만, 동북아(만주) 강대국은 단연 고구려였다. 동진이 고구려 · 백제와 동맹을 체결하고 작호를 내리자 송나라가 다급해졌다. 송은 420 · 421년 연이어 장수왕에게 작호를 보내며 화친을 재촉했다. 장수왕 12년(424) 고구려와 송나라는 서로 사신을 교빙하고 동맹을 맺었다. 남조 국가 관계를 안정시킨 장수왕은 북조의 북위에 간자(間者)를 보내 동정을 살폈다. 분노한 북위 왕이 고구려 침공을 준비 중이라는 첩보가 입수됐다.

장수왕은 서둘렀다. 왕 13년(425) 북위에 사신을 보내 북위 왕을 설득시켜 화친 동맹을 체결했다. 북위 왕이 보내는 작호도 받았다. 장수왕은 중원의 남 · 북조 간 전쟁으로 나라가 망하고 새 왕조가 들어설 때마다 화친 관계부터 성사시켰다. 중원 왕들이 경쟁적으로 보내오는 작호를 가납하면서도 경계심은 늦추지 않았다. 변방의 거란 · 물길 · 후연 · 말갈 등은 강대국 고구려의 위세에 압도당해 침공 야욕 자체가 언감생심이었다. 고구려 백성들은 장수왕의 외교술 덕분에 평화를 누리며 생업에 몰두했다.

백제 · 신라 · 가야에서도 다변적 외교를 통한 평화 유지가 국가적 책무임을 터득했다. 중원과 한반도에서 고구려와 국경을 마주하고 있는 백제는 고구려를 과도하게 의식했다. 두 나라는 피를 나눈 형제 간이면서도 앙숙 간이었다. 백제가 송나라와 사신을 교환하며 고구려를 이간시키자 장수왕은 백제의 서해 교역로를 차단했다. 백제는 고구려 동맹국인 신라와 나 · 제 동맹을 맺고 왜와도 군사 협정을 다시 체결했다. 가야도 479년(8대 질지왕 27년) 제(齊)나라에 입조해 불평등 화친조약을 맺었다. 한반도 4국 간의 과도한 외교 경쟁은 국격 추락으로 이어졌고 급기야 전쟁 발발 요인으로 비화됐다.

장수왕은 내정에도 소홀함이 없었다. 왕 2년(414) 왕실의 존엄을 고양하고 부왕의 업적 과시를 위해 광개토왕비를 건립했다. 왕 15년(427)에는 도읍지를 국내성(중국 집안현 통구)에서 평양성(평안남도 평양시 대성산성 일대)으로 천도했다. 왕의 수도 이전은 국내성에 뿌리내린 고구려 귀족 세력의 몰락으로 이어졌고 왕권의 중앙 집중은 더욱 강화됐다. 국가 운영을 뒷받침할 재정 기반이 확보됐고 백제 · 신라로의 남방 진출도 용이해졌다.

왕 24년(436) 북위가 북연(409~436)을 기습 공격했다. 전쟁에 패망한 북연 왕(풍홍)이 가솔 10여 명을 이끌고 고구려로 망명했다. 장수왕은 북위와 전쟁 일보 직전까지 치닫는 위험을 감수하며 풍홍 송환을 거부했다. 분수를 망각한 풍홍이 안하무인으로 오만방자해졌다. 송나라로 가겠다며

장수왕이 건립한 중원고구려비. 석주형 사면 석비로 높이 2.03m, 너비 55cm다. 앞면 글씨가 10행 23자, 옆면은 7행 23자이며 광개토왕비와 모양이 흡사하다.

장수왕은 78년 2개월을 재위하는 동안 중원 국가와 변방국에 59회나 사신을 파견했다. 같은 시기 백제는 19회, 신라 2회, 가야는 1회였다. 영토도 동·서·남·북으로 대폭 확장됐다. 광개토왕에 이은 고구려의 최대 전성기였다.

장수왕을 능멸하고 거마와 금은보화를 요구했다. 왕은 갈로맹광(생몰년 미상) 장군을 보내 풍홍과 그 일가족을 참수했다.

왕 34년(446)에는 북위가 고구려 공주를 북위로 시집보내라고 사신을 보내왔다. 왕은 고구려 영토를 염탐하려는 술수임을 알고 단박에 거절했다. 북위가 군사를 일으키자 왕이 전군 동원령을 내렸다. 장수왕의 전략과 고구려 군의 용맹성을 잘 아는 북위 왕이 겁먹고 철군했다.

장수왕은 중원 전투에서 증조부(16대 고국원왕)를 전사시킨 백제 왕실에 대한 철천지한을 삭이지 못했다. 승려 도림(?~366)을 간자로 보내 백제 개로왕(21대 · 재위 455~475)을 향락에 빠뜨리고 국가 재정을 파탄냈다. 장수왕 63년(475) 9월. 왕이 3만 대군을 이끌고 백제를 침공했다. 개로왕과 장수왕이 한강을 목전에 둔 아차산성(사적 제234호 · 서울시 광진구)에서 운명의 한 판 승부를 겨뤘다. 475년 9월. 개로왕이 제증걸루 장군에게 생포돼 장수왕 앞에 무릎을 꿇었다. 제증걸루는 고구려에 끌려간 백제 장군의 후손이었다. 제증걸루는 왕에 대한 예의를 갖춘 뒤 얼굴에 침을 뱉고 개로왕의 목을 쳤다. 사학계에서는 개로왕이 참수 당한 장소를 아차산 중턱의 고구려정 터로 비정하고 있다. 장수왕은 개로왕의 시신을 볼모로 잡고 백제군 사기를 꺾었다.

새로 등극한 22대 문주왕(재위 475~477)은 500년 넘는 도읍지 한성을 버리고 웅진(충남 공주)으로 천도(475)했다. 문주왕은 비유왕의 차남으로 개로왕의 동생이다. 백제 왕실은 금강변 공산성(충남 공주시 산성동2 · 사적 제12호)에 성벽을 수축하고 전성기 영광을 되찾으려 했다. 백제 왕실과 신료들은 앙천통곡하며 복수를 다짐했지만 국고는 바닥났고 민심도 떠났다.

문주왕은 성 안의 연지(蓮池)에 물을 가둬 가뭄에 대비했고 고구려에 빼앗긴 영토 회복을 도모했지만 재위 2년 만에 살해되고 만다. 외척인 해구의 역모였다. 문주왕이 찾았던 연지(충남기념물 제42호)는 길이 21m, 너비 15.3m, 깊이 7.7m 크기로 백제 초기의 초대형 연못이다. 성 안의 영은사 앞에 있으며 고대 축성 연구에 귀중한 자료가 되고 있다.

장수왕은 평양성 천도 이후 백제 · 신라를 자주 공격해 영토를 확장했다. 왕 38년(450) 신라 실직성(강릉). 왕 43년(455) 백제 한강 이남. 왕 52년(464) 신라 북방. 왕 56년(468) 말갈 군과 협공으로 신라 중원 점령. 왕 77년(489) 신라 고산성 함락. 장수왕은 중원과 한반도의 모든 전투에서 승리했다. 왕 37년(449)에는 중원고구려비(국보 제205호 · 충북 충주시 중앙탑면 용전리 280-11)를 건립했다. 석주형 사면 석비로 높이 2.03m, 너비 55cm다. 앞면 글씨가 10행 23자, 옆면은 7행 23자이며 광개토왕비와 모양이 흡사하다.

장수왕은 78년 2개월을 재위하는 동안 중원 국가와 변방국에 59회나 사신을 파견했다. 같은 시기 백제는 19회, 신라 2회, 가야는 1회였다. 영토도 동(북간도 훈춘)·서(중원 요하)·남(한반도 아산만)·북(북방 개원)으로 대폭 확장됐다. 광개토왕에 이은 고구려의 최대 전성기였다. 장수왕이 98세로 승하하자 북위는 장수왕을 '거기대장군 태부 요동개국공신 고구려왕'(車騎大將軍 太傅 遼東開國功臣 高句麗王)으로, 시호는 '강'(康)으로 추숭했다.

장수왕은 1명의 왕후(성씨 불명)에게서 아들 조다와 공주 1명을 두었다. 21대 문자명왕(재위 491~519)은 일찍 세상을 떠난 조다의 아들로 장수왕의 손자다. 장수왕릉은 중국 집안현의 장군총과, 평양시의 전(傳)동명왕릉으로 비정하는 두 가지 설이 있다.

눌지왕릉에 관한 기록은 없으나 시조 김알지가 태어난 계림 숲 인근 고분 군에 조영됐을 것으로 사학계에서는 추정하고 있다.

신라 19대

눌지마립간

실성왕은 고구려 장수에게 밀명을 내려 태자 눌지를
죽이라고 했다. 장수는 오히려 고구려 군을 이끌고
태자를 수행해 서라벌에 입성했다. 태자가 차고 있던
장검으로 실성왕의 목을 쳤다. 김씨 왕실과 조정은
눌지를 19대 왕 눌지마립간으로 등극시켰다.

살해당할 위기 넘겨 왕 되니
김씨 왕실 장자승계 정착시켜

배웅 나온 신라 태자 눌지를 마주한 고구려 장수는 동요했다.

'비록 실성왕의 밀명으로 태자를 죽이기로 했지만 이건 대의에 반하는 처사다. 오히려 죽어야 할 당사자는 복수심에 이성을 잃은 실성왕이다.'

군 막사 안에는 팽팽한 긴장감이 감돌았다. 고구려 장수가 은밀히 태자에게 말했다. "소장은 귀국 왕의 요청으로 태자를 죽이러 왔습니다. 막상 태자를 뵙고 나니 실성왕이 옹졸한 소인배임을 깨닫게 되었습니다." 태자는 놀라지 않았다. "대의를 알았으면 즉시 나와 함께 서라벌로 가 거사에 동참하시오."

장수는 고구려 군을 이끌고 태자를 수행해 서라벌에 입성했다. 초조히 대기하고 있던 실성왕(18대 · 재위 402~417)을 포박해 무릎 꿇렸다. 태자가 차고 있던 장검으로 실성왕의 목을 쳤다. 실성 왕비와 그 가족들도 찾아내 모두 참수했다. 417년 5월. 초여름에 일어난 신라 왕실의 대참사였다.

김씨 왕실과 조정은 눌지(17대 내물왕 태자)를 19대 왕 눌지마립간(訥祇麻立干 · 이하 눌지왕)으로 등극시켰다. 《삼국유사》는 '고구려인들이 눌지를 만나 그의 어진 행실과 인품을 보고 즉시 창끝을 돌려 실성왕을 죽인 뒤 눌지를 왕으로 세워놓고 돌아갔다.'고 당시 상황을 기술했다.

실성왕은 무슨 연유로 외세를 개입해서까지 눌지왕을 죽이려 했을까. 석씨 왕실을 무력으로 제압하고 김씨 왕조 시대를 개창한 내물왕은 백제 · 가야 · 왜의 3국 연합군 협공을 감당할 수가 없었다. 궁여지책으로 사촌동생이자 사위인 실성을 고구려에 인질로 보내고 군사 동맹을 맺었다. 내물왕 임종 직전 귀국한 실성이 어린 태자(눌지)와 동생 복호 · 미사흔을 대신해 18대 왕으로 즉위했다.

실성왕은 눌지왕의 5촌 당숙이자 매형이었다. 용상에 오른 실성왕은 보복부터 서둘렀다. 복호는 고구려에, 미사흔은 왜에 각각 인질로 보내놓고 전쟁을 일으켜 인질의 목숨을 수수방관했다. 마지막으로 눌지만 없애면 자신의 아들로 왕통이 승계되는 것이었다. 인질 당시 절친했던 고구려 장수에게 인질 교체를 구실로 눌지 살해를 청부했다. 눌지를 마중 나온 고구려 장수가 눌지의 덕망과 기품에 감복해 상황이 역전된 것이다. 백성들은 김씨(내물왕) 왕실이 석씨(16대 흘해왕) 왕실을 전복시키고 왕위에 오른 업보라며 백안시했다.

계림 숲 안에 있는 계림비각. 시조 김알지에 관한 석비다.

눌지왕은 자신의 등극에 결정적 기여를 한 고구려에 은공을 갚아야 했다. 귀중품을 철마다 진상하며 조공 관계를 돈독히 했고 고구려의 충실한 속국이 될 것을 맹세했다. 조정 안에서도 눌지왕 지지 세력을 선별해 요직으로 기용했다. 하지만 백성들은 당숙이자 매형인 실성왕을 참살하고 용상에 오른 눌지왕을 외면했다. 왕은 중앙정무청인 남당에 노인들을 초빙해 친히 봉양하며 돌아선 민심을 수습하려 했다.

눌지왕은 고구려와 왜에 인질로 잡혀간 두 동생 때문에 몹시 괴로워했다. 조정 신료들은 왕에게 구리내 · 벌모말 · 파로 등 세 명의 지방 간(干)을 왕자 구출 사신으로 천거했다. 그러나 이들 셋은 삽량주 간 박제상(생몰년 미상)이 적임자라며 이구동성으로 추천했다. 박제상은 "불귀의 객이 될 수도 있는 적국 사신으로 가겠느냐?"는 왕의 하문에 "신이 비록 불초하나 쾌히 어명을 받들겠나이다."고 조아린 뒤 고구려로 떠났다. 왕 2년(418) 1월이었다.

고구려에 당도한 박제상이 장수왕(20대 · 재위 413~491)을 알현하고 "하해 같은 성은으로 복호 왕자를 보내 주십사."고 읍소했다. 달변에 감동한 장수왕이 복호를 석방해 줘 신라로 함께 귀국했다.

박제상의 공을 높이 치하한 왕이 "왜에 억류 중인 미사흔은 어찌하느냐?"며 식음을 전폐했다. 박제상은 왕을 하직하고 부인도 외면한 채 왜로 떠났다. 그는 금번의 왜국 행이 이승에서의 마지막 행보임을 직감했다. 박제상은 대역죄로 도망쳤다고 왜왕을 속인 뒤 치밀한 계략으로 미사흔을 탈출시켰다. 박제상은 발바닥이 벗겨지는 혹독한 고문을 당하고 화형으로 생을 마감했다. 눌지왕 2년 가을이었다.

두 동생을 귀국시킨 눌지왕은 돌변했다. 고구려와 적대관계에 있던 백

경주 계림 안을 가로지르는 개천. 김알지가 태어난 곳으로 추정하고 있다.

신라 충신 박제상이 왕자 미사흔을 구출하러 왜로 떠난 포항 앞바다. 검푸른 파도가 거세다.

제와 나·제 동맹을 체결하고, 고구려의 남진을 저지하려하자 장수왕이 신라를 공격했다. 박제상에게 속은 왜왕은 즉각 전쟁을 선포하고 신라를 침공했다. 목전의 현안에 급급함이 빚은 외교적 참사였다.

이후 눌지왕이 재위(417~458)하는 42년 동안 신라 백성들이 겪은 고초와 참상은 이루 형언할 수가 없다. 매년 계속되다시피 하는 국경 전쟁에다 극심한 기근과 자연 재앙까지 겹쳤다. 백성들은 애지중지 키운 자식까지 팔아(420) 가까스로 연명했다.

눌지왕 때는 변방국의 잦은 왕권 교체로 신라의 서쪽 변경이 항상 위태로웠다. 백제는 4명의 왕(18대 전지왕, 19대 구이신왕, 20대 비유왕, 21대 개로왕)이 왕권 싸움이나 전쟁으로 비명횡사해 신라 조정은 늘 불안했다. 가야는 3왕(6대 좌지왕, 7대 취희왕, 8대 질지왕)이 교체되며 정정 불안으로 이어졌다. 백제 · 가야 · 왜의 3국 동맹군이 신라를 협공해 왔으나 고구려 · 신라가 맺은 군사 동맹으로 겨우 패퇴시켰다. 고구려 · 신라 · 백제 3국은 중원의 북위(386~557 · 북조)와 송(420~479 · 남조) 나라에 경쟁적으로 사신을 파견했다. 외세를 개입시켜 한반도에서의 우위를 선점하려 했지만 두 나라가 응하지 않았다.

가야는 국력 신장을 부처의 원력에 의존하려 했다. 가야 소국들의 연이은 연맹 이탈로 질지왕(재위 451~492)은 다급해 졌다. 왕후사(경남 김해시 장유면 대청리)를 창건하고 시조 김수로왕과 왕후 허황옥의 음덕을 발원하며 밭 10결을 부속시켰다. 1결(結)은 가로 · 세로 각각 100척(약 30m)의 땅이다. 왕후사는 수로왕과 허황옥의 합환 전설이 깃든 유서 깊은 명찰이며 좌·우 물길이 합수되는 명당지로 유명하다. 사찰 기록에는 서기 48년 인도 아유타국 태자이자 승려였던 장유(長遊 · 허황옥 동생) 화상이 왕후사

터에 처음으로 장유사를 세웠던 자리라고 전한다.

장유사는 칠불암(경남 하동군 화개면 법왕리)과 함께 한국 불교의 남방전래설을 입증하는 역사적 사찰로 회자되고 있다. 칠불암은 수로왕의 왕자 7명이 외삼촌인 장유화상을 따라 출가 · 수행하여 성불한 사찰로 유명하다. 장유사에는 질지왕이 건립한 장유화상사리탑(문화재자료 31호)이 현재까지 전하나 임진왜란(1592) 때 왜군들이 탑 안의 부장품을 모두 탈취해 갔다.

고구려는 장수왕 15년(427) 수도를 한반도 평양으로 천도했다. 고구려의 남진으로 한반도 내 영토 전쟁은 더욱 치열해졌다. 장수왕 38년(450)에는 고구려 장수가 실직(강원도 삼척)에서 사냥하던 중 하슬라(강릉) 성주에게 살해당했다. 실직과 하슬라는 신라 땅이었다. 장수왕이 대군을 보내 신라를 침공했으나 눌지왕의 간곡한 사죄로 전쟁을 모면했다. 당시 고구려는 신라의 상국이었다.

눌지왕은 왕비 아로부인(실성왕 딸) 사이에 자비왕(20대 · 재위 458~479)과 딸 조생부인을 두었다. 끊임없는 전쟁과 자연 재해로 민심은 이반했지만 눌지왕 이후부터 김씨 왕실의 장자 승계가 정착하게 되었다.

왕릉에 관한 기록은 없으나 시조 김알지가 태어난 계림 숲 인근 고분군(群)에 조영됐을 것으로 사학계에서는 추정하고 있다.

자비왕의 능은 경주시 서악동 고분군으로 추정되고 있다. 고분군의 송림에는 민간인 출입이 자유롭다.

자비마립간

눌지왕은 왕비 아로부인 사이에 자비왕과
딸 조생부인을 두었다. 끊임없는 전쟁과 자연 재해로
민심은 이반했지만 눌지왕 이후부터 김씨 왕실의
장자 승계가 정착하게 되었다. 자비왕이 즉위하며
신라·왜 관계는 더욱 악화됐다. 신라 19대 눌지왕과
왜 21대 웅략 천황 간의 구원때문이었다.

왜와는 강경노선 펴 전쟁 수행
국정 혁신하여 행정체계 보완

신라 20대 왕 자비마립간(慈悲麻立干 · 이하 자비왕) 재위(458~479) 당시 한반도 4국(고구려 · 백제 · 신라 · 가야)의 국경은 늘 불안했다. 전략 요충지를 선점하기 위한 영토 전쟁이 영일 없이 발발했다. 각국 간 전쟁 방지를위한 방편으로 체결됐던 화친 동맹과 불가침 조약도 자국의 정치 불안이나 국제 정세에 따라 수시로 파기됐다. 어제의 동맹국이 오늘의 주적으로 돌변하는가 하면, 사소한 국가 이익에 따라 이합집산이 반복됐다. 패전국 백성들은 포로로 끌려가 국적이 바뀌고 전쟁에 재투입됐다.

한반도 동남방(경상북도 · 강원도 남부)에 위치한 신라는 고구려 · 백제 · 가야 외에도 항상 바다 건너 왜를 경계해야 했다. 왜는 신라 개국(BC 57) 초부터 앙숙 간이었다.

왜는 대마도가 웅거지인 왜구(왜의 해적집단)를 사주해 신라 동해안을 수 없이 노략질했다. 대마도는 토양이 척박해 식량이 절대 부족했다. 왜구들은 포로로 잡은 신라인을 본토 왜인들에게 노예로 팔아 연명하기도 했다.

백제 · 가야는 절묘한 등거리 외교로 왜와의 화친 · 무역을 성사시켜 신라 · 왜 사이를 이간시켰다. 왜는 동북아 대제국 고구려에게는 감히 근접조차 못했다.

자비왕이 즉위하며 신라 · 왜 관계는 더욱 악화됐다. 신라 19대 눌지왕(자비왕 부왕)과 왜 21대 웅략 천황(재위 456~479) 간의 구원(舊怨)때문이었다. 눌지왕은 화친 동맹 조건으로 왜에 인질로 가 있던 동생 미사흔을 극비리에 탈출시킨 바 있다. 간자로 밀파됐던 박재상(?~418)은 왜에서 참혹한 죽음을 당했고, 왜는 복수전으로 신라를 침공해 국토를 유린했다. 왜는 재차 인질을 요구했고 신라가 불응할 때마다 500척이 넘는 선단 병력을 동원해 포항 앞바다 영일만을 위협했다.

조정 대신들은 왕에게 "인질을 다시 보내 왜와 구원을 풀자."고 주청했다. 왕이 하문했다. "경들 중 왜로 떠날 자가 있으면 그리 하겠노라!" 대신들도 물러서지 않았다. "고구려는 중원 강국과 화친을 성사시켜 태평성대를 누리고 백제 · 가야도 중원 · 왜와 사신을 교빙해 화평을 유지하고 있사옵니다. 아국 신라만 고립무원이오니 통촉하소서." 왕권에 대한 정면 도전이었다.

분노한 왕이 왕 4년(461) 미사흔(?~433)의 딸을 세 번째 왕비로 간택했다. 미사흔은 왕의 숙부로 왕비는 왕의 사촌 동생이었다. 왜에 대해서는 군사 침략에 굴하지 않겠다는 결연한 의지 표출이기도 했다. 이후 왜와 왜구는 왕이 재위하는 20년 6개월 동안 한 해도 거르지 않고 신라를 침공했다. 오랜 전쟁으로 신라군은 오히려 전투에 숙달됐고 백성들도 전시 상황에 적응했다.

왕의 강경 노선은 전쟁의 질곡에서 벗어나자는 화전론자들의 반발을 크게 샀다. 왕 4년(461) 4월, 왕을 시해하려는 역모가 사전 발각됐다. 왕은 대역에 가담한 연루자들을 모두 검거해 참수했다. 대신들의 반정 기도에도 불구하고 왕은 뜻을 굽히지 않았다.《삼국사기》에는 '금성 우물에 다른 용이 나타나 이를 처단했다.'고 기록돼 있다. 우리 고대 사서에 등장하는 용은 왕을 지칭한다.

외침으로 인한 신라의 피해는 막심했다. 왜군은 동쪽 해안 국경에서 남쪽 삽량성(경남 양산)에 이르기까지 도처에 출몰해 민가를 약탈 · 방화하고 양민을 나포해 갔다. 수도 금성을 포위해 항복을 압박하고 시가지를 황폐화시켰다. 왕은 초지일관했다. 왕 10년(467) 왜 해군에 대응키 위한 군함 수리를 긴급 명령했다. 왜의 주된 상륙 거점인 영일만 풍도 해안까지 거둥해 수비군을 사열하고 1계급씩 특진시켰다.

신라 · 왜와의 전쟁에 자주 등장하는 풍도는 오늘날의 오도(烏島 · 경북 포항시 북구 흥해읍 오도리)로 삼국시대에는 주민이 거주했었다. 왜군이 침공하는 해상 길목이어서 전쟁 때마다 피해가 컸다. 현재는 전복 양식장으로 일반인 출입이 금지돼 있다.

피아를 막론하고 적군은 국토에 대재앙이 닥치거나 역병이 돌 때도 침공했다. 왕 8년(465)부터 3년 간 신라에는 지진, 가뭄, 폭설에 메뚜기 떼까지 창궐해 기근이 극심했다. 산이 17군데나 붕괴되는 홍수까지 겹쳤다. 왕 11년(468) 고구려 · 말갈 연합군이 기습 남침해 실직성(삼척)을 점령했다. 왕은 하슬라(강릉) 성의 15세 이상 남녀를 강제 징발해 니성(강릉 남대천)을 축조하고 전국 8개 국경 요지에 석성, 토성을 쌓아 적군 내침에 대비했다.

경북 구룡포 동해안의 호미곶. 왜구의 침입이 잦았던 풍도와 근접 거리다.

자비왕은 당시까지도 탈피하지 못한 신라의 씨족 중심
6부 족장제가 국정 운영의 장애 요인임을 절감했다.
왕 11년 서라벌을 지역 단위로 구획 짓는 방리명을
새로 확정했다. 왕의 새로운 지명 변경은 족장들이
독점해 오던 권역 해체와 더불어 신라 전역의
행정체계 개편으로 이어졌다.

왕은 당시까지도 탈피 못한 신라의 씨족 중심 6부 족장제가 국정 운영의 장애 요인임을 절감했다. 왕 11년(468) 서라벌을 지역 단위로 구획 짓는 방리명(坊里名)을 새로 확정했다. 왕의 새로운 지명 변경은 족장들이 독점해 오던 권역 해체와 더불어 신라 전역의 행정체계 개편으로 이어졌다. 중앙집권 통치 체제 강화는 물론 왕명의 신속한 지방조직 하달에도 결정적 기여를 하게 됐다. 이 당시 완성된 국가의 행정 체계는 수정 · 보완을 거치며 신라가 멸망할 때까지 유지됐다.

전쟁을 수행하면서도 국정을 혁신한 자비왕은 변방국 내정으로 눈을 돌렸다. 북방(만주)의 고구려는 장수왕(20대 · 재위 413~491)의 출중한 외교술과 막강한 군사력을 바탕으로 화평을 누렸다. 서방(경기 · 충청 · 전라도)의 백제는 외척(해씨 · 진씨)들 간 권력 다툼으로 국정이 파탄났다. 자비왕 재위 기간 3명(21대 개로왕, 22대 문주왕, 23대 삼근왕)의 백제왕이 비명에 죽었다. 주변국의 왕실 참사가 신라의 안위와도 무관할 수 없어 왕은 백제의 왕권 추이를 면밀히 주시했다.

신라 서남방(경상남도)에 위치한 가야는 8대 질지왕(재위 451~492)의 통치 기반 허약으로 가야연맹 구성체가 해체 위기에 처했다. 질지왕은 백제 · 왜와는 화친을 맺고 무역량도 증가시켰으나 신라는 적대시했다. 고구려 · 백제 · 신라는 물론 왜까지 가야 멸망에 대비한 영토 분할을 획책했다. 전기가야(42~532)와 후기가야(5세기 중반~562)로 존속되는 가야(42~562) 중 전기가야에 망조가 든 것이다.

자비왕은 고구려(복호)와 왜(미사흔)에 인질로 잡혀갔던 두 숙부를 목숨 바쳐 탈출시킨 박제상의 충절을 잊지 않았다. 박제상이 왜에서 순절하자 부인 김씨, 장녀 아기, 3녀 아경이 동해 바다에 몸을 던졌다. 2녀 아영만 생존해 남동생 박문량(414~?)을 양육했다. 자비왕이 남매를 입궐시켜 아영은 미사흔과 결혼시키고 박문량에게는 관직을 제수했다. 박문량이 바로 현악으로 당대를 풍미했던 불세출의 악성 백결(百結) 선생이다.

《삼국사기》에는 백결에 대해 '성, 이름, 생몰 연대도 모른다.'고 기록돼 있으나 영해(영덕) 박씨 족보에는 그에 관한 상세한 기록이 전한다. 백결이 관직을 내놓고 귀향하며 지었다는 '낙천악'과, 쌀이 없어 현악기로 방아 찧는 소리를 대신했다는 '방아악'이 유명하다.

자비왕은 제1 왕비(마호 갈문왕 딸)와 제2 왕비(각간 미즐희 딸)에게서 왕자 1명씩을 두었으나 대통은 제3 왕비(미사흔 딸)가 낳은 21대 소지왕(재위 479~500)이 승계했다. 자비왕의 능은 경주시 서악동 고분군으로 추정되고 있으나 전하는 기록이 없다.

사학계에서는 자비왕의 숙부인 복호 · 미사흔의 왕실 가계를 주목한다. 24대 진흥왕, 25대 진지왕, 26대 진평왕에게 30년 간 색공(色供)하며 신라 중기 사회를 경악시키는 미실(美室)의 선조이기 때문이다.

한성에서 웅진으로 천도한 문주왕의 치세는 순탄하지 않았다. 충남 공주 무령왕릉 인근의 고분 왕릉군. 문주왕도 이곳에 묻혔을 것이란 사학계의 추정이다.

문주왕

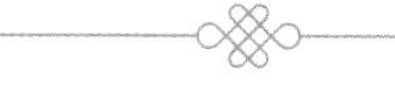

문주가 신라 자비왕을 알현하고 절박한 읍소 끝에
원군 1만 명을 얻어 백제로 귀환했다. 그러나 때는 이미 늦었다.
고구려 장수왕이 이끈 3만 대군과의 아차산 전투에서
백제군은 전멸했다. 한성이 함락되고 개로왕은 전사한 뒤였다.
백제 조정은 서둘러 개로왕의 아우를
22대 문주왕으로 즉위시켰다. 475년 9월이다.

외척 간 권력 투쟁의 희생양
부자가 비명에 생을 마감하다

"문주는 급히 신라로 가 자비왕한테 원병을 청해 백척간두에 선 백제를 구하도록 하라. 짐은 고구려 군과 끝까지 싸워 수도 한성을 지켜낼 것이다." 특명을 내리는 개로왕(백제 21대 · 재위 455~475)의 용안은 비장했다. 연이은 어명은 최후를 각오한 유훈이었다. "짐이 어리석어 장수왕의 간자 도림에게 속아 종묘사직에 득죄함이 크다. 혹여 보위 유고 시에는 문주가 대통을 승계해 천년사직을 보전토록 하라." 시립한 조정 대신들이 부복해 통곡했다. "전하, 부디 참람한 옥음을 거두어 주소서!"

문주는 개로왕의 아우였다. 왕제는 조미걸취(생몰년 미상)와 목협만취(생몰년 미상) 장군의 엄호 아래 서라벌로 향했다. 신라 자비왕(20대 · 재위 458~479)을 알현하고 절박한 읍소 끝에 원군 1만 명을 얻어 백제로 귀환했다. 그러나 때는 이미 늦었다. 고구려 장수왕(20대 · 재위 413~491)이 이끈 3만 대군과의 아차산(사적 제234호 · 서울시 광진구) 전투에서 백제군은 전멸했다. 수도 한성이 함락되고 개로왕은 전사한 뒤였다. 왕의 가족들도 참수를 당했다. 백제 조정은 서둘러 왕제를 22대 문주왕(文周王 · 475~477)으로 즉위시켰다. 475년 9월이다.

5세기 후반 한반도 4국(고구려 · 백제 · 신라 · 가야)의 국제 관계는 상대국 간 이해 충돌에 따라 수시로 돌변했다. 고구려 · 백제는 본디 이복형제(시조) 국가였으나 끊임없는 영토 분쟁으로 앙숙이 되었다. 371년 중원(중국)의 평양성 전투에서 백제 근초고왕(13대)이 고구려 고국원왕(16대)을 전사시킨 이후로는 회복 불능의 적국이 되고 말았다. 장수왕이 개로왕을 참수하고 "마침내 고국원왕(장수왕 증조부)의 원수를 갚았다."고 천명한 건 이 같은 구원(舊怨) 때문이었다.

신라는 강대국 고구려와 불가침 조약을 맺고도 백제와 나 · 제 군사동맹을 체결해 자국 상황에 유리하도록 입장을 반전시켰다. 백제는 가야 · 왜와 화평 관계를 유지하며 신라를 공격하도록 양국을 사주하는가 하면 신라를 공격한 고구려와 전쟁도 불사했다. 신라가 백제에 원군을 파병한 이후 가야 · 왜의 신라 침공은 한동안 감소했다. 백제의 중재 덕분이었다. 신라와 적대 관계에 있던 가야 질지왕(8대 · 재위 451~492)은 백제와 교역을 단절했다. 4국 모두 국가 이익을 우선시한 각자도생이었다.

폐허가 된 한성을 둘러본 문주왕은 절망했다. 궁궐은 전소돼 침전이 사라졌고 성곽도 무너져 잔해만 나뒹굴었다. 한강 건너편에 포진한 고구려군은 언제 재침해 올지 모르는 긴박한 상황이었다. 왕실의 권위는 추락했고 한성 귀족과 백성들은 무기력한 왕실을 원망했다. 왕은 조정 대신들과 격론 끝에 웅진(충남 공주) 천도를 결심했다. 수도를 이전한다는 건 예삿일이 아니었다. 시조 온조왕 13년(BC 6) 정도 이후 481년 동안 백제를 지탱해 온 왕도 한성이었다.

475년 10월(음력) 하순의 초겨울. 이날 한성에는 매서운 삭풍이 몰아치며 음산한 겨울비가 추적추적 내렸다. 왕은 왕실 · 귀족과 신료들을 대동하고 서둘러 한성을 떠났다. 며칠간의 행차 끝에 웅진 공산성(사적 제12호 · 충남 공주시 금성동 53-51)에 행궁(왕의 임시 거처)을 마련하고 주변을 살폈다. 웅진(곰나루)은 북동쪽에서 흘러드는 금강이 공산성을 감싸 돌아 외침을 방어할 수 있는 천혜의 요새였다.

한성(서울)에서 웅진(공주)으로 천도(475)한 백제 22대 문주왕(재위 475~477)은 사면초가였다. 새 도읍지 웅진에서의 치세는 순탄하지 않았다. 산적한 문제들이 첩첩산중의 태산 같았다. 굴욕적 패전으로 인한 갑작스런 천도인데다 신료들 간 내분으로 왕은 정국 수습 주도권을 완전히 상실했다. 정국 혼란을 틈탄 북방의 말갈 남침과 거듭된 역모로 국정은 통제불능 지경이었다.

왕은 웅진 천도로 본거지를 잃은 왕족 부여씨와 외척 해씨 · 진씨 등의 거센 반발에 직면했다. 왕실의 외척 해씨 · 진씨는 수백 년간 누려온 기득권의 상실 우려에 주야장천 사생결단이었다. 백제 건국(BC18) 이전부터 웅진에 살아온 토반(土班)들은 "나라를 잘못 지킨 패자들이 하필 이곳에 와 주인 행세를 하느냐?"며 한성 백제인들을 배척했다.

한성에서 이주해온 왕족 부여씨와 귀족들에게는 거주지와 농지 배분이 급선무였다. 그들은 새로운 택지 조성과 농지 분배 과정에 온갖 횡포와 술수를 동원했다. 요지 선점을 위해 경쟁자를 살해하고 도적들과 결탁해 사익을 챙기기도 했다. 왕은 아직도 궁궐을 영건 못해 행궁에 거처하고 있었다. 한성에서 따라온 수백 호의 난민들은 당장 주거지와 식량을 공급하

개로왕이 살해당하자 문주왕이 서둘러 천도한 곳이 공주 공산성이다. 공산성은 성왕이 사비성으로 천도하기 전까지 백제의 제2 수도였다.

해구는 자신의 권력 유지에 걸림돌로 여겼던 문주왕마저 시해했다. 《삼국사기》에는 '왕 3년 3월 5일 웅진에 검은 용이 나타났다'고 기술돼 있다. 왕은 재위 2년 2개월 동안 백성들의 원망만 듣다가 외척의 손에 생을 마감했다.

라며 폭동을 일으켰다. 옛 수도 한성에서는 왕이 왕도를 포기하고 웅진으로 도주했다며 고구려 군에 자진 부역하고 신라 국경의 성주와 내통했다.

백제 왕실과 조정은 더 큰 난관에 봉착했다. 삼한(마한 · 진한 · 변한) 시대부터 웅진의 토착 세력으로 거주해 온 마한 귀족들의 필사적 도전이었다. 백제 중엽부터 조정에는 부여(扶餘), 해(解), 진(眞), 사택(沙宅 또는 沙), 연(燕), 백(苩 또는 百), 협(劦), 국(國), 정(貞), 목(木)의 10개 성씨가 이합집산하며 국정을 좌지우지해 왔다. 이 중에서도 사택씨 · 백씨 · 연씨 등이 한성 백제에 대한 저항 세력의 선봉이었다. 이들은 지극히 배타적이고 보수적이었다. 중원을 탈출해 온 백제인들에게 마한 왕이 온정을 베풀었더니 도리어 마한을 멸망시켰다며 원수로 여겼다. 백제 건국(BC 18) 후 493년이 지난 당시(475)까지도 골수의 원한으로 잔재해 있었던 것이다. 마한 유민들은 한성 백제인들과 왕래하면서도 내심을 발설하지 않았다.

문주왕은 성품이 우유부단하고 소극적이었다. 해씨 · 진씨의 외척 세력 간 권력 투쟁에 늘 지쳐 있었다. 당시 백제 조정의 실세는 외척 해구(생몰년 미상 · 병관좌평)였다. 병권을 장악한 그는 왕권까지 능멸하며 온갖 횡포로 국정을 농단했다. 용상이 위태로워지자 문주왕은 왜에 인질로 가 있는 동생 곤지(?~477)를 귀국시켜 내신좌평을 제수했다. 곤지는 백제 · 왜와의 외교 관계를 원만히 조율해 전쟁을 억제시켰다.

외척 해구의 세력 견제를 위해 아우 곤지를 내신좌평에 임명했지만 곤지는 해구에게 살해당하고 말았다. 해구는 자신의 권력 유지에 걸림돌로 여겼던 문주왕마저 시해했다. 《삼국사기》에는 '왕 3년(477) 3월 5일 웅진에 검은 용이 나타났다.'고 기술돼 있다. 왕은 재위 2년 2개월 동안 백성들의 원망만 듣다가 외척의 손에 생을 마감했다.

대역을 주도한 해구는 13세된 왕의 장남 임걸(壬乞)을 23대 삼근왕(재위 477~479)으로 즉위시키고 조정의 전권을 장악했다. 백성들과 다른 귀족들이 해씨 세력에게 등을 돌리자 또 다른 외척인 진씨가 나섰다. 진씨는 8대 고이왕(재위 234~286)부터 17대 아신왕(재위 392~405)까지 170여 년간 조정 권력을 장악했던 세력이다. 삼근왕 2년(478) 2월, 진씨 세력의 수장인 좌평 진남(생몰년 미상)이 병력을 동원해 궁성을 장악했다.

진남은 대두성(충남 공주시 사곡면 무성산성)으로 피신한 해구와 그 가솔들까지 추포해 참수한 뒤 공산성 앞 저자 거리에 효수했다. 탱천(撐天)하던 권력의 비참한 종말이었다. 허수아비 어린 왕이 권력 행사에 장애가 됨은 진남에게도 마찬가지였다. 이듬해(479) 11월, 진남은 삼근왕을 살해하고 왜에 체류 중인 모대(牟大 · 곤지 아들)를 입국시켜 24대 동성왕(재위 479~501)으로 즉위시켰다.

조정에서는 '3근짜리 왕'이라는 의미로 묘호를 삼근왕(三斤王)이라 작호했다. 문주왕 · 삼근왕 부자는 공교롭게도 2년 2개월씩 용상에 앉았다가 비명에 생을 마감하고 역사 속으로 스러졌다. 두 임금의 능에 관한 기록은 전해 오지 않는다.

1973년 7월, 1만 5천여 점의 유물이 발굴돼 세계 고고학계를 놀라게 한 경주 대릉원 안 천마총. 사학계에서는 소지왕릉으로 추정하고 있다.

소지마립간

소지마립간이 신라 21대 왕으로 즉위하던 479년
2월. 왕경 서라벌에 폭설이 내려 장정의 무릎까지 쌓였다.
길조인가, 흉조인가. 왕은 불안했다.
즉위하던 해 일선군에 도리사를 창건했다.
왕 2년에는 시조 묘를 배알하고 왕실의 번창과
태평성대를 염원했다.

화평을 우선과제 삼았지만 내우외환으로 악재이어져

소지마립간(炤知麻立干 · 이하 소지왕)이 신라 21대 왕으로 즉위하던 479년 2월. 왕경 서라벌에 폭설이 내려 장정의 무릎까지 쌓였다. 길조인가 흉조인가. 조정 대신들은 말을 아꼈다. 백성들은 유년시절부터 겸손하고 효성스러워 칭송을 받던 태자가 등극하는 날에 웬 대설이냐며 대궐 쪽 창공을 응시했다.

왕궁 월성 앞 노송 가지가 눈의 무게를 못 이기고 부러지자 앉아있던 까마귀 떼가 서녘으로 날아갔다. 왕은 불안했다. 즉위하던 해 일선군(경북 선산)에 도리사를 창건했다. 왕 2년(480)에는 시조 묘(廟)를 배알하고 왕실의 번창과 태평성대를 염원했다.

소지왕은 전쟁의 참화로 고심하던 부왕(20대 자비왕)을 기억하며 화평 추구를 국가 정책의 우선과제로 설정했다. 그러나 침공해온 적을 수수방관할 수는 없었다. 왕 2년 말갈 군이 신라 북변을 침입했다. 왕 3년(481)

에는 고구려 · 말갈이 동맹군을 결성해 국경을 침공했다. 호명성(강원도 철원) 등 북방 7개성이 함락됐다. 왕은 적대 관계에 있던 백제 · 가야에 긴급 구원병을 요청해 위기를 모면했다. 왕 4년에는 왜구가 동해 영일만에 상륙해 식량을 약탈하고 분탕질을 쳤다. 이 해 금성 남문에 화재까지 발생해 민심마저 흉흉해졌다. 내우외환이었다.

저자에서는 임금을 탓하며 왕실을 원망했다. 왕은 심히 괴로웠다. 왕 6년(484) 이벌찬(17관등 중 1급)을 오함(생몰년 미상)으로 교체하고 시조 묘에 다시 제사지냈다. 악재는 이어졌다. 전쟁과 기근에다 지진과 태풍까지 겹쳐 백성들은 집을 잃고 거리로 내몰렸다. 남부여대로 전국을 유랑하며 백제 국경까지 월경해 걸식했다. 왕은 죄수를 방면하고 수라 양과 반찬 가짓수를 줄이며 국면 전환을 시도했지만 분노한 민심은 요지부동이었다. 이벌찬에 내숙(소지왕 장인)을 새로 임명(486)하고 국정을 위임했으나 오히려 백성들의 염장만 질렀다.

왕비 선혜부인(생몰년 미상)과 소지왕은 늘 긴장관계였다. 친정아버지에게 이벌찬 직까지 제수하며 심기일전을 기대했지만 어인 연유인지 왕비는 왕의 침실에 들지 않았다. 마침내 사단이 벌어지고 말았다.

《삼국유사》에 전하는 기록이다.

왕 10년(488) 소슬바람이 불던 가을 저녁. 왕이 별궁 뜰을 거닐며 착잡한 심사를 삭이고 있었다. 돌연 까마귀와 쥐가 다가오더니 쥐가 울면서 인간의 말로 아뢰었다. "이 까마귀를 따라가 보소서!" 왕이 병사로 하여금 까마귀를 따르게 했다. 급히 돌아온 병사가 서찰 한 장을 바쳤다. '개봉하면 둘이 죽고 그냥 두면 한 사람이 죽는다.'는 문구가 있어 술사에게 물었다. "둘은 백성이고, 하나는 왕이다."며 조아렸다. 서찰을 개봉하니 '대궐 안

거문고 갑을 활로 쏘라.'고 쓰여 있었다.

대궐로 돌아온 왕이 신궁을 조준해 거문고 갑을 명중시켰다. 외마디 비명과 함께 선혈이 낭자하게 흘렀다. 갑을 여니 선혜 왕비와 묘심이 간통 중이었다. 묘심은 왕비 처소인 내궁에 머물며 불공 중인 승려였다. 왕이 침상에 들면 시해하려는 음모까지 탄로 났다. 자초지종을 알게 된 왕은 허망했다. 《삼국유사》에는 왕이 두 사람을 처형했다고 기록돼 있으나 《화랑세기》에는 '왕비는 목숨을 부지해 묘심의 딸 오도를 낳았다.'고 전해 온다.

성적으로 자유분방했던 신라 왕실에서 왕과 왕비가 다른 여자 · 남자와 간통해 사자(私子)를 낳는 건 예사로운 일이었다. 왕과 왕비는 부부 이전에 사촌 · 이복 남매나 숙질 · 당숙 사이였다. 왕실 혼인은 당사자의 의견보다 왕족 혈통의 순수성 보전을 위해 정략적으로 성사됐다. 고구려 · 백제 · 가야는 물론 중원 국가조차 이 같은 신라 왕실의 족내혼을 금수만도 못한 행위라며 비하했다. 그러나 신라 왕실은 "신라에는 신라만의 '신국(神國)의 도'가 존재한다."며 인습을 고수했다.

왕 17년(495) 1월. 왕은 신궁에 행차해 제향을 드린 후 시조(박혁거세)왕 능침인 오릉의 봉심(능의 이상 유무를 살피는 절차) 길에 나섰다. 왕이 수행 대신에게 하문했다.

"어이해 능역에는 곧은 소나무가 없고 굽은 소나무만 가득한고?" 이벌찬이 공수(拱手)로 읍하며 아뢰었다. "황공하오나 곧은 것은 궁궐의 신축 역사에 베어지고 굽은 나무만이 능상을 지키고 있사옵니다" 왕의 미간이 일그러졌다. "굽은 나무가 씨를 내리니 굽은 나무가 나올 수밖에…." 실제로 경주 신라 왕릉에는 올곧은 소나무가 드물다.

소지왕은 재위(479~500) 기간 중 부왕의 유업을 받들어 부왕이 축조

경주 신라 왕릉을 지키고 있는 등 굽은 소나무. 곧은 나무는 대궐을 짓는데 사용되었다.

"이 까마귀를 따라가 보소서!" 왕이 병사로 하여금
까마귀를 따르게 했다. 급히 돌아온 병사가 서찰 한 장을 바쳤다.
'개봉하면 둘이 죽고 그냥 두면 한 사람이 죽는다.'는
문구가 있어 술사에게 물었다. "둘은 백성이고, 하나는
왕이다."며 조아렸다. 서찰을 개봉하니
'대궐 안 거문고 갑을 활로 쏘라.'고 쓰여 있었다.

한 성을 요새화하고 격전지마다 성을 새로 쌓았다. 왕 9년(487) 2월에는 시조 탄생지 나을에 신궁을 영건하고 역대 왕들의 신주를 영구히 봉안했다. 이후 신라의 모든 왕들은 재위 시에는 백성의 신으로 신봉됐고 사후에는 신라의 수호신으로 추앙돼 신격화됐다. 사학계에서는 체계화된 왕실 종묘제도의 효시로 보고 있다.

같은 해(487) 3월에는 국가 기간 도로인 관도를 확장 · 정비하고 전국 주요 지점에 우역(郵驛)을 설치했다. 이동 · 통신 수단의 획기적 개선이었다. 서라벌 사방에 시전(市廛 · 가게)을 개점해 도시 · 지역 간 물화 유통을 활성화시켰다. 새로운 시책은 백성들의 적극 호응으로 경제 활동의 동력으로 작용했다. 왕실에는 세수가 늘어 부가 축적되고 민생의 형편도 윤택해졌다. 추락했던 왕권은 다시 회복됐고, 시정에서는 성군이 다시 환생했다며 반겼다.

소지왕이 패전, 재해, 선정 등으로 백성들의 신망이 교차할 때마다 한반도 3국의 왕권도 부침을 거듭했다. 동북아 맹주로 군림하던 고구려 20대 장수왕도 재위 78년 만에 98세로 승하하고, 21대 문자명왕(재위 491~519)이 즉위했다. 백제 왕실에서는 23대 삼근왕이 살해당하고 왜에 체류 중이던 동성왕(재위 479~501 · 20대 비유왕 손자)이 귀국해 24대 왕으로 즉위했다. 가야는 왕권이 위태로운 가운데 8대 질지왕이 홍서하고 9대 겸지왕(재위 492~521)이 용상에 올랐다.

소지왕은 자리에 눕는 시간이 부쩍 늘었다. 눈을 감으면 몸이 둥둥 뜨고 헛것이 보이기도 했다. 이 무렵 신라에는 날이군(경북 영주)에 "천하를 덮고도 남는 경국지색이 있다."는 소문이 자자했다. 섬신공 파로와 벽아 부인의 딸 16세 벽화였다. 왕은 귀를 의심했다. 왕이 지방 순무를 핑계로 날이군에 거둥했다. 파로가 채색 비단으로 벽화를 단장시켜 왕에게 바쳤다. 왕이 눈을 의심했다. "인간이 낳은 여인이 어찌 저리 고울 수가 있단 말인가!"

백일하 중인환시 속에 왕은 차마 어쩔 수가 없었다. 태산 같은 욕망을 억제하고 돌아온 왕의 가슴 속엔 온통 벽화 생각뿐이었다. 왕 22년(500) 9월 왕이 시종 두 명만 대동하고 극비리에 벽화 집을 찾았다. 그날 밤 왕과 벽화는 뇌성벽력보다 격렬한 운우지정을 나눴다. 대명천지에 비밀이 어디 있겠는가. 왕경에 소문이 나돌았다. 왕은 증손녀 뻘 되는 벽화를 불러 후비로 앉히고 날마다 품에 안았다. 벽화는 용종을 잉태했다. 2개월이 지난 서기 500년 11월. 신라에 국상이 났다. 21대 소지왕이 벽화 침상에서 훙서한 것이다.

조정 대신들은 군왕무치(君王無恥)라며 온갖 예를 갖춰 소지왕을 예장했다. 왕릉에 관한 기록은 전하지 않으나 사학계에서는 경주 대릉원 안 천마총을 소지왕릉으로 비정하고 있다. 백성들도 "벽화를 보고 그냥 지나칠 사내가 어디 있느냐?"며 오히려 관대했다.

양심을 품은 백가가 사비서원에서 사냥 중인 동성왕을 시해했다. 왕은 선왕이 잠든 부여 능산리 고분군에 예장됐을 것으로 추정하고 있다.

동성왕

삼근왕이 15세로 유충한 데다 동생뿐이어서 왕실은 무주공산이었다. 진남은 왜에 거류 중인 모대를 귀국시켜 24대 동성왕으로 즉위시킨 뒤 삼근왕을 살해했다. 동성왕은 해구에게 참수 당한 곤지의 둘째 아들로 삼근왕과는 사촌 간이었다.

왜에서 성장 후 귀국 즉시 등극
탁월한 국제 감각으로 외교술 발휘

백제 왕실의 외척 진남(생몰년 미상 · 좌평)이 또 다른 외척인 해구를 주살하고 전면에 부상했다. 진남은 대역을 도모했다. 삼근왕이 15세로 유충한 데다 동생뿐이어서 왕실은 무주공산이었다. 진남은 왜에 거류 중인 모대(牟大)를 귀국시켜 24대 동성왕(東城王 · 재위 479~501)으로 즉위시킨 뒤 삼근왕을 살해했다. 동성왕은 해구에게 참수 당한 곤지의 둘째 아들로 삼근왕과는 사촌 간이었다. 동성왕의 계보는 31대 의자왕(재위 641~660)으로 승계되는 백제 말기 왕통의 전환점이 된다.

21대 개로왕에게는 문주 · 곤지의 두 동생이 있었다. 왕은 고구려 · 신라에게 점령당한 영토 회복을 위해 왜왕한테 원군을 요청했다. 왜왕이 인질을 요구하자 둘째 동생 곤지를 차출했다. 격분한 곤지가 형수와 동행하겠다고 버텨 왕은 임신 중인 후궁(성씨 미상)을 함께 보냈다. 왕 7년(461) 왕은 "왜에 도착 전 출산하면 아이와 형수를 돌려보내라."고 곤지에게 당부했다. 곤지는 자신의 어린 아들 다섯과 왜로 떠났다.

왜로 가던 도중 곤지 형수가 축자국(일본 북큐슈지역) 각라도에서 왕자를 출산했다. 25대 무령왕(재위 501~523)이다. 곤지는 형수와 왕자를 귀국시켰으나 개로왕은 왕자만 수용하고, 후궁은 곤지에게 돌려보냈다. 무령왕을 '시마왕' 또는 '사마왕'으로 호칭함은 섬(島, 시마)에서 태어났다는 일본어의 뜻이 내포돼 있다. 곤지는 무령왕의 숙부이며 양부이기도 하다.

5세(461) 때 곤지를 따라 왜에 간 모대는 23세(479)의 청년이 되어 왕의 신분으로 환국했다. 《삼국사기》에는 '모대가 담력이 뛰어나고 활솜씨가 대단한 신궁이었다.'고 간단히 기록돼 있다. 동시대 《일본서기》에는 '웅략 천황이 곤지를 친히 궁중으로 불러 백제왕으로 삼았다. 축자국 군사 5백 명을 호위시켜 백제에 보냈다.'고 기술돼 있다. 모대는 곤지의 다섯 아들 중 왜왕의 천거로 백제 24대 왕에 즉위한 것이다.

왜에서 성장기를 보내며 국제적 감각을 익힌 동성왕은 총명했다. 신라 · 왜국 간 전쟁이 발발할 때마다 국익에 따라 요동치는 백제 · 가야의 거중 조정을 유심히 관망했다. 중원(중국) 강국과 고구려에 대한 왜 조정의 등거리 외교술을 목도하며, 공격보다 방어를 위해 국력을 신장해야 함도 터득했다. 왕은 백제 조정 내 외척 간 권력 암투와 한성 왕실에 대한 웅진 토반들의 조직적 항거도 면밀히 파악하고 있었다. 왕은 공산성 금강변을 거닐며 고뇌하는 날이 부쩍 늘었다.

왕은 과단성 있게 국정을 운영했다. 금강 유역을 기반으로 형성된 신진 세력을 대거 등용해 한성의 남래(南來) 귀족과 권력 균형을 유지토록 했다. 왕 15년(493) 신라 소지왕(21대 · 재위 479~500)에게 혼인 동맹을 요청하자 신라왕은 이찬 비지의 딸을 보내 화답했다. 왕은 비지를 세 번째 왕비로 맞이하고, 양국 간 불가침 조약까지 체결해 국경을 안정시켰다.

왕은 백제의 국제적 고립 타개를 위해서는 남제(479~502 · 중국 남북조 시대 남조의 4국가 중 하나)와의 외교 수립이 절실함을 깨닫고 수차례 사신을 파견했다. 서해 제해권을 장악한 고구려 수군의 극력 저지로 번번이 실패하자 우회로로 입국시켜 기어이 성사시켰다. 고구려 20대 장수왕(재위 413~491)은 1년에도 수차례씩 남제에 사신을 파견해 백제와의 교빙을 훼방했다. 가야 · 왜와는 일찍부터 화친 관계를 유지하며 교역 활동을 활발히 전개했다.

왕 5년(483)에는 한성을 순방해 웅진 천도로 인한 소외감을 해소시키고 변경 수비군을 찾아 위무했다. 금강에 웅진교를 개설(498)해 강 건너 백성들의 교통 편의를 증대시켰다. 국경 도처마다 새 성을 축조해 적군 침공에 대비하고 낡은 성은 중수했다. 고구려 · 말갈 연합군이 백제 · 신라를 침공하면 백제 · 신라군이 상호 협공해 적군을 패퇴시켰다.

동성왕의 치세 중 괄목할 만한 업적은 왕 12년(490) 중원 대륙에서 수십만 명의 북위군을 괴멸시킨 전승이다. 북위(386~557)는 남북조시대 북조의 맹주로 남제와 중원 대륙을 분할 통치하며 고구려와 각축을 벌이던 초강대국이다. 488, 490년 2차에 걸친 산동반도의 접전에서 백제가 모두 승리했다. 이는 대륙 백제의 실체를 역사적으로 입증하는 사실(史實)로 사학계에서도 주목하는 전사 기록이다. 백제 · 북위 전쟁에 관한《남제서》에 담긴 내용이다.

'위나라 오랑캐가 기병 수십만 명을 일으켜 백제 경계 안으로 들어갔다. 모대(동성왕)가 장군 사법명 · 찬수류 · 해례곤 · 목간나로 하여금 군사를 통솔

동성왕 23년에 축조한 가림성(성흥산성). 부여군 임천면에 있으며 백제시대에 쌓은 성곽 중 유일하게 축조 연대와 당시의 지명을 알 수 있다.

동성왕의 치세 중 괄목할 만한 업적은 왕 12년 중원 대륙에서 수십만 명의 북위군을 괴멸시킨 전승이다. 북위는 남북조시대 북조의 맹주로 남제와 중원 대륙을 분할 통치하며 고구려와 각축을 벌이던 초강대국이다. 488, 490년 2차에 걸친 산동반도의 접전에서 백제가 모두 승리했다. 이는 대륙 백제의 실체를 역사적으로 입증하는 사실로 사학계에서도 주목하는 전사 기록이다.

공산성을 끼고 흐르는 공주 금강. 왕은 공산성 금강변을 거닐며 고뇌하는 날이 부쩍 늘었다.

시켜 오랑캐 군대를 크게 물리쳤다.'

《남제서》는 남조 양(502~557)나라 때 소자현이 지은 것으로 남제 23년(479~502)간 역사를 찬술한 정사이다. 반면 한국 《삼국사기》의 동성왕 10년(488) 기사에는 '위나라가 우리(백제)를 침공하였으나 우리 군사가 그들을 물리쳤다.'고 간단히 언급돼 있다. 《삼국사기》는 고려 18대 인종 23년(1145) 김부식을 비롯한 11명의 학자가 편찬한 삼국시대 정사이다.

동성왕 재위 시에도 난관은 허다했다. 왕 13년(491) 6월 대홍수로 왕경의 200여 호가 유실됐고, 동년 7월에는 혹독한 가뭄으로 600여 호가 신라로 이주했다. 왕 21년(499)에는 대기근이 들어 한성 이북 백제 2000여 호가 고구려로 탈출했다. 백성들의 무단 월경이나 포로 나포는 곧 군사력 · 노동력의 상실이어서 국가 간 전쟁으로 비화될 때다. 이 판국에 탐라(제주도)가 조공을 중단하고 독자 노선을 주창했다. 진노한 동성왕이 무진주(전남 광주)로 출정해 탐라 정복에 나섰다. 황급해진 탐라 왕이 극구 사죄하자 왕이 이를 가납했다.

동성왕은 대륙 백제의 고토 회복이 성사되자 대제국 건설을 위한 야망을 실현코자 했다. 웅진 천도 이후 위축된 왕실의 지배 기반을 확충할 방안으로 왕족 부여씨를 조정 요직에 전면 배치했다. 대궐 안에 누각을 짓고 호화 연회를 열어 사치와 향락에 탐닉했다. 이 간극을 파고 든 신진세력이 점차 막강해져 왕권까지 위협했다.

왕 23년(501)에는 수도 사비(부여) 수호를 위해 금강 하류 대안(對岸)에 가림성(일명 성흥산성 · 충남 부여군 임천면 구교리)을 축조했다. 왕은 위사좌평으로 임명(486)한 신진 수장 백가(苩加 · 생몰년 미상)를 지방의 가림성 성주로 좌천시켜 격리했다. 앙심을 품은 백가가 사비서원(泗沘西原 · 충남 부여 인근)에서 사냥 중인 왕을 시해했다. 전제 왕권에 대한 신진 귀족의 조직적인 반발이었다.

사적 제4호로 지정된 가림성은 둘레 600m, 높이 3~4m 규모의 테뫼식(산 정상에 테를 두른 것처럼 쌓은 성. 일명 시루성) 산성이다. 백제시대 성곽 중 유일하게 축성 연대와 당시 지명을 파악할 수 있는 귀중한 유적이다. 이와 달리 포곡성(包谷城)은 성벽으로 계곡과 산 주위를 둘러싼 성이다.

왕의 능은 부여 능산리 고분군에 조영됐을 것으로 추정하고 있다.

경주 천마총으로 들어가는 출입문. 사학계에서는 천마총을 21대 소지왕이나 22대 지증왕릉일 것으로 비정하고 있다.

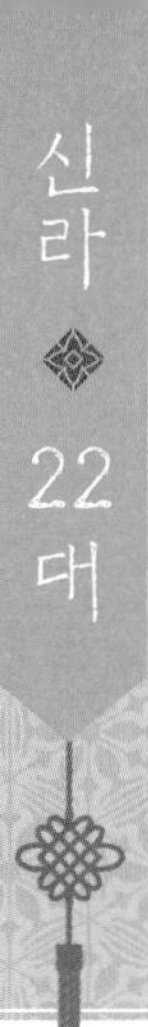

지증왕

신라 22대 지증왕은 6촌 형인 소지왕이 왕자를 얻지 못하자 일찍부터 부군 임무를 수행했다. 부군은 왕의 지근 혈족으로 왕자가 아니면서 태자 역할을 하는 왕위 계승권자였다. 지증왕은 즉위 당시 64세 노인이었다. 지증왕은 색도 향락도 포기한 대신 국정에 몰두했다.

국명을 신라로 통일 국정에 몰두
우산국 정벌 후 독도 복속

신라 중기에는 부군(副君)이란 제도가 있어 금상을 승계할 왕자가 없을 경우 차기 왕위 등극에 대비했다. 부군은 왕의 지근 혈족으로 왕자가 아니면서 태자 역할을 하는 왕위 계승권자였다. 신라 22대 지증왕(재위 500~514)은 6촌 형인 소지왕이 왕자를 얻지 못하자 일찍부터 부군 임무를 수행했다. 즉위 당시 64세 노인이었던 지증왕은 천고만난 끝에 왕비를 맞아 뒤늦게 득남했는데 그의 기형적인 신체 구조 때문이었다. 다음은《삼국유사》의 기록이다.

'엄청난 거구였던 지증왕의 생식기는 1자 5치(약 45cm)여서 웬만한 여자는 그와의 성관계가 불가능했다. 등극 전 부인으로 간택된 규수들도 첫날 밤을 고통으로 지새운 뒤 이른 새벽 도망쳤다. 조정에서는 사자(使者)를 각지에 보내 왕비될 여자를 백방으로 구했다. 어느 날 사자 일행이 모량부(현 경주시 효현리 · 금척리 일대) 거목 아래서 북 크기만 한 인분 덩어리를 발견했다. 수소문해 임자를 찾으니 인근에 사는 이찬(17관등 중 2등급) 박등흔(생몰년 미상)의 딸 연제였다. 사자들은 박등흔한테 연제의 키가 7척 5치(약 2m 25cm)로 한 끼에 장정 5인분의 밥과 물을 먹는다는 하소연을 들었다. 보고를 접한 왕이 수레를 보내 청혼 후 왕비로 책봉했다.'

지증왕의 정력은 타고난 절륜이어서 후궁을 취처하려 했으나 번번이 실패했다. 왕의 양물이 '흉기'라고 소문 나 어느 여인도 왕의 부름에 응하지 않았다. 왕은 여색을 단념하고 연제부인과의 사이에 태자 원종(23대 법흥왕)과 갈문왕 입종(24대 진흥왕 아버지)을 낳았다.

부전자전으로 원종과 입종도 부왕을 능가하는 정력가였다. 둘은 변태적 엽색에 탐닉해 중기 신라 왕정을 혼란에 빠뜨렸다. 당시의 윤리와 도덕적 상식으로도 도저히 용납이 안 되는 극도로 문란한 성문화를 1500여 년 전 신라 사회에 만연시켰다.

지증왕은 후궁을 둘 수 없게 되자 색도(色道) 향락을 포기한 대신 국정에 몰두했다. 왕 3년(502) 당시까지도 유지되던 순장(殉葬) 제도를 왕실 · 귀족들의 완강한 반발을 제압하고 과감히 폐지했다. 순장은 고대 사회에서 왕 또는 부족장이 죽었을 때 평소 시중들던 노비나 군졸들을 산채로 묻는 잔인한 악습이었다. 순장자의 수에 따라 신분 · 위상이 결정되는 중요 장례 절차 중 하나여서 권력자들은 결코 포기하지 않았다.

고대 중국에서는 순장이 왕실 최고의 권위였고, 한반도에서도 부여(BC 4세기~AD 494)와 신라의 오랜 관습이었다. 부여 족장 사망 시 100여 명의 노예를 동시에 순장했다는 기록이 전한다. 권력자들은 부인이나 신하들까지도 생매장해 사후 세계에서도 군림하고 다스리려했다. 지각이 발달하며 순장 당사자들의 반발이 거세지자 차츰 토용(土俑, 흙 인형)으로 대체되었다. 오늘날 왕들의 무덤에서 발굴되는 찰흙 인형이다. 그들은 사후 영생을 위해 생존 시 사용하던 귀중품을 껴묻기도 했다.

당시 국제 사회에서 최고 통치자에 대한 칭호는 천자 또는 왕이었다. 천자는 중원(중국) 국가들이 독단적으로 사용하는 자국 통치자에 대한 극존칭이었고, 왕은 번국(藩國)이나 제후국에서 쓰는 칭호였다. 고구려 · 백제 · 가야에서도 왕으로 호칭했다. 그러나 신라왕은 부족 국가 추장이나 족장을 의미하는 거서간 · 차차웅 · 이사금 · 마립간 등의 신라 방언으로 불렸다. 지증왕은 자신을 왕으로 호칭하도록 명을 내렸다.

신라는 나라 이름도 통일되지 않았다. 서라벌 · 사라 · 계림 · 사로 · 신라 등 부족장 시대 국명이 다양하게 사용되며 혼란을 초래했다. 지증왕은 왕 4년(503) 10월 국호를 신라로 확정지었다. 《삼국사기》에는 국명의 어원이 '왕의 덕업이 나날이 새로워지고(新者德業日新 · 신자덕업일신) 사방의 영역을 두루 망라한다(羅者網羅四方之義 · 라자망라사방지의)에서 취한 것이다.'고 기록돼 있다.

사학계에서는 신라의 왕호 및 국명 확정에 역사적 의미를 부여하고 있다. 단순한 명칭 변경만이 아니라 신라가 고대 국가 체제를 정비하고, 새로운 왕권 지배 조직을 강화했다는 데 큰 의미를 두고 있다.

신라인들의 성문화는 매우 개방적이고 자유분방했다. 왕족 여인들의 은밀한 간통 행각으로 그녀들이 기거하는 내밀궁이 휘청거렸다. 조생부인(지증왕 어머니)은 남편 습보(지증왕 아버지) 몰래 내숙공(17대 내물왕 손자)과 사통해 딸 선혜를 낳았다. 소지왕이 선혜(6촌 동생)를 왕비로 삼아 딸 보도

지증왕이 78세 보령으로 승하하자 백성들은 농사일과 시전을 접고 애도했다. 경북 포항 구룡포에 복원된 신라 초가마을.

울릉도로 가는 동해바닷길. 지증왕 13년 이사부 장군에게 우산국 정벌을 명해 독도와 함께 신라로 복속시켰다. 우산국 백성들은 매우 사납고 용감무쌍해 해상 전투에도 능했다.

를 낳으니 법흥왕 왕비다. 보도는 지증왕의 7촌 조카이자 며느리가 된다. 이 같은 신라 왕실의 근친 내통은 지증왕 즉위(500) 시부터 30대 문무왕(재위 661~681) 대까지 오리무중으로 얽히고 설킨다.

신라 왕실 내홍의 정점에서 왕정을 농단한 여인이 바로 미실(?~607)이다. 미실은 조생부인이 내숙공과 사통 후 다시 승려 묘심과 간통해 낳은 딸 오도의 후손이다. 오도와 미실의 방약무인이 초래한 내밀궁의 혼란은 상상을 뛰어 넘는다. 미실은 경국지색의 절세가인으로 당대 그녀와 미모를 겨룰 상대가 아무도 없었다. 미실은 24대 진흥왕 · 25대 진지왕 · 26대 진평왕까지 3대 왕에게 색공하며 자신이 즉위시킨 진지왕을 폐위시키는 등 무소불위의 권력을 휘둘렀다. 미실은 화랑도 창설과 중흥에도 공과가 교차해 그녀를 제외하고는 신라 중기 40년 역사를 운위할 수 없다.

지증왕은 내밀궁 여인들의 황음무도를 목격하면서도 수수방관할 수밖에 없었다. 당대에는 그 같은 성풍조가 흠결도 아니었고, 귀책사유로 이의 제기할 범법 행위도 아니었다. 지증왕은 신체 기밀이 소문나 어느 여인도 접근하지 않았고, 거구의 연제부인과 사통한다는 건 어느 남자에게도 끔찍한 일이었다. 왕은 국정에 전념했지만 연제부인은 심술만 늘어났다. 연제부인은 며느리(법흥왕비)가 왕자를 낳지 못하고 왕실을 능멸하자 왕비를 폐하고 비구니로 강제 입산시켰다.

지증왕이 재위하는 15년 동안 신라에는 전쟁이 없었고 자연 재해도 경미했다. 고구려(21대 문자명왕)와 백제(24대 동성왕 · 25대 무령왕)는 거듭되는 양국 간 전쟁으로 국정이 피폐되고 민생이 결딴났지만 신라는 두 나라와 맺은 군사 동맹으로 무사했다. 가야(9대 겸지왕)는 소국들의 이합집산과 잦은 연맹 이탈로 국력이 쇠진돼 신라 국경을 넘보지 못했다. 지증왕은 변방 성벽을 수리하고 새로 축조하며 적군 침공에 대비했다.

국정 운영에 탄력을 얻은 지증왕은 부족 · 지역마다 다른 관혼상제 예법을 통일하고, 소를 이용한 우경 농사법을 널리 권장해 농가 소득을 증대시켰다. 개인이 관장하던 해운업도 유사 시 군사용으로 전환할 수 있도록 제도권에 편입시켰다. 왕 6년(505)에는 주 · 군 · 현 경계를 새로 정하고 이사부(생몰년 미상) 장군을 실직주(강원도 삼척) 군주(軍主)로 임명해 동해를 방비토록 했다.

왕 13년(512) 이사부 장군에게 우산국(현 울릉도) 정벌을 명해 신라로 귀부시켰다. 우산국 백성들은 매우 사납고 용감무쌍해 해상 전투에도 능했다. 우산국 부속 도서인 독도에서 몰래 조업하는 왜인 어부들을 멀리 쫓아내 범접을 막고 복속시켰다. 이때부터 독도는 신라의 영토가 되었다. 왕 15년(514) 아라가야(경남 함안) 아시촌에 소경(小京)을 설치하고 백성들을 이주시켜 신라 영토를 넓혔다.

왕 15년 7월, 지증왕이 78세 보령으로 승하하자 백성들은 농사일과 시전(市廛)을 접고 애도했다. 조정에서는 지증(智證)이라 시호를 지어 올리고 신라 임금 최초로 왕의 신분으로 신궁에 신주를 봉안했다.

경주시 서악동 고분군에 아들(법흥왕)과 손자(진흥왕) 왕릉이 있다. 지증왕릉은 1975년 발굴된 경주 대릉원 안 천마총일 것으로 사학계에서는 추정하고 있다. 천마총은 21대 소지왕릉으로도 비정되고 있다.

충남 공주의 무령왕릉 현실 입구. 1971년 7월 8일, 그해 여름은 유별나게 더웠다. 침수 방지를 위한 송산리 고분군의 배수 작업 도중 무령왕릉의 존재가 처음으로 확인됐다.

무령왕

형 동성왕이 사치·향락과 주지육림에 빠져 정사를
등한시하자 웅진 토착 세력의 수장 백가가 왕을 시해했다.
서기 501년 11월 융이 용상에 오르니 25대 무령왕이다.
왕은 등극하자마자 가림성에서 항거 중인 백가를 추포해
참수한 뒤 백강에 수장시켰다. 이후 무령왕은 조정 내
파벌과 족벌을 과감히 척결하고 왕권을 강화했다.

백척간두에서 왕좌에 올라
섭라 편입 영토사에 변화 부르다

6세기 초, 백제 25대 무령왕 재위(501~523) 당시 변방국의 정세는 수시로 급변했다. 고구려는 20대 장수왕이 홍서하고, 21대 문자명왕(재위 491~519)이 즉위했으나 28년 만에 선어해 22대 안장왕(재위 519~531)이 용상에 올랐다. 신라는 21대 소지왕에 이어 22대 지증왕(재위 500~514)이 왕위를 승계한 뒤 15년 만에 등하하고 23대 법흥왕(재위 514~540)이 등극했다. 가야는 9대 겸지왕(재위 492~521) 안가 후 10대 구형왕(재위 521~532)이 보탑에 올랐다. 접경국의 잦은 왕권 교체는 자국 내 정정 불안의 단초가 되기도 했다.

한반도 4국(백제 · 고구려 · 신라 · 가야)을 둘러싼 동아시아 국제 정세도 요동치기는 매일반이었다. 중원(중국)에서는 남 · 북조 분단 상황에서 소국들 간 영토 쟁탈전이 치열해 망국과 건국의 악순환이 반복됐다. 북조의 강국 북위(386~534)와 남조의 강국 양(502~557)은 한반도 4국왕에게 경쟁적으로 관작을 수여하며 과도한 충성을 요구했다. 동북아(만주)의 거란(4세기~1125)과 물길(420~581 · 말갈의 전신)은 북방의 맹주 고구려와 수없는 접전을 벌였다. 두 나라는 고구려 사주를 받고 백제 · 신라를 침공해 국토를 유린하고 백성들을 포로로 잡아갔다.

왜국(일본)에서는 번국 간 패권 싸움으로 소국들의 이합집산이 빈삭했고 왕위 교체 시마다 무고한 인명이 잔혹하게 희생됐다. 왜국 25대 무열왕(재위 489~507)이 26대 계체왕(재위 507~531)으로 교체되는 와중에는 수많은 왕족과 신료들이 목숨을 잃었다. 백제 무령왕은 왜국 계체왕 즉위에 크게 기여했고 딸 수백향을 계체에게 출가시켜 황후로 삼게 했다. 수백향은 29대 흠명왕(재위 539~571)의 어머니다.

무령왕의 출생과 성장 과정은 참으로 기구했다. 《삼국사기》에는 무령왕이 24대 동성왕의 둘째 아들이라고 기술돼 있으나 이는 사실과 다르다. 동성왕이 왜에서 귀국해 즉위(479)할 당시 나이가 20대 초반이었고, 22년 재위하다 훙거(501)할 때는 40대 중반이었다. 뒤를 이은 무령왕이 40세로 등극(501)해 22년 보위에 있다 62세에 붕(523)했다. 동성왕과 무령왕의 나이 차이는 불과 4~5세에 불과한데 어찌 부자 간일 수 있는가. 이 같은 사실(史實)은 1971년 7월 8일 무령왕릉(충남 공주시 금성동)발굴 시 출토된 지석(誌石 · 망자의 생몰 연대와 지위를 새긴 돌)을 통해 입증됐다. 백제 조정에서는 무령왕의 죽음을 황제와 동격인 붕(崩)으로 지칭했다.

서기 501년 11월 동성왕과 함께 왜에서 귀국했던 융이 용상에 오르니 무령왕이다. 왕은 등극하자마자 가림성에서 항거 중인 백가를 추포해 참수한 뒤 백강(금강)에 수장시켰다. 당시 웅진에는 마한 귀족의 잔존 세력이 엄존해 한성의 왕실 · 귀족과 자웅을 겨루는 상황이었다. 이후 무령왕은 조정 내 파벌 · 족벌을 과감히 척결하고 왕족 내 도전 세력을 분산시켜 왕권을 강화했다. 사학계에서는 무령왕이 백가 처단 이후 비로소 웅진 백제시대를 소신껏 펼칠 수 있었다고 평가한다.

《삼국사기》에는 '무령왕의 키가 8척(240cm) 장신이었고 인자하고 너그러워 민심이 그를 따랐다.'고 기록돼 있다. 왕은 재위 시 '사마왕'이란 호칭으로 회자됐다. 왕이 축자국 섬(島 · 일본어 시마)에서 출생해 사마(시마의 변형)라는 별칭으로 불린 것이다. 왕은 왜에서 성장기를 보내며 백제 왕자의 위엄과 체통을 잃지 않았다. 왜 왕실과 조정에 백제 문화를 널리 선양하며 왜인들의 속성도 심도 깊게 파악했다. 즉위 후 왜에서 파견(509)한 사신을 정중히 맞아 우호 관계를 증진시켰다. 답례로 오경(五經) 박사 단양이(513)와 고안무(516)를 파송해 백제의 선진 문물을 전파했다.

무령왕은 왜가 적대국을 대하는 전략 · 전술도 면밀히 보고 익혔다. 왜는 적국의 내침 첩보가 사전 입수되면 평소 강군 훈련으로 무장된 군사를 먼저 일으켜 기선을 제압했다. 군사력이 열세일 때는 우호 사절단을 미리 보내 침공 의도를 무력화시켰다. 이 같은 왜의 위장 전략에 말려 신라의 대마도 점령과 본토 침공 계획이 좌절된 바 있다.

왕 2년(502) 백제에 기근이 들고 역병이 창궐하자 이를 기화로 고구려의 내침 기미가 사전 감지됐다. 왕이 군사를 일으켜 고구려 국경을 선제공격하자 문자명왕이 철군했다.

고구려의 백제 침공은 무령왕 재위 기간 10여 차례나 자행됐다. 왕은 1차 접전에서 패할 경우 전열을 정비한 후 재차 공격을 가해 반드시 응징했다. 고목성 · 장령성 등 접적 지역 석성을 축조(507)해 적군의 침입에 대비하고, 왕실의 보관미를 방출해 유민들을 구휼(510)했다. 가뭄 · 홍수가 겹쳐 백제 백성들이 신라로 월경(521)하자 법흥왕에게 사신을 보내 난민을 회향시켰다.

왕은 고구려 · 신라 · 가야의 활발한 사신 외교에 자극 받아 북위 · 양 · 왜에 사절단을 자주 파송했다. 왕 8년(508) 탐라(제주도)와 통교해 남방 진출의 교두보를 확보하고 신라와 밀접해진 가야를 압박했다. 섭라(섬진강 유역)를 백제 영토로 편입하는 과정에서는 고구려 · 신라 · 가야 · 왜와의 국가 이익이 충돌해 전쟁 일보 직전의 사면초가에 몰리기도 했다. 가야 영토였던 섭라의 강역 문제는 6세기 초 동아시아 각국 외교 · 무역의 첨예한 현안이었다. 섭라의 강점으로 전통적 우호 관계였던 백제 · 가야가 적대국으로 등을 돌리고 가야가 신라에 조공하며 신라에 합병되는 계기가 되고 말았다.

섬진강은 전북 진안군 백운면에서 발원해 전북 임실-순창-남원-전남 곡성-경남 하동-전남 광양만에서 남해로 합류되는 강이다. 길이

무령왕릉에서 출토된 진묘수. 무덤 안 잡귀를 몰아내는 동물이다.

212.3km, 유역 면적 4,896.5㎢로 한반도에서 9번째 긴 강이며 경상남도 하동군 화개면과 전라남도 구례군의 도 경계를 이룬다.

고려 32대 우왕 10년(1385) 왜구가 침범했을 적 두꺼비 수만 마리가 광양만 쪽으로 이동했다는 전설로 두꺼비 섬(蟾) 자를 붙여 섬진강으로 불린다. 삼한(마한 · 변한 · 진한)시대부터 마한 · 변한의 국경을 가르며 영토 전쟁이 잦았다.

예부터 섬진강 유역에는 부족 국가들이 난립해 대국이 소국을 병합하는 침략 전쟁이 빈번했다. 국가 위치가 전략적 요충지거나 교통 중심지일 경우에는 전화가 더욱 심했다. 섬진강 하류의 섭라(涉羅)국이 그러했다. 섭라는 가야 연맹 결성 이전부터 존재했던 소국이다. 사학계는 다사국(경남 하동)과 아라국(경남 함안)을 섭라로 비정하고 있다. 남해 바다와 연결되는 섭라의 섬진강 하구가 항구로 자연스럽게 형성되며 교역 · 물동량이 넘쳐나는 국제 도시가 되었다.

당시 한반도 안 국제 환경은 시시각각 변했다. 마한을 정복한 백제와, 변한 소국을 6개 연맹으로 통합한 가야는 섬진강을 국경으로 박빙의 우호 관계를 유지하고 있었다. 섭라는 고구려 · 신라는 물론 왜 · 중원(중국)의 북위 · 양 나라 등 동아시아 제국 간 국가 이익이 교차하는 무역 중심지였다. 이처럼 각국의 이해가 민감하게 상충되는 섭라를 백제 동성왕(24대 · 재위 479~501)이 일방적으로 점령해 버렸다. 동성왕의 섭라 합병은 중원의 고토 회복에 대한 그의 야망과 한반도 맹주국 지위 탈환을 위한 팽창 정책의 일환이었다.

백제의 섭라 병탄은 국제 사회에 큰 파장을 초래했다. 가야 질지왕(8대 · 재위 451~492)은 고대로부터 섭라가 가야 영토였다며 전쟁을 선포했다. 고구려는 섭라 옥을 수입해 북위 왕에게 진상해 왔는데 앙숙 백제가 섭라를 강점해 조공 길이 막혔다. 장수왕(20대 · 재위 413~491)이 섭라의 백제 철수를 요구해도 불응하자 고구려군이 백제를 여러 차례 침공했다. 신라 소지왕(21대 · 재위 479~500)도 백제를 고립시키고자 그동안 적대시해 왔던 가야의 긴급 파병 요청을 윤허했다.

이 같은 백척간두의 절박한 상황에서 백제 25대 무령왕(재위 501~523)이 등극했다. 자연 재해로 굶주리는 백성들에게 왕실 비축미를 분배해 성난 민심을 무마했다. 왕은 백제 영토가 적국으로 포위된 누란 위기 속에서도 좌절하지 않았다. 왜와 양 나라에 밀사를 파견해 백제를 공격하는 주변국 간 공조를 교묘히 와해시켰다.

무령왕은 21대 개로왕의 서(庶)왕자로 백제 왕실과 엇갈린 운명 속에 왜의 축자국 각라도(島)에서 태어났다. 왜에서 성장기를 보내며 왜 왕족 · 조정 대신들과 인맥을 다져 왜의 국내 사정에 정통했다. 왜 25대 무열왕의 잔학무도한 폭정으로 민심이 이반하자 무령왕이 왜 조정 안의 백제 도래인 세력을 규합해 26대 계체왕(재위 507~531) 즉위에 결정적 기여를 했다. 계체왕은 은공을 잊지 않았다. 조정 대신들의 결사 반대에도 불구하고 섭라의 백제 복속을 전폭 지지했다. 무령왕에게는 사면팔방의 위기 속에 천군만마였다.

섭라는 각국 상인들이 자유롭게 오가는 무역 도시였다. 국적이 다른 이국인들 사이 상권 다툼으로 절도 · 음모가 난무하고 이해 당사자 간 살상도 비일비재했다. 각국에서는 자국민 보호라는 명분으로 무관을 주둔시키며 섭라 실상을 정탐해 갔다.

백제는 자국의 영토임을 내세워 병력을 상주시켰고, 교역량이 월등한 왜도 군인을 파병했다. 무령왕은 이를 묵인했다. 가야 자력으로는 섭라의 통제가 불가능했다. 신라는 가야에 병력을 지원하고 조공을 종용했다. 영토를 백제에게 침탈당한 가야는 신라 요구를 수용했다.

백제의 섭라 편입은 우리의 영토사에 큰 변화를 불러왔다. 한반도 동남방의 소국 신라가 가야를 흡수 통일한 후 강대국 백제 · 고구려를 순차적으로 멸망시키는 빌미가 되었다. 1400여 년이 지난 후 일본은 이때부터 왜인들이 한반도 남부를 경영했다며 소위 임나일본부설을 주장하고 나섰다. 중원의 산동반도를 백제가 통치하고 무령왕이 출생한 왜의 축자국 조정에는 가야인들이 요직에 앉아 축자국을 좌지우지할 때이다.

'임나'라는 지명은 가야 연맹국 가운데 탁순국(경남 창원)이 미오야마국으로 불린 데서 비롯됐다. 백제 근초고왕 21년(366) 백제가 미오야마국과 통교하며 미오야마와 음이 흡사한 임나를 음차(音借)해 부르며 국명으로 고착된 것이다. 이후 섭라를 위시한 인근의 가야 연맹국까지 임나로 통틀어 불리게 되었다. 임나는 고어로 '님의 나라'다. '님(任)'은 주(主) · 왕(王)을 지칭하며 '나(那)'는 평야 · 나라 등의 뜻으로 사용됐다는 국문학계의 해석이다.

무령(武寧)은 국태민안의 생전 업적과 무공을 기려 사후 조정에서 지어 올린 시호다. 왕은 승하한지 2년 3개월 만에 공주시 송산리 고분군(群)에 정남향(자좌오향)으로 예장됐다. 고분군 배수 작업 중 우연히 출토된 무령왕릉 지석에서는 놀라운 사실들이 확인됐다.

1971년 7월 8일. 그해 여름은 유별나게 더웠다. 침수 방지를 위한 송산리고분군의 배수 작업 도중 무령왕릉의 존재가 처음으로 확인됐다. 학계의 정밀 발굴 결과 왕릉에서 출토된 유물은 총 108종(種) 2,906점에 달

석양이 깃든 무령왕릉. 자좌오향의 정남향으로 명당의 요건을 두루 갖췄다.

무령왕릉 능역 내에 있는 숭덕전. 역대 백제 왕을 추모하는 전각이다.

했다. 국내는 물론 세계 고고학계도 놀랐다. 이 중 금제관식(국보 제154호), 금제수식부이식(국보 제157호), 진묘수(국보 제162호) 등은 찬란한 백제 문화의 정수를 1446년 만에 드러냈다.

왕릉 연도 입구의 지석을 통해서 무령왕이 523년 5월 7일 62세로 붕어해 525년 8월 12일 안장됐음이 밝혀졌다. 왕비는 526년 12월 사망해 529년 2월 12일 안치된 사실도 지석에 음각돼 있었다. 삼국시대 임금 중 피장자 신분과 축조 연대가 정확히 밝혀진 최초의 왕릉이다. 지석은 6세기 초 백제에 3년 상(喪)이 치뤄졌음을 방증하는 자료가 되었다.

출토 유물 중 왕과 왕비의 묘지 매지권(買地券)은 백제인들의 신에 대한 외경심과 종교적 심성까지 엿볼 수 있는 것이어서 지대한 관심을 집중시켰다. 매지권은 묘지로 사용할 토지를 지신에게 매입한다는 내용을 돌에 새겨 놓은 것이다.

매지권에는 무령왕의 사망 연도가 각인돼 있어 《삼국사기》의 신빙성에 대한 의문이 제기됐다. 사망 연도(523)와 재위 기간(22)의 환산을 통해 무령왕이 동성왕의 차남이란 《삼국사기》 기록이 전면 부인된 것이다. 이후 국내 사학계는 신라사 위주로 기술된 《삼국사기》를 신중히 접근하게 되었다.

공주 송산리고분군(사적 제13호 · 충남 공주시 금성동 산 5-1)은 22대 문주왕이 한성에서 웅진으로 천도하며 궁궐터를 잡은 공산성(사적 제12호 · 충남 공주시 금성동 53-51)과 가깝다. 동쪽 1~4호분과 서쪽의 5~6호분을 둘러보고 무령왕 능상에서 풍수 물형을 살피노라면 섬뜩한 동기(同氣) 감응이 전율로 파고든다. 무령왕릉은 백제 31명의 임금 중 피장자 신분이 밝혀진 유일한 능이다. 고분군 주변에는 마한 귀족으로 추정되는 왕릉급 무덤들이 즐비하다.

왕릉은 자좌오향으로 정남향이지만 좌청룡(남자 · 관직)이 능침을 환포하려다 용진처(龍盡處 · 들판이나 냇가)를 만나 왕릉 후미의 주맥을 놓쳐버렸다. 남자가 횡액을 당하는 혈장(穴場)이다. 무령왕을 이어 즉위한 태자(26대 성왕)는 신라군과의 관산성(충북 옥천) 전투에서 노비 출신 신라 장수 도도에게 참수 당해 비참한 최후를 마쳤다.

법흥왕을 애공사 북쪽 봉우리에 장사지내니 현 경북 경주시 효현동 산 63번지다. 건좌 손향의 동남향으로 주역 괘에 해당하는 좌향에 능을 조영했다.

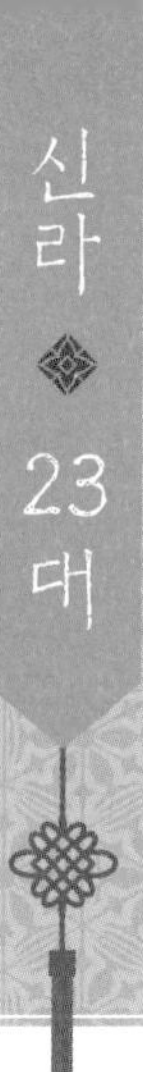

법흥왕

법흥왕은 21대 소지왕 재위 시 국공 신분으로
당시 부군이던 부왕과 함께 국정 실무를 익혔다.
신라는 23대 법흥왕대에 이르러 왕정 통치제도를 완비하고
대국으로 발돋움했다. 법흥왕은 고구려·백제·가야의
국내 사정과 외교관계 정보를 신속히 입수해
변방국 침공에 전쟁으로 대응하기 보다는 외교술로
사전에 방비함을 국익의 우선 과제로 삼았다.

가야 병합 국력 신장하고 불교 공인 말년에 승려 되다

한반도 동남부(현 경상북도 · 강원도 남부)에 위치한 소국 신라는 23대 법흥왕(재위 514~540) 대에 이르러 왕정 통치제도를 완비하고 대국으로 발돋움했다. 법흥왕은 21대 소지왕 재위 시 국공(國公) 신분으로 당시 부군(副君)이던 부왕(22대 지증왕)과 함께 국정 실무를 익혔다. 신라의 부군은 주상에게 왕자가 없을 경우 차기 왕위를 잇는 계승권자였고, 국공은 부군 유고 시 그 지위를 승계하는 태자 신분과 동일했다. 신라 조정은 부군 · 국공 제도를 통해 후계자 궐위로 인한 국정 혼란을 미연에 방지했다.

법흥왕은 고구려 · 백제 · 가야의 국내 사정과 외교관계 정보를 신속히 입수해 능동적으로 대처했다. 변방국 침공에 전쟁으로 대응하기 보다는 유연성 있는 외교술로 사전에 방비함을 국익의 우선 과제로 삼았다. 왕 2년(515) 왜에 사신을 은밀히 파송해 백제가 왜와의 군사동맹 체결을 위해 보낸 문귀(생몰년 미상) 장군 파면을 요청해 성사시켰다. 백제가 오경(五經)

불국사 경내의 다보탑. 법흥왕은 불교를 국교로 공인한 후 전 국토의 정토화를 위해 불심을 고양시켰다. 경전의 가르침에 따라 살생을 금지시켜 삼라만상과 공생하는 현생 극락을 추구하려 했다.

박사 고안무(낙랑계통인 · 생몰년 미상)를 파견해 왜를 회유했지만 왜는 불응했다. 왕은 호전적인 백제 무령왕(25대 · 재위 501~523)에게 우호 사절을 보내 충돌 위기를 무마했다.

이즈음 한반도 국제 정세는 매우 복잡다단했다. 4국(신라 · 고구려 · 백제 · 가야)은 자국 내 정정 불안과 국가 이익에 따라 동맹 · 적대 관계가 수시로 표변했다. 중원(중국) 제국(諸國)들도 4국 사이 충성 경쟁을 유발시켜 분열을 조장했고, 이 간극을 파고 든 왜의 등거리 외교는 4국 간 긴장을 더욱 가중시켰다. 치열한 외교전의 패배로 왕이 교체되는가 하면, 사소한

과잉 대응이 전쟁 발발의 빌미가 되기도 했다. 고구려는 중원 국가에 매월 사신을 파송해 지지를 요청했고 백제도 자주 보냈다.

법흥왕은 내치에 주력하며 조정의 개혁을 단행했다. 왕 4년(517) 병부를 새로 설치해 군사 행정 체계를 일원화시켰다. 사병 형태로 군권을 장악 중이던 장군과 지방 군주들을 중앙 관부로 편입시켜 왕권 도전 세력을 사전 차단했다. 왕 7년(520)에는 율령 반포와 동시에 대신들의 공복 색깔을 구분해 조정 내 위계를 확립시켰다.

신라왕은 국사를 논의하는 조정 신료 회의와, 왕실 현안 문제를 숙의하는 귀족 회의를 주재해 왔다. 귀족 회의는 왕실의 혼사 · 왕위 승계자 문제 등을 협의하며 왕과 첨예하게 대립했다. 법흥왕은 국공 시절부터 귀족 회의를 못마땅하게 여겼다. 왕 8년(521) 상대등(재상 · 조선시대 영의정)을 임명해 귀족회의를 주관토록 했다. 왕 대신 귀족들을 통제할 새 관직을 설관해 왕의 권위를 제고시키며 신라 최초로 재상 정치시대를 열었다.

한반도 각국의 왕실에서는 금상의 잦은 피살로 왕권 교체가 빈삭(頻數)했다. 고구려는 조정 대신들 간 권력 싸움으로 3대 왕이 유명을 달리했다. 22대 안장왕에 이어 23대 안원왕(재위 531~545)이 즉위했으나 왕권 유지가 위태로웠다. 백제에서도 24대 동성왕이 심복 백가(생몰년 미상)에게 살해당하고 25대 무령왕이 등극했다. 무령왕은 웅진(공주) 백제시대 전성기를 구가했으나 뒤를 이은 26대 성왕(재위 523~554)이 옛 영토를 거의 빼앗겼다. 성왕 16년(538) 1월 사비(부여)로 천도하며 국호를 남부여로 바꾸었다.

법흥왕은 고구려 · 백제의 정국 추이를 면밀히 탐색하며 임박해진 가야 연맹의 붕괴에 대비했다. 백제와 가야는 백제의 임나가야(경남 함안) 강

법흥왕릉 앞의 우람한 안산. 외손으로 대를 잇는 왕통이 무탈하게 승계됐다.

어느 날 왕이 양(梁) 나라에서 입국해
불법을 홍포 중인 노승 원표에게 화두를 던졌다.
"사문이시여, 생과 사의 근원은 무엇이며,
중생에게 저승은 왜 두려움으로 다가오는가?"
원표가 잠시 묵상에 들더니 독백으로 화답했다.
왕은 애공사로 입산해 법운이란 법명으로 생을 마쳤다.

점으로 원수지간이었다. 왕 8년(521) 가야의 9대 겸지왕이 죽고, 10대 구형왕(재위 521~562)이 즉위했다. 구형왕은 가야(금관가야)의 국운이 쇠했음을 감지하고 신라에 의탁키로 마음을 굳혔다. 즉위 이듬해(522) 법흥왕에게 혼인 동맹을 요청하자 왕이 이에 응해 이찬 비조부(생몰년 미상)의 누이동생을 보냈다.

가야의 위기가 신라에게는 기회였다. 법흥왕은 철령(강원도 회양군 하북면과 함경남도 안변군 신고산면 경계에 있는 고개 · 높이 685m) 이남까지 북방의 영토를 확장하며 남서 국경의 가야를 압박했다. 왕 11년(524) 구형왕이 자진해 법흥왕과 상면을 앙청했다. 양국 왕은 상견 석상에서 가야의 투항 조건을 협의했다. 이후 구형왕은 백제 · 왜와는 거리를 두며 신라에는 우호적이고 관대했다. 가야 백성들은 구형왕의 내심을 금세 알아챘다.

법흥왕 19년(532) 구형왕이 세 왕자(김노종 · 김무덕 · 김무력)와 귀족들을 대동하고 신라에 항복했다. 이 중 김무력이 신라 삼국 통일의 주역 김유신(595~673) 장군의 할아버지다. 신라의 금관가야 합병은 나머지 가야 소국 정복에 결정적 계기가 되었다. 구형왕이 항복한 후 왕의 일족은 신라 귀족으로 편입됐고, 금관가야를 식읍으로 받아 호강을 누렸다. 금관가야 백성들은 신라 천민으로 전락해 온갖 수모와 차별 속에 구차한 목숨을 연명했다.

신라는 금관가야를 합병하며 낙동강 하류와 남해안 곡창지대인 김해평야를 장악했다. 그러나 가야 연맹국 모두가 멸망한 건 아니었다. 경북 고령지역을 중심으로 한 대가야가 후기가야(5세기~562)의 종주국임을 자처하며 명맥을 유지하고 있었다. 법흥왕은 대가야 왕실과의 혼인 동맹으로 적대 관계를 무력화시켰다. 대가야 귀족들에게 신라의 관직을 수여해 신라 조정과 동질감을 증대시켰다. 서기 562년 대가야도 신라에 항복했다. 신라는 경상 남 · 북도와 강원도 전역을 아우르며 고구려와 대등한 제국을 건설했다.

법흥왕은 한반도 각국의 중원 외교가 북조 5국(북위 · 동위 · 북제 · 서위 · 북주) 중 북위에 치중돼 있음에 주목하고 국제 정세를 살폈다. 왕은 북조 대신 남조 4국(송 · 제 · 양 · 진) 중 양(梁)의 흥성을 예견하고, 왕 21년(534) 외교 관계를 수립했다. 양과의 통교가 신라의 역사 · 문화 발전에 끼친 영향은 심대하다. 양나라 승려 원표(생몰년 미상)가 신라에 입국하며, 신라 왕족이 그의 설법을 듣고 불교를 수용했다. 귀족들이 불교를 반대하자 법흥왕 근신(近臣) 박이차돈(506~527)이 순교해 불교가 공인되었다.

가야를 병합해 영토를 확장하고 국력을 신장시킨 법흥왕은 자신감을 얻었다. 왕 23년(536) 스스로 황제를 칭하고 건원(建元)이란 연호를 선포했다. 독자적 연호 사용은 중원 국가와 동격의 나라임을 선언한 자주의식

불국사 대웅전 앞의 무심 노을. 여난에 시달린 법흥왕은 왕관을 벗어 던졌다.

발로라는 점에서 획기적이다. 중원 국가들은 자국 천자들만 연호를 쓰고 번국 왕에겐 사용을 금지시켰다. 법흥왕이 칭제건원한 뒤 신라 중기 이후 왕들 거의가 자기 연호를 지어 사용했다.

법흥왕은 내 · 외치에 주력했다. 왕 1년(514) 금관가야(김해) 묵인 하에 점령한 임나가야(경남 함안)를 순행하고 백성들을 이주시켰다. 병부를 새로 설치(517)해 조정을 개편한 뒤 율령 반포(520)를 통해 나라의 기강을 바로 잡았다. 금관가야 10대 구형왕(재위 521~562)이 요청한 혼인 동맹을 수용해 경계심을 없앤 뒤 종국에는 금관가야를 합병했다. 연호 건원을 제정(536)해 국제적 위상을 제고시키고 양(梁) 나라와 사신 교환으로 고구려 · 백제의 파상 공세에 외교적으로 대처했다.

군주시대 임금에게 왕자가 없으면 왕실이 혼미했다. 차기 왕권의 향배를 둘러 싼 왕족 간 권력 암투로 살상을 초래하는가 하면, 역모를 통한 왕위 찬탈도 간단없이 자행됐다. 왕은 정비를 통해 왕자를 출산하고자 했다. 천재일우의 홍복으로 정비에 간택됐다 하더라도 사자(嗣子, 대를 이을 왕자)를 낳지 못하면 목전의 영화가 풍비박산 나고, 지밀궁 소박데기로 전락했다. 왕은 정비에게 태자가 없을 경우 후궁 소생의 왕자로 대통을 승계했다. 후궁 출생의 왕자가 여럿이면 후궁들 간 이전투구로 지밀 안은 더욱 혼란스러웠다.

법흥왕(재위 514~540)은 태자를 갈망했다. 왕 3년(516) 1월 역대 왕들의 신주가 봉안된 신궁에 제사를 올리며 왕은 보도 정비에게 태기가 있기를 앙원했다. 보도는 21대 소지왕(재위 479~500) 딸로 왕과는 8촌 간이었다. 보도에게 태기가 있어 출산을 하니 딸이었다. 지소 공주다. 왕은 출산 전갈을 듣고도 지밀궁에 들지 않았다. 왕은 후궁을 물색했다. 보도는 지소

석물 상설이 생략된 법흥왕릉. 불문에 귀의해 승려로 생을 마감했다.

법흥왕릉은 건좌 손향의 동남향으로 주역 괘에
해당하는 좌향에 능을 조영했다. 선도산에서 서쪽으로
흘러내린 동쪽의 양지바른 경사면인데 좌청룡을 우백호가 환포했다.
풍수 고서에는 건좌손향에 곤향이 함몰되거나 돌출되면
여난을 피하기 어렵다고 명기돼 있는데, 법흥왕릉은
이에 해당한다. 실제로 법흥왕 재위 시부터
신라 왕실에 닥친 여난은 가늠하기 조차 힘들다.

를 양육하며 절치액완(切齒扼腕 · 이를 갈고 분해함)했다.

법흥왕은 일찍부터 소지왕의 후궁으로 7촌 재당숙모인 벽화부인을 흠모했다. 벽화는 당대 신라 최고의 미인이었으나 소지왕 승하(500) 후 퇴궐해 옹색한 삶을 이어가고 있었다. 왕은 벽화를 후궁으로 입궐시켜 딸 삼엽 궁주를 낳았다. 왕은 다시 선혜(소지왕 정비)의 외손녀인 옥진 궁주를 가까이해 왕자 비대를 출산했다. 왕은 환희로 가득 찼다. 궁궐에서 연회를 열고 조정 신료들에게는 1급 승진의 은전을 내린 뒤 백성들에게도 조세 감면의 혜택을 베풀었다.

예부터 중원(중국) 제국(諸國)에서는 여자 연령을 상 · 중 · 하 3등으로 구분해 왕비 간택에 적용했다. 상등은 홍상미판(鴻滌未判)이라 하여 초조(初潮, 월경)가 비친 14세 미만의 순결한 소녀로 온기가 충만해야 했다. 중등은 수경이촌(首經已寸)으로 15~20세의 생기 넘치는 처녀였고, 하등은 미경산육(未經産育)으로 21~25세 미만의 출산 전 풍만한 여인이었다. 이 같은 왕비 간택의 연령 기준은 삼국-고려-조선조를 거치는 동안에도 철저히 고수됐다. 민속학계는 고대의 조혼 풍속 연원을 왕실의 혼인 관습에서 찾고 있다.

어느 덧 지소 공주가 홍상미판의 14세 소녀로 성장했다. 법흥왕은 지소한테 갈문왕 입종에게 하가하도록 명했다. 입종은 22대 지증왕의 차남으로 법흥왕의 동복 아우였다. 지소는 건장한 왕족 미소년들을 두고 왜 하필 늙은 숙부에게 시집보내느냐며 식음을 전폐하고 두문불출했다. 왕명은 국법이고 지엄했다. 지소가 숙부와 신방을 차려 아들 삼맥종을 낳으니 24대 진흥왕(재위 540~576)이다. 부왕 법흥왕 사후 지소가 역사 전면에 부상하며 신라 중기 왕실에 야기된 성도덕 문란은 사서에 기록된 대로 적시하기가 민망하다.

법흥왕은 옥진 궁주 사이에 출생한 비대를 태자로 책봉하려 했다. 뜻밖에도 비대의 외조부 위화랑(1세 풍월주)이 극력 저지하고 나섰다. 왕의 딸로 왕의 제수가 된 지소 공주도 이에 합세했다. 옥진은 어전에 시립한 위화랑(친정아버지) 앞에 엎어져 대성통곡하며 "부녀 간 인연을 끊으려는 의도가 무엇이냐?"고 표독하게 다그쳤다. 왕실의 권력을 장악하기 위한 위화랑과 지소의 거대한 음모였음은 옥진도 추후에 알게 됐다. 위화랑이 공수(拱手)로 읍하며 왕에게 아뢰었다.

> "신(臣)의 처 오도는 선혜 정비가 평민 출신 승려 묘심과 사통해 출생한 사생아입니다. 불민한 신이 오도와 정을 통해 낳은 옥진은 골품이 낮습니다. 옥진은 박영실(법흥왕 생질)을 첫 남자로 섬긴 후 비대를 출산했으므로 골품이 비천한 비대는 태자 위에 오를 수 없사옵니다. 부디 총명을 밝혀 어명을 거두시옵소서."

왕도 어쩔 수 없어 비대의 태자 책봉을 철회했다. 지소 공주는 쾌재를 불렀고 옥진은 거품을 물고 졸도했다. 왕심의 상처를 수습한 왕이 보과 부인 사이의 왕자 모랑을 왕위 승계자로 내정하려 했다. 이번에는 조정 신료들이 "백제의 피가 섞인 모랑이 신라를 위태롭게 할 수 있다."며 성난 벌떼처럼 참소했다.

왕자 모랑은 소지왕 15년(493) 백제 24대 동성왕(재위 479~501)이 신라에 혼인 동맹을 요청했을 때 혼인 사절단과 동행한 원종(법흥왕 본명)이 동성왕의 딸 보과 공주를 은밀히 만나 낳은 아들이다. 임신 사실을 뒤늦게

안 보과가 신라로 월경해 원종과 해후했다. 보과는 모량 왕자와 남모 공주를 낳고 법흥왕의 후궁이 되었다. 비로소 왕은 깨달았다. '삼맥종(입종 아들)도 짐의 외손자이자 조카가 아니겠는가. 삼맥종으로 대통을 잇게 하리라.'

법흥왕은 불교를 국교로 공인(527)한 후 전 국토의 정토화를 위해 불심을 고양시켰다. 경전의 가르침에 따라 살생을 금지(529)시켜 삼라만상과 공생하는 현생 극락을 추구하려 했다. 왕의 통치 이념은 후일 원광(555~638) 법사의 세속오계 중 오계(戒)인 살생유택으로 수용되었다. 원광은 숙명(24대 진흥왕 후궁 · 지소 공주 딸) 궁주의 장남으로 숙명이 진흥왕 몰래 이화랑(위화랑 아들 · 4세 풍월주)과 사통해 낳았다. 풍월주는 화랑 우두머리에 대한 별칭이다.

법흥왕은 재위 기간 내의 탁월한 통치로 백성들의 신망을 얻었지만 개인적으로는 불우했다. 7척이 넘는 거구의 모후(연제부인 · 22대 지증왕 정비)는 7촌 조카딸이자 며느리인 보도 정비를 원수처럼 미워했다. 고부는 끝내 화해를 못하고 보도가 왕자를 못 낳는다는 구실로 강제 입산시켜 비구니로 생을 마감하게 했다. 손녀 지소(보도 딸) 공주가 둘째 아들 입종에게 출가해 며느리가 되었지만 보도처럼 미워했다. 법흥왕은 왕족 여인들 간 얽힌 금생에서의 악연에 크게 상심하며 삼간 모옥의 필부필부를 동경했다.

어느 날 법흥왕이 양나라에서 입국해 불법을 전하고 체류 중인 노승 원표에게 화두를 던졌다. "사문이시여, 생과 사의 근원은 무엇이며, 중생에게 저승은 왜 두려움으로 다가 오는가?" 원표가 잠시 묵상에 들더니 독백으로 화답했다.

"전생의 일이 궁금하거든(욕지전생사 · 欲知前生事)/지금 살고 있는 모습을 보라(금생수자시 · 今生受者是)/내생의 일이 염려되거든(욕지내생사 · 欲知來生事)/지금 짓고 있는 행위를 보라(금생작자시 · 今生作者是)."

순간, 법흥왕의 뇌리에 섬광 같은 지혜와 함께 뇌성보다 더 요란한 깨우침이 대해처럼 일렁였다. 돈오돈수(頓悟頓修)의 경계를 찰나에 허문 활연대오(豁然大悟)였다. 원표는 그 길로 왕궁을 떠나 자취를 감추었고 왕은 애공사로 입산해 법운이란 법명으로 생을 마쳤다. 비구니 보도가 법운 거사를 합장으로 맞았다. 법흥왕 능이 애공사 북쪽 능선에 조영된 내력이다.

불교를 공인해 중앙 집권 국가의 이념적 기초를 다진 법흥왕은 말년에 승려가 돼 법운(法雲)이란 법호로 사찰에서 소일했다. 재위 27년(540) 7월 왕이 승하하자 조정에서는 '불법을 흥성시켰다'는 뜻을 담아 법흥(法興)이란 시호를 봉정했다.

법흥왕을 애공사(寺) 북쪽 봉우리에 장사지내니 현 경북 경주시 효현동 산 63번지다. 건좌(북에서 서로 45도) 손향(남에서 동으로 45도)의 동남향으로 주역 괘에 해당하는 좌향에 능을 조영했다. 선도산에서 서쪽으로 흘러내린 동쪽의 양지바른 경사면인데 좌청룡(남자 · 관직)을 우백호(여자 · 재물)가 환포했다.

풍수 고서에는 건좌손향에 곤향(坤向 · 남에서 서로 30도)이 함몰되거나 돌출되면 여난(女難)을 피하기 어렵다고 명기돼 있는데, 법흥왕릉은 이에 해당한다. 실제로 법흥왕 재위 시부터 신라 왕실에 닥친 여난은 가늠하기조차 힘들다.

경남 산청에 있는 구형왕릉. 왕은 가야 땅에 묻히기를 원했다. 세 왕자가 유언을 받았다.
“망국 왕이 어찌 흙에 들기를 바라겠느냐. 차라리 돌로 쌓아 묻도록 하라.”

구형왕

금관가야 10대 구형왕은 사양길에 접어든
국가의 운명 앞에 속수무책이었다. 김수로왕 건국 이후
유지돼 오던 종주국의 지위도 대가야가 자처하고
나선지 오래였다. 구형왕은 초조해졌다.

신라에 조공외교로 위기 모면
법흥왕에게 망국 후 보전책 흥정

가야는 전기가야(42~532 · 491년)와 후기가야(5세기 중반~562 · 약100년)로 구분한다. 한반도 동남방(경상남도)에 존속했던 소국가 연맹체로 개국 초에는 20여 개 나라가 난립해 국명(가야 · 구야 · 가락 · 가라 · 가량 등)도 다양했다. 일찍이 낙동강(김해) · 섬진강(하동) 유역의 무역항을 개방해 국제 중개 무역으로 국가 경제를 지탱했다. 우수한 철기 문화로 신라 · 백제 · 고구려와 대등한 4국 체제를 형성했으나 강력한 중앙 집권 국가 통일에 실패해 신라에 병합되고 말았다.

금관가야(경남 김해) 10대 구형왕(재위 521~532)은 사양길에 접어든 국가의 운명 앞에 속수무책이었다. 13개국으로 유지되던 가야연맹은 신라(동쪽 · 낙동강)와 백제(서쪽 · 섬진강)의 수시 침공으로 국경이 자주 변했고 외침에 대한 연맹국 간 공동 대응도 요원한 실정이었다. 김수로왕 건국(AD 42) 이후 유지돼 오던 종주국의 지위도 대가야(경북 고령)가 자처하고 나선

지 오래였다. 금관가야에 조공하던 소(小)가야국들도 대가야에 공물을 진상하며 각자도생의 생존 전략을 추구했다.

5세기 들어 가야는 울산의 철광산을 신라에게 빼앗겼다. 연이어 충주 철광산까지 백제한테 점령당하며 가야의 주력 산업이던 철 생산량이 급격히 감소했다. 가야는 양질의 철 생산을 통한 탁월한 무기 제조 기술로 한반도를 비롯한 동아시아 각국과도 동등한 외교관계를 유지해 왔다. 덩이쇠(鐵釘 · 철정)를 중원 제국과 왜에도 수출해 국가 재정의 상당 부분을 충당했다. 신라는 가야의 월등한 금속 제련 기술을 존중해 금관(金官) 가야로 호칭했다.

풍전등화의 국가 위기 앞에 전전긍긍하기는 대가야 이뇌왕(10대 · 재위 494~6세기 중반)도 매일반이었다. 대가야는 섬진강 포구 다사(경남 하동)항을 통한 교역으로 부족한 생필품을 보충하고 있었다. 가야연맹의 관문 도시로 전략적 요충지를 겸했던 다사 항구를 백제가 점령(520)해 대가야의 필수품 조달이 봉쇄됐다.

다급해진 이뇌왕이 신라 법흥왕(23대 재위 · 514~540)한테 사신을 급파해 결혼 동맹(522)을 청원했다. 신라도 가야 영토 내에 백제 세력의 확충을 원치 않았다. 법흥왕은 이찬(17관등 중 2등급) 비조부의 누이를 대가야에 보내며 종자(從者 · 시중드는 사람) 100여 명을 수행시켰다. 이뇌왕은 비조부 누이를 왕비로 맞아 월광(11대 도설지왕) 태자를 출산했다. 종자들은 체격이 우람하고 안광이 형형한 장정들이었다. 이뇌왕은 이들이 섬뜩했다.

구형왕 3년(523) 백제에서는 25대 무령왕이 훙어하고 26대 성왕(재위 523~554)이 즉위했다. 성왕은 백제 제국의 부흥을 실현코자 변방 3국(신라 · 고구려 · 가야)을 무차별 침공했다. 구형왕이 이뇌왕에게 연합 전선을 구축할 것을 제의했지만 거절당했다. 구형왕은 백제와 오랜 우호관계를 끊고 신라에 조공하며 백제를 경원시했다.

구형왕은 신라와의 조공 외교를 통해 당면한 위기는 모면했지만 진즉부터 법흥왕의 야심을 간파하고 있었다. 법흥왕은 가야의 경계심을 이완시켜 국력이 약화되면 신라 영토로 병합하려는 야심만만한 정복 군주였던 것이다. 구형왕은 초조해졌다. 구형왕 4년(524) 9월 법흥왕이 남쪽의 변방을 순시한다는 정보를 입수했다. 구형왕은 굴욕을 감수하며 근위병 10명과 측근 대신 수 명만 대동하고 법흥왕을 찾아갔다.

구형왕은 법흥왕에게 금관가야의 국권을 이양할 테니 왕실 가족의 안위와 예우를 보장해달라고 요구했다. 법흥왕은 쾌히 응했다. 이 사실을 뒤늦게 알게 된 가야의 조정 대신들과 백성들이 격분했다. 누란의 위기에 선국가 운명보다 왕족 생존이 우선이냐며 금관가야 도처에서 민중이 봉기했다. 실덕한 왕의 권위는 회복 불능이었다.

비조부 누이를 수행한 종자들에게서 위협을 느낀 대가야의 이뇌왕은 가야연맹 각국으로 이들을 분산시켜 집단 세력화를 사전에 차단하려 했다. 예상은 적중했다. 종자들은 가야연맹 각국 조정에 더 높은 지위와 예우를 강요하며 왕까지 능멸했다. 가야의 예복을 거절하고 신라의 조복을 착용했다. 이뇌왕이 법흥왕에게 기만당했음을 자각한 건 구형왕이 법흥왕과 망국 후 보전책을 흥정하고 있을 시기였다. 종자 모두 법흥왕이 밀파시킨 간자임을 감지했을 때는 이미 가야연맹의 내밀한 정보가 신라 조정으로 이첩된 후였다.

가야연맹 중 탁순국(경남 창원) 왕이 맨 먼저 격노했다. 종자들의 관직을 박탈하고 본국으로 강제 축출시켰다. 곧바로 가라국(경북 고령), 안라국

능 앞의 문무인석. 경남 산청군 금서면 화계리 산 16번지에 위치한 구형왕릉은 국내 유일의 피라미드형 석릉이다. 유좌묘향의 정동향으로 지리산 동쪽 끝 왕산 계곡에 있다.

구형왕은 왕비 계화와 김노종·김무덕·김무력 세 왕자를 데리고 신라로 가서 항복했다. 왕실의 보물도 남김없이 신라 왕실에 헌납했다. 구형왕과 왕자들은 법흥왕한테 상등과 각간의 높은 관직을 각각 제수 받고 신라 왕실의 진골 신분으로 편입됐다.

구형왕릉 앞 금천교와 출입문. 왕의 생애와 능의 조영 기록이 전한다.

(경남 함안), 사이기국(경남 의령군 부림면), 다라국(경남 합천군 합천읍), 졸마국(경남 함양), 고차국(경남 고성), 자타국(경남 진주), 산반하국(경남 합천군 초계면), 걸손국(경남 산청), 임례국(경남 의령군 의령읍), 탁순국(경남 창원), 탁기탄국(경남 창녕군 영산면 · 경남 밀양), 남가라국(경남 김해)의 13국 중 남가라국(금관가야) 구형왕만 제외하고 간자들을 추방했다. 이뇌왕의 신뢰는 추락했고 가까스로 유지되던 후기 가야연맹마저 와해되고 말았다.

대가야 · 신라의 혼인 동맹 파탄으로 두 나라는 다시 적대국으로 환원됐고, 신라와 화친한 금관가야만 궁지에 몰렸다. 구형왕과 이뇌왕이 가야연맹을 부흥하기 위한 국제회의를 안라국에서 개최(531)했지만 상호 의견의 격차만 확인했다. 가야연맹의 붕괴는 호시탐탐 가야 영토를 노리던 백제 · 신라에게는 천재일우의 기회였다. 국제회의 무산 직후 백제 성왕이 안라국을 쳐 가야의 서부 세력권을 장악했다.

구형왕 12년(532) 9월 신라 법흥왕도 금관가야를 공격했다. 신라군의 장수 이사부는 3천 병력을 이끌고 다다라원(부산 다대포)에 주둔하며 금관가야에게 항복을 종용했다. 구형왕은 신라군이 3개월이나 진군하지 않고 대기하고 있는 내심을 간파했다. 구형왕이 법흥왕에게 사신을 보내 8년(524) 전 남방 순행 시의 약조를 이행해 줄 것임을 확인받았다. 구형왕과 가야 대신들이 국가 운명의 향방을 놓고 격돌했다. "종묘사직을 수호하는 것도 절박하지만 승리하지 못할 전쟁에서 백성을 희생시키는 것 또한 국왕의 도리가 아니다. 법흥왕과의 협정에서 경들과 가야 백성을 신라가 수용키로 합의했으니 즉시 투항을 공포하라. 하나 될 줄 모르는 잔여 소국들이 어찌 가야연맹을 유지하겠느냐?"

용상을 짚고 일어서는 구형왕의 어깨가 들먹였고 대신들도 통곡했다. 왕은 왕비 계화와 김노종 · 김무덕 · 김무력 세 왕자를 데리고 신라로 입시해 항복했다. 왕실의 보물도 남김없이 신라 왕실에 헌납했다. 구형왕과 왕자들은 법흥왕한테 상등과 각간의 높은 관직을 각각 제수 받고 신라 왕실의 진골 신분으로 편입됐다.

구형왕은 금관가야를 식읍으로 받아 옛 가야의 백성들이 내는 조세로 복락을 누리다가 경북 기계(杞溪)에서 숨을 거뒀다. 왕은 가야 땅에 묻히기를 원했다. 세 왕자가 유언을 받았다. "망국 왕이 어찌 흙에 들기를 바라겠느냐. 차라리 돌로 쌓아 묻도록 하라."

투항한 왕에게 누가 시호를 지어 봉정했겠는가. 구형(仇衡) · 구해(仇亥) · 구차휴(仇次休)는 전해 오는 그의 이름이다. 경남 산청군 금서면 화계리 산 16번지에 위치한 구형왕릉(사적 제214호)은 국내 유일의 피라미드형 석릉이다. 유좌묘향의 정동향으로 지리산 동쪽 끝 왕산(923m) 계곡에 있다.

진흥왕릉은 직경 20m, 높이 3m의 타원형 봉토분으로 규모가 작은 무덤이다. 임좌 병향의 약간 비낀 남향이며, 능 앞에서 물길이 합수되고 좌우 내룡맥이 다정하게 환포한다.

신라 24대

진흥왕

법흥왕이 홍서하자 보도·지소가 서둘러 삼맥종을
보탑에 앉히니 24대 진흥왕이다. 7세의 유충한 보령이었다.
왕이 친정하기까지 12년은 섭정으로 수렴청정에 든
모후가 왕권을 행사했다. 모후가 섭정에서 물러나고
진흥왕의 친정 시기가 도래했다. 왕은 부왕이 사용하던
연호부터 개국으로 교체하며 자신의 친정을
대내외에 공표했다.

풍월도 정비 화랑으로 개편
확장 영토 순행하며 순수비 건립

신라 개국 초기 왕통 승계는 매우 순조로웠다. 3대 유리왕은 매형(4대 탈해왕)에게 왕좌를 양보 받았고, 탈해왕은 태자를 제쳐놓고 처조카(5대 파사왕)에게 대통을 계승시켰다. 신라의 통치 체계가 제왕적 권력으로 강화되며 차기 왕권 구도의 지평이 급변했다. 개국 세력인 박 · 석 · 김 세 왕족 간 패권 투쟁이 극심해졌고, 임금이 교체될 때마다 수많은 국가 동량들이 유명을 달리했다. 17대 내물왕 이후 김씨 왕족들이 용상을 독점하면서는 왕족 여인들 간 후계 투쟁이 더욱 치열해졌다.

신라 23대 법흥왕(재위 514~540) 말기 왕실의 내밀궁은 차기 왕위 승계자 문제로 위기감이 감돌았다. 왕은 왕비 보도 부인이 왕자를 낳지 못하자 후궁 옥진을 맞아 아들 비대를 낳았다. 딸 지소 공주는 왕의 친동생 입종에게 시집보내 아들 삼맥종(534~576)을 출산했다. 보도와 지소는 옥진을 불공대천 원수처럼 증오했다. 왕이 비대를 태자로 책봉하려 하자 보

진흥왕릉 우측에 있는 연지(蓮池). 불교를 상징하는 연꽃이 만발한다.

도 · 지소 모녀는 물론 위화랑(비대의 외조부)까지 가세해 결사반대하고 나섰다. 옥진과 비대의 골품이 비천하다는 이유였으나 내면으로는 왕실의 권력을 장악하기 위한 거대한 음모였다.

법흥왕이 훙서하자 보도 · 지소가 서둘러 삼맥종을 보탑에 앉히니 24대 진흥왕(재위 540~576)이다. 7세의 유충한 보령이었다. 왕이 친정하기까지 12년은 섭정으로 수렴청정에 든 모후(지소 태후)가 왕권을 행사했다. 위화랑은 화랑도 전신인 풍월주(1세)가 돼 조정 핵심 세력으로 부상했다. 비대는 왕자의 지위마저 박탈돼 평민 신분으로 전락했고, 옥진은 비정한 친정아버지를 죽을 때까지 저주했다.

진흥왕의 모후는 두령 기질이 탁월한 정략가였다. 각간 박영실(법흥왕 생질)의 딸 사도를 며느리로 맞아 근친 왕족의 왕비 간택을 사전 차단했다. 왕이 음양의 이치를 알아 후궁을 보려하자 모후가 앞서 자신이 박이사부와 내통해 낳은 딸 숙명을 후궁으로 들였다. 왕이 모후에게 진언했다.

"소자와 숙명은 이부동모(異父同母)의 남매 간인데 어찌 부부의 인연으로 가당하겠나이까? 중원 대국과 인접 소국들의 빈축이 두렵사옵니다." 서슬 퍼런 모후의 엄명이 떨어졌다. 7세의 철부지를 용상에 앉히고 신국(神國 · 신라)을 통치하는 '여왕'이었다.

"주상은 똑똑히 들으시오. 대국과 소국에는 그들만의 도리가 있는 법이고, 신국에는 신국만의 법도가 존재하는 법입니다. 신성한 골품을 지켜내기 위한 성업에 어찌 이의가 있단 말이오."

왕이 숙명과 부부가 되어 왕자 금륜을 낳으니 25대 진지왕(재위 576~579)이다. 숙명이 오빠 진흥왕을 경원시하고 이화랑(위화랑 아들 · 4세 풍월주)과 사통해 화랑도의 세속오계를 지은 원광(555~638)법사를 낳았다.

세월이 흘러 왕이 성년(18세)이 되었다. 모후가 섭정에서 물러나고 진흥왕의 친정 시기가 도래했다. 왕은 부왕이 사용하던 연호(건원)부터 개국(開國)으로 교체하며 자신의 친정을 대내외에 공표했다. 모후는 허망했다. 영흥사(경북 경주시 황남동)로 입산해 비구니 묘법으로 권력에 대한 미련을 삭였다. 26대 진평왕 36년(614) 영흥사 소불(塑佛 · 흙으로 만든 불상)이 갑자기 무너지더니 비구니 묘법이 즉사했다.

진흥왕 재위 시 신라에는 선화와 원화라는 사조직이 존재했다. 선화는 왕족 출신의 남자가 우두머리였고, 원화는 왕족 출신의 여자가 이끌었다. 두 조직에는 신라의 상류사회 낭도들이 결사(結社)해 풍류를 즐기며 국사에도 참여했다. 원화들 간 권력 싸움으로 1세 원화 남모(법흥왕 손녀)가 피살당하자 진흥왕은 원화를 해산시켜 선화에 편입시켰다. 이 선화가 화랑의 시초다. 화랑의 수장을 부르는 명칭이 풍월주였는데 1세 풍월주가 위

진흥왕릉 앞에는 주인 없는 묘가 많다. 왕릉의 정기를 받기위해 백성들이 쓴 묘다.

진흥왕은 영민했다. 사조직으로 자칫 왕권에 위협이 될 수도 있는 화랑을 제도권으로 흡수해 인재 양성을 위한 조직으로 개편했다. 왕족과 조정의 신료들에게 집중된 국가 권력을 화랑의 낭도들을 선발해 분산 시켰다. 이 조직을 통해 배출된 낭도들이 삼국통일을 완수하는 중추 세력으로 부상했다.

화랑이어서 그를 따르는 무리를 화랑으로 지칭하게 되었다.

진흥왕은 영민했다. 사조직으로 자칫 왕권에 위협이 될 수도 있는 화랑을 제도권으로 흡수해 인재 양성을 위한 조직으로 개편했다. 왕족과 조정의 신료들에게 집중된 국가 권력을 화랑의 낭도들을 선발해 분산시켰다. 이 조직을 통해 배출된 낭도들이 삼국통일을 완수하는 중추 세력으로 부상했다. 금관가야 출신 김유신(595~673)이 15세 풍월주이고, 김춘추(29대 무열왕 · 재위 654~661)는 18세 풍월주였다.

진흥왕은 국익에 도움이 되고 영토 확장을 도모하는 전쟁이라면 국가 간 신의나 불가침 동맹을 여지없이 파기했다. 등거리 외교에도 능수능란했다. 백제가 임나가야를 점령하면서 국제사회에서 고립되자 고구려가 백제 독산성(경기 포천)을 침공해 점령했다. 백제 26대 성왕(재위 523~554)이 진흥왕에게 긴급 원병을 요청해 연합으로 격퇴시켰다. 나 · 제 연합군의 협공으로 백제는 고구려의 6개 군을, 신라는 10개 군을 점령해 각각 자국의 영토로 편입시켰다.

전열을 정비한 고구려 군이 백제를 재침하자 이번에도 나 · 제 연합군이 고구려를 공격했다. 이때 진흥왕은 고구려에 간자를 보내 비밀리에 내통하고 있었다. 한강을 도강해 북으로 진격하던 3국군의 전세가 급전직하로 돌변했다. 앞장서 공격하는 백제군 후미를 신라군이 급습해 백제군이 괴멸된 것이다. 고구려와의 담합으로 신라는 백제의 한강 이북 영토까지 차지해 버렸다. 나 · 제 동맹은 깨졌고, 성왕은 공주를 신라로 보내 진흥왕 소비(후궁)로 삼게 하는 굴욕까지 감내해야 했다.

와신상담하던 성왕이 왜에서 보낸 원병과 함께 신라 공격(554)에 나섰다. 선봉에 나선 태자 위덕(27대왕)의 사기 진작을 위해 성왕이 관산성(충북 옥천) 잠행에 나섰다. 사전 첩보를 입수한 신라의 매복 군에게 성왕이 잡혀 참수되고 말았다. 진흥왕은 성왕의 머리를 궁궐 댓돌 아래에 묻고 몸만 백제에 돌려보냈다. 왕은 여세를 몰아 함경남도 동해 연안까지 영토를 확장했다. 왕은 신료들과 새 영토를 순행하며 현지 백성들이 신라 왕실에 충성하며 살아가도록 민심을 다독였다. 이때 세워진 비가 진흥왕 순수비다.

①북한산 순수비(국보 제3호 서울시 종로구 구기동 북한산 비봉) ②창녕 척경비(국보 제33호 · 경남 창녕군 창녕읍) ③황초령비(함남 함흥군 황초령) ④마운령비(함남 이원군 마운령)다. 4개의 비에는 당시 수행했던 신료들 이름과 관직까지 음각돼 있어 6세기 금석문 연구에 귀중한 자료가 되고 있다.

왕 23년(562)에는 대가야(경북 고령)가 반란을 일으켜 전쟁이 발발하자 사다함(5세 풍월주)을 출정시켜 대가야를 멸망시켰다. 532년 금관가야(경남 김해) 멸망과 함께 우리 역사에서 전기가야(42~532 · 491년 존속)와 후기가야(5세기 중반~562 · 약 100년 존속)는 영원히 소멸되고 말았다.

576년 8월 재위 36년 1개월 만에 왕이 승하하자 조정에서는 진흥(眞興)으로 시호를 작호하고 경북 경주시 서악동 산 92-2번지 고분군에 안장했다. 진흥왕릉(사적 제177호)은 직경 20m, 높이 3m의 타원형 봉토분으로 규모가 작은 무덤이다.

임좌(북에서 서로 15도) 병향(남에서 동으로 15도)의 약간 비낀 남향이며, 능 앞에서 물길이 합수되고 좌우 내룡맥이 다정하게 환포한다. 봉분 하단에는 봉토 유실을 방지하기 위한 호석이 박혀있고 능 주변에 다른 석조물은 없다. 사학계는 주변 고분들과 마찬가지로 횡혈식 석실분으로 판단하고 있다.

부여 능산리 고분군. 위덕왕은 재위 45년 만인 598년 12월 보령 74세로 홍서했다. 조정에서는 위덕이란 시호를 봉정하고 부여 능산리고분군에 안장했다. 이 가운데 중하총은 성왕릉으로, 동하총은 위덕왕릉으로 추정하고 있다.

백제 27대

위덕왕

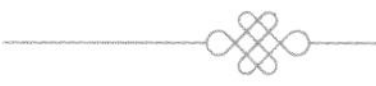

"대통은 승계하되 아바마마 3년 상을 치른 후 용상에 착좌하겠소. 장차는 경들의 고견을 청취해 국가를 경영할 것이오." 태자 창이 27대 왕으로 등극하니 위덕왕이다. 보산 30이었다. 조정은 비명에 간 성왕을 잊고 새 임금의 치세에 적응했다.

자신의 실수로 비명에 간 부왕
책임론 대두로 왕권 축소되니

백제 26대 성왕(재위 523~554)은 태자 창(昌 · 525~598)을 극진히 아꼈다. 창은 유년 시절부터 태자 수업에 몰두하고 성장하면서는 무예에도 걸출해 국경 전쟁을 수없이 수행했다. 왕은 일찍부터 철저한 제왕 교육을 받게 했다. 조정 대신들은 태자의 정책 결정에 별다른 이견 없이 순응했다. 554년 여름, 태자가 신라와의 관산성(충북 옥천) 전투를 선포했다. 이번에는 대신들이 반대하고 나섰다. 고구려와의 전쟁(551)으로 민생이 피폐된 데다 적군에게 역습을 당할 수 있다는 우려에서였다.

태자가 대신들을 질타했다. "신미년(551) 전투는 백제 · 신라 · 가야 3국이 고구려를 쳐 점령한 영토를 분할키로 한 전쟁이었소. 3국군이 승리해 백제가 잃었던 6군을 회복하고 신라는 10군을 획득한 대신 가야에게는 막대한 군비를 지불했소이다." 태자가 말을 이었다. "교활한 신라 진흥왕(24대 · 재위 540~576)이 고구려와 내통한 뒤 백제 · 가야군의 후미를 공격해 한수 이남의 우리 영토를 탈취했소. 기필코 신라의 관산성을 빼앗아 설욕하고야 말겠소."

태자의 의지는 결연했다. 성왕도 대신들도 만류할 방도가 없었다. 백제군의 선봉에 선 태자가 왜에서 긴급 파병한 지원군과 함께 관산성을 공략했다. 성왕은 태자의 성급한 혈기를 염려했다. 554년 7월 초순 밤. 성왕이 근위병 50명의 엄호 속에 관산성으로 향했다. 허술한 방만이 참화를 불렀다. 왕의 이동 정보를 사전 입수해 매복 중이던 신라군에게 포위돼 성왕은 참수되고 근위병도 몰사했다. 태자는 3만 명의 병사를 잃고 사비성(충남 부여)으로 퇴각했다.

태자에 대한 문책론으로 조정이 들끓었다. 태자가 통곡하며 대신들 앞에 굴신했다. "아바마마의 참사는 모두 소자의 불찰이오. 목전의 제반 업장을 내려놓고 출가해 수도승으로 참회하며 살겠소이다." 당황한 건 오히려 대신들이었다. "태자마마, 이 어인 분부시옵니까? 지난날 공과를 잊으시고

능산리 고분군을 에워싸고 있는 나성. 왕릉을 수호하기 위한 토성이다.

속히 보위에 오르시어 백척간두에 선 종묘와 사직을 보전해 주시옵소서." 용상은 한시도 비워 둘 수 없는 게 국법이었다.

대신들의 간곡한 읍소를 수용해 태자가 윤지(綸旨)를 내렸다. "경들의 의중이 정 그러하다면 대통은 승계하되 아바마마 3년 상을 치른 후 용상에 착좌하겠소. 장차는 경들의 고견을 청취해 국가를 경영할 것이오." 태자 창이 27대 왕으로 등극하니 위덕왕(재위 554~598)이다. 보산 30이었다.

왕 1년(554) 10월. 고구려가 말갈 기병을 앞세워 백제 웅진성(충남 공주)을 기습 공격해 함락의 위기에 처했다. 신라가 한수이남 침공로를 열어주며 군량미까지 공급하자 고구려 군은 가야까지 위협했다. 웅진성은 수도 사비성에서 한나절도 안 걸리는 근접 거리였고 백제는 국상 중이었다. 즉위 3개월째인 왕은 크게 당황했으나 인면수심에 격분한 조정 대신들과 백성들이 총력전을 펼쳐 고구려 군을 패퇴시켰다. 이후 전쟁이 발발할 때마다 백제는 장정 부족으로 고전했고 그때마다 위덕왕의 관산성 패전 책임론이 거듭 대두됐다. 갈수록 왕권은 축소되고 대신 · 귀족들의 정치적 발언권이 증대됐다.

왕 9년(562) 신라 진흥왕이 이사부(신라 17대 내물왕 4대손)와 사다함(5세 풍월주)을 대장군으로 출정시켜 대가야(경북 고령)를 정복했다. 왕 33년(586)에는 고구려가 평양 대성산에서 장안성으로 천도하며 새로 즉위한 평원왕(25대 · 재위 559~590)이 백제를 더욱 압박했다. 왕의 입지는 한층 좁아졌다. 왕은 중원 국가와 왜국 외교에 사활을 걸었다.

왕은 중원의 남 · 북조 왕조와 외교 관계를 수립해 국제적 고립을 탈피하고자 했다. 왜에는 백제 도편수 · 화공들을 보내 사찰 · 불탑 · 벽화 등을 완성해 주고 유사 시 지원군의 파병을 약조 받았다. 왕 18년(571) 북제

궁남지의 아침 안개. 웅진 공주에서 사비 부여로 천도한 뒤 조성한 연못이다.

위덕왕은 중원의 남·북조 왕조와 외교 관계를 수립해
국제적 고립을 탈피하고자 했다. 북제는 위덕왕에게
'사지절도독 동청주자사'란 책봉 교서를 보내
백제 영토에 대한 왕의 지배권을 승인했다.

(550~577)는 위덕왕에게 '사지절도독 동청주자사'란 책봉 교서를 보내 백제 영토에 대한 왕의 지배권을 승인했다. 고구려 · 신라도 중원의 조공 외교에 국력을 기울였다.

왜도 국내 정국이 불안했다. 왜는 영토의 대부분이 척박한 산악 험지인데다 농지가 거의 없는 섬으로 분리돼 있어 만성적 식량난에 허덕이고 있었다. 왜는 부족한 식량의 절대량을 섬진강 하류 아라가야와의 무역에 의존하고 있었다. 신라가 강제 합병한 가야의 재건은 왜한테도 절박한 외교적 현안이었다. 백제와 왜는 상호 이해관계가 교착돼 금관가야의 멸망(532) 이후에도 양국군은 가야 부흥군을 지원하고 있었다.

왜 조정은 불교의 국가 공인 여부로 나뉘어져 있었다. 성왕 30년(552) 성왕이 왜와의 문화교류 차원에서 금동석가상 · 경전 · 미륵석불과 함께 친서를 보냈다. 그 내용이 사서에 전한다.

'이 법은 우주의 모든 법 중 가장 신묘한 법이다. 무량무변한 복덕과 과보를 낳고 무상 보시에 도달할 수 있다. 이해하기도 입문하기도 어려워 주공과 공자도 알지 못했다. … 천축에서 삼한에 이르기까지 숭앙하는 법이며 마음먹은 대로 성취되는 신통 묘법이다.'

왜 조정의 실권자 소아도목이 흠명왕(29대 · 재위 539~571)에게 아뢰었다. "서역의 모든 나라가 지성으로 섬기고 있사온데 어찌 아국만 배반할 수 있겠사옵니까?" 소아도목의 정적 연겸자가 나섰다. "이는 조상 대대로 신봉해 온 신도(神道)를 배반하는 처사로 중벌을 면치 못할 것이옵니다."라며 극구 반대했다.

왜의 불교 승인 문제는 30대 민달왕(재위 571~585)과 31대 용명왕 재위(585~587) 시까지 국가적 난제로 대립하다 소아도목 세력이 승리하며 공인됐다. 위덕왕은 신라의 가야 합병으로 인한 왜의 식량난과 불교 전래로 야기된 조정의 내홍을 명경지수처럼 관통하고 있었다.

불교 공인 후 왜왕이 백제왕에게 고승을 파송해 줄 것을 요청했다. 588년 위덕왕이 승려 혜총(생몰년 미상)을 보내 불법을 전파하도록 윤허했다. 이후 왜국의 불교는 백제 불교를 모태로 섬나라 국가 특유의 불교문화로 정착되었다. 현재 일본 불교계에서는 위덕왕을 일본 불교의 비조로 숭배하고 있다.

사학계에서는 왜 조정 내 친백제파였던 소아도목의 승리로 위덕왕의 국제적 위상과 운신의 폭이 크게 확대되었다고 평가하고 있다. 일찍부터 왜 조정에는 백제 도래인과 현지인이 조정의 세력을 양분해 반목하고 있었다. 불교 전래를 통해 왜 정계를 원격 조정한 위덕왕의 외교적 수완이 새롭게 조명되고 있다.

위덕왕은 재위 45년 만인 598년 12월 보령 74세로 훙서했다. 조정에서는 위덕(威德)이란 시호를 봉정하고 부여 능산리고분군(충남 부여군 부여읍 능산리 15)에 안장했다. 《삼국사기》에는 위덕왕의 치세와 가족에 대한 기록이 전하지 않으나 《일본서기》에는 위덕왕의 태자 아좌(阿左)가 597년 왜에 와 성덕태자(574~622) 상을 그렸다고 전한다.

세계문화유산으로 등재된 능산리고분군은 해발 121m의 능산리 산중턱에 동·서·중앙의 3군 16기(基)로 분포돼 있다. 사학계에서는 이 가운데 중하총은 성왕릉으로, 동하총은 위덕왕릉으로 추정하고 있다. 사적 제14호로 지정된 고분은 중앙의 7기뿐이다. 자좌오향의 정남향으로 고분군 서쪽에 백제금동대향로(국보 제287호)가 출토된 능산리 사지(寺址)가 있다.

진지왕릉은 경북 경주시 서악동 산 92-1번지의 서악동 고분군에 용사됐다. 선도산 기슭 경사면을 박토해 평지를 만든 뒤 시신을 안치한 장방형 봉토분이다.

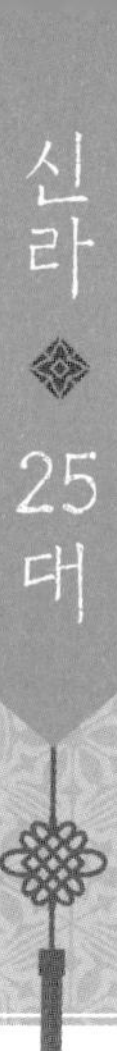

진지왕

국상이 선포됐다. 금륜이 새 임금으로 탑전에 오르니
25대 진지왕이다. 왕은 즉위 직후 미실을 왕비로
책봉했다. 자초지종을 훤히 알고 있는 대신들이 격앙했다.
사도 태후와 미실 왕비는 반기를 든 조정의
중신들을 숙청하거나 지방으로 좌천시켰다.

정사를 맡기고 색탐에만 몰두 강제 폐위되어 생을 마감하다

서기 576년 여름 중풍에 든 금상(신라 24대 진흥왕)의 용태가 급속히 악화됐다. 옥음이 어눌해지고 부액 없이는 직립이 위태로워 옥좌에도 좌정하지 못했다. 즉위한 지 36년째였으나 보령은 43세였다. 왕비 사도(?~614) 태후는 모든 걸 직감했다. 금상은 그해 8월 홍서했다. 태후는 궁주 미실(?~607)을 지밀궁으로 황급히 대령시켰다. 둘은 금상을 함께 시봉하는 정비와 후궁 사이였으나 사도는 미실의 이모였다. 왕은 미실과의 과도한 색사(色事)로 득병한 후 정사 일체를 사도와 미실에게 위임한 상태였다.

"내 친히 궁주를 가까이 함은 선왕의 후사를 정함에 출중한 지혜를 얻고자 함이니라." 태후의 표정에 다급함이 역력했다.

"태후 마마, 절체절명의 위기 순간이옵니다. 우선 금상의 승하를 극비로 하시고 차기 보위가 결정될 때까지 시상판을 공개하지 마소서. 속히 태자 금륜을 입시토록 해 철석 맹세를 다짐받은 후 용상에 앉히시면

진지왕릉의 표지석. 진지왕은 재위 기간이 짧았지만 그의 직계 왕족이 신라 역사에 차지하는 비중은 매우 크다.

미실이 8세 풍월주 문노를 앞세워 대궐을 점령하고 진지왕을 강제 폐위시켰다. 김거칠부와 박세종도 거사에 동참했다. 진지왕 재위 2년 11개월 만이었고 왕은 별궁에 유폐돼 생을 마감했다.

됩니다."

태후가 궁주에게 하문했다. "금륜에게 받아낼 맹세란 무엇인가?"

궁주가 다시 진언했다. "등극과 동시 미실 궁주를 왕비로 책봉해 조정의 대 · 소사를 총괄토록 하는 약조입니다. 이 길만이 태후 마마와 소첩이 모든 걸 잃는 상실의 나락에서 기사회생하는 유일한 첩경입니다. 마마, 촌각을 서둘러 시급히 처결하셔야 하옵니다."

태후는 잠시 생각을 멈추고 저간에 야기된 왕족들 사이의 황음무도와 난잡한 풍기 문란을 반추했다.

진흥왕 서(庶) 당고모(오도)가 묘도 · 사도의 두 딸을 낳았다. 묘도는 23대 법흥왕의 후궁이고 사도는 24대 진흥왕비다. 묘도는 왕을 두고 미진부(법흥왕 외손자)와 통정해 딸 미실을, 사도는 진흥왕과 사이에 태자 동륜(?~572)을 출산했다. 이모 사도가 이질녀 미실에게 "동륜을 섬겨 왕자를 낳으면 왕비로 삼겠다."고 언약했다.

동륜은 이때 부왕의 후궁인 보명 궁주와 은밀히 사통하고 있었다. 모후 사도의 주선으로 미실을 만난 동륜은 보명 · 미실에게 탐닉했다.

진흥왕은 숙명(진흥왕 모후 지소 태후가 박이사부와 사통해 낳은 딸)을 모후의 강압에 못 이겨 후궁으로 맞았다. 왕과 숙명 사이에 아들 금륜이 태어났다. 왕에게는 차남이었지만 사도 태후(진흥왕비)에겐 시앗한테 본 눈엣가시였다. 사도 태후가 이질녀 미실을 의도적으로 왕에게 접근시켰다. 지밀궁에서 미실을 대면한 왕이 첫눈에 반했다. 왕이 미실을 후궁으로 들일 때 미실은 이미 동륜의 아이를 잉태하고 있었다. 왕은 미실이 낳은 딸이 자신의 혈육인 줄 알고 애송 공주라 명명했다.

숙명 궁주는 진흥왕 몰래 4세 풍월주 이화랑과 사통해 원광 법사를 낳

경북 구룡포 연오랑세오녀 공원 내 교미 중인 거북이 석상. 미실 궁주는 3대 왕에게 색공하며 신라 중기 왕실을 혼란에 빠뜨렸다.

았다. 왕실에서는 금륜이 진흥왕의 친자가 아닐 것이라고 의심했다. 금륜이 장성해 이성에 눈을 뜨자 미실에게 미혹됐다. 미실은 몸을 허락했다. 세간에서는 미실에게 왕 3부자를 농락하는 희대의 탕녀라며 조롱했지만 개의치 않았다. 미실은 자신을 원하는 권력층의 왕족은 물론 풍월주(화랑)들과도 통정해 사자(私子 · 남편 이외의 자식)를 여럿 출산했다. 친동생 미생(550~609)과도 정을 통한 뒤 10세 풍월주로 승품시키자 시정잡배들까지 혀를 찼다.

572년 3월 왕실의 치욕스런 변고가 저자에 널리 회자되는 사건이 발생했다. 태자 동륜이 보명 궁주와 사통하다 보명궁의 큰 개한테 물려 비명횡사한 것이다. 진흥왕은 지체 없이 금륜을 태자로 책봉했다. 사도 태후는 억장이 무너졌다. 뒤늦게 숙명 · 보명 · 미실의 비행 전모를 파악한 진흥왕이 세 여인을 궁 밖으로 축출했다가 미실만 다시 입궁시켰다. 사도의 읍소가 주효했다. 태자로 책봉된 금륜은 타락한 귀족 자녀들과 혼숙하며 사가의 유부녀까지 겁탈했다.

여기까지 생각이 미친 사도 태후의 안광이 번득였다. "밖에 누구 있느냐? 태자 금륜을 속히 입시토록 하라."

금륜이 태후 앞에 부복했다. "금상의 옥체가 위중하니 금륜을 사자(嗣子)로 보위에 앉힐 것이다. 이 어미의 명에 따라 조정을 경영할 것이며 일체의 왕실 혼사도 어미 명에 순종할 것을 맹세하겠느냐? 한 치의 거슬림이라도 드러나면 용납지 않을 것이로다."

조롱과 지탄 속에 살아 온 금륜에게는 황공무지한 뜻밖의 분부였다. 열 번 백 번을 조아리며 태후 마마의 명에 복종하겠노라고 맹세하고 또 맹세했다.

이튿날 국상이 선포됐다. 금륜이 새 임금으로 탑전에 오르니 25대 진지왕(재위 576~579)이다. 왕은 즉위 직후 미실을 왕비로 책봉했다. 자초지종을 훤히 알고 있는 대신들이 격앙했다. 사도 태후와 미실 왕비는 반기를 든 조정의 중신들을 숙청하거나 지방으로 좌천시켰다. 왕은 김거칠부(?~579)를 상대등으로 임명해 내치를 전담시키고 외치는 박세종에게 전권을 위임했다. 김거칠부는 17대 내물왕 5세손으로 사도의 수족이고, 박세종(진흥왕 생모 지소 태후가 박이사부와 사통해 낳은 아들)은 미실의 첫 남편이었다.

용상에 오른 진지왕이 표변했다. 왕은 사도와 미실에게 정사를 맡겨 놓고 오직 색탐에만 몰두했다. 왕은 궐내 후궁뿐만 아니라 미모가 출중하면 노소 분별없이 색사를 요구했다.

《삼국유사》에는 '진지왕이 사량부 평민 유부녀 도화랑과 억지 관계를 맺어 비형(579~?)을 낳았다.'고 기록돼 있다. 왕은 늙은 왕비 미실을 외면하고 젊은 미색들과 주지육림에 빠져 소일했다.

579년 7월 밤. 미실이 8세 풍월주 문노를 앞세워 대궐을 점령하고 진지왕을 강제 폐위시켰다. 김거칠부와 박세종도 거사에 동참했다. 진지왕 재위 2년 11개월 만이었고 왕은 별궁에 유폐돼 생을 마감했다.

타의에 의한 등극과 폐위로 극적인 일생을 살다 간 진지왕의 치적은 백제군과의 전쟁에서 1승 1패한 게 전부다. 왕 2년(577) 일선군(경북 선산)에서의 승전과 왕 3년 관야산성에서의 패전이다. 조정에서는 불쌍하게 죽은 왕에게 진지(眞智)라는 의미심장한 시호를 지어 올려 구천에 떠도는 혼령을 위로했다.

진지왕릉(사적 제517호)은 경북 경주시 서악동 산 92-1번지의 서악동 고분군(群)에 용사됐다. 선도산 기슭 경사면을 박토(剝土)해 평지를 만든 뒤 시신을 안치한 장방형 봉토분이다. 직경 20.6m 높이 5.5m의 동서 장축(長軸)으로 부왕인 진흥왕릉(사적 제177호) 10m 아래에 있다. 건좌(서에서 북으로 45도) 손향(남에서 동으로 45도)의 햇볕 잘 드는 동남향이다. 이 좌향에서 향(向 · 다리) 쪽에 함몰된 고개가 보이거나 물길이 비치면 절손되는 황천살(黃泉煞)에 해당하는데 진지왕릉은 절묘하게 피했다. 능 주변에 왕릉으로 단정할 수 있는 조형석이 없다.

진지왕은 재위 기간이 짧았지만 그의 직계 왕족이 신라 역사에 차지하는 비중은 매우 크다. 왕과 왕비(지도부인) 사이에 태어난 김용수 · 김용춘 두 형제의 후손이 신라 중기 역사를 아우르며 삼국통일의 주역으로 전면 부상하기 때문이다. 장남 김용수는 26대 진평왕의 장녀 천명 공주를 배필로 맞아 김춘추(29대 무열왕)를 낳았고, 차남 김용춘은 김춘추의 계부가 되어 김춘추를 왕재로 양육했다.

진평왕릉. 632년 1월, 왕이 66세로 홍서하자 조정에서 작호해 올린 시호는 진평이다. 《삼국사기》에는 '왕을 한지(漢只)에 장사지냈다.'고 전한다. 경북 경주시 보문동 608 번지의 명활산과 낭산 사이의 너른 평원이다.

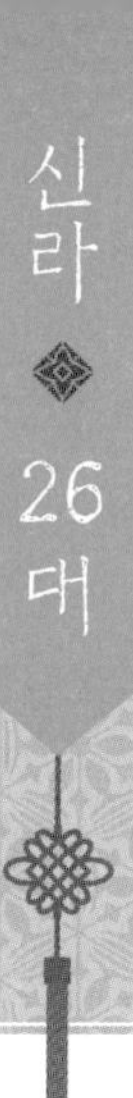

진평왕

579년 7월 사도 태후가 분부를 내렸다.
"세손 백정을 선왕의 후사로 입승시켜 대통을 승계토록 하라."
대신들이 서둘러 백정을 등극시키니
26대 진평왕이다. 왕의 보령 13세였다.

끊임없는 영토확장 전쟁에 시달려 중원과 연대 외교전으로 나라경영

6세기 후반 신라 조정의 권력은 왕족과 지친 여인들에 의해 장악됐다. 사도(534~614 · 24대 진흥왕비) 태후와 미실(?~607 · 25대 진지왕 후궁) 궁주는 자신들이 옹립한 임금(진지왕 · 재위 576~579)을 치밀한 사전 역모로 폐위했다. 진지왕이 황음무도하고 국정을 방기한다는 명분이었으나 속내는 왕이 미실을 배척하고 젊은 후궁만 색탐하는 배신감이었다. 건장한 임금이 별궁에 유폐되자 국정은 마비되고 대신들은 차기 왕권 염탐에 급급했다.

진흥왕은 사도 태후와의 사이에 동륜(?~572)을 낳고, 후궁 숙명 궁주에게서 차남 금륜을 출산했다. 동륜이 보명(진흥왕 후궁) 궁(宮) 개에게 물려 절명하자 금륜이 25대 왕위에 올랐다. 동륜에게 아들 백정(白淨)이 있었으나 어렸다. 태후는 친손자를 두고 첩의 아들이 즉위하는 게 절통했다.

사도와 미실의 함원(含怨)이 일치했다. 노리부(사도 오빠)와 세종(미실 남편)을 사주해 대궐을 기습 점령하고 진지왕을 축출했다. 사도는 미실의 이

평지에 용사된 진평왕릉에는 주변 물형을 중시하는 산악 풍수보다 물길 흐름에 치중하는 평원 풍수가 적용된다. 왕릉 좌측의 실개천이 남주작에서 우수와 합수되니 당대 발복지다.

모였다. 풍월주(화랑)를 배경으로 형성된 이들의 권력 횡포에 왕족과 조정 대신 누구도 감히 도전하지 못했다.

579년 7월 사도 태후가 분부를 내렸다. "세손 백정을 선왕의 후사로 입승시켜 대통을 승계토록 하라." 대신들이 서둘러 백정을 등극시키니 26대 진평왕(재위 579~632)이다. 왕의 보령 13세였다.

진지왕은 지도 왕비 사이에 김용수 · 김용춘 형제를 두었으나 폐왕의 자식이어서 왕위 계승과는 무관했다. 태후는 미실과 보명을 좌우 후비(后妃)로 간택하고 조정의 대소사를 농단했다. 사도와 미실은 주상이 친정할 보력(寶曆)이 지났는데도 섭정을 강행하며 권력을 향유했다.

시정에서는 환생한 구미호(九尾狐)가 까닭 없이 장수한다며 천지신명을 원망했다. 왕 29년(607) 미실 궁주가 죽고, 왕 36년(614)에는 사도 태후가 죽었다. 조정 대신과 백성들은 인간에게 죽음이란 한계가 있어 공평하다며 신라의 새 시대 도래를 환호했다.

사서에는 '진평왕이 출생 시부터 용모가 기이하고 육신이 장대한데다 의지가 철석같고 식견이 명철했다.'고 기록돼 있다. 왕은 노리부를 상대등에 임명해 국정을 개혁할 임무를 전담시키고, 병부령은 김후직(22대 지증왕 증손)에게 제수해 권력을 분산시켰다.

왕 6년(584)에는 독자 연호 건복(建福)을 통용시켜 신라의 자주성을 대내외에 천명했다. 전쟁이 발발하면 병력을 이끌고 친정에 나서 군인들을 독려했다. 병사들은 무기를 들고 싸우는 걸 명예로운 권리로 생각하고 전투에 임했다. 왕은 선왕(진흥왕)의 영토 확장 전쟁으로 야기된 후유증을 감당하느라 재위하는 동안 영일 없는 전화에 시달렸다. 갑작스런 영토 확장으로 신라 조정의 행정력이 못 미치는 간극을 노려 고구려 · 백제가 끊임없이 침입했다. 왜와는 백제의 이간으로 국교 단절 상태였고 중원(중국) 국가에 조공 외교를 펼치려 해도 고구려가 길을 막아 고립무원이었다.

왕 31년(609) 중원 대륙에 거대한 지각 변동이 요동쳤다. 양견(수문제)이 위(魏) · 진(陳)의 남북조 분열기를 종언시키고, 수(隋 · 581~618)나라를 건국한 것이다. 수문제(재위 581~604)는 국경을 접한 번국 왕들에게 새로운 조공 질서를 요구했다. 한반도 3국(고구려 · 백제 · 신라)도 경쟁적으로 사신을 파견하며 자국의 후원국이 되어줄 것을 앙청했다. 이 시기 수와의 외교 수립은 국가 존립과 직결되는 소국의 생존 전략이었다.

진평왕 27년(605) 수문제 아들 양광이 부왕을 살해하고 제위에 오르니 수양제다. 왕은 수와의 조공 외교에 사활을 걸었다. 수에 사신을 보내 관작을 받아 오면서 진(陳 · 557~589, 남조 최후 왕조)의 잔존 세력에게도 조공을 챙겨 정세 급변에 대비했다.

고구려는 수와 일전불사를 벼르면서 조공 사신을 수에 파견했다. 3국 사신은 수에 가 상대국을 서로 비방하고 중상모략을 일삼았다. 신라는 조공 길을 고구려가 막아 진상하지 못한다며 응징을 간청했다. 백제는 고구

일망무제로 펼쳐진 진평왕릉 앞의 너른 평원. 물길로 명당 여부를 가리는 전형적인 평지장이다.

시정에서는 환생한 구미호가 까닭 없이 장수한다며
천지신명을 원망했다. 진평왕 29년 미실 궁주가 죽고,
왕 36년에는 사도 태후가 죽었다. 조정 대신과 백성들은
인간에게 죽음이란 한계가 있어 공평하다며
신라의 새 시대 도래를 환호했다.

려의 지형과 침입 경로를 제공하고 백제와 동시 공격할 것을 충동했다.

진평왕이 재위하는 동안 고구려(25대 평원왕 · 26대 영양왕 · 27대 영류왕)와 백제(27대 위덕왕 · 28대 혜왕 · 29대 법왕 · 30대 무왕)에는 왕이 자주 교체돼 정정이 불안했다. 백제 법왕(재위 599년 12월~600년 5월)은 6개월 만에 살해돼 3국 임금 중 최단명 왕이 되었다. 내정이 불안할수록 3국의 외세 의존도는 더욱 강화됐다. 원수로 여기던 왜에 불교 경전과 선진 문물을 공여하며 자국 지원을 청원했다.

수나라와 고구려는 국경을 맞댄 앙숙 간이었다. 611년 신라 진평왕이 수양제에게 고구려를 침공해줄 것을 요청하는 사신을 보냈다. 백제도 국지모를 수에 파견해 고구려 침투로가 담긴 기밀을 넘겼다. 612년 수양제가 30만 5000명의 대군을 거병해 고구려를 공격했다. 첩보를 사전 입수한 고구려의 맹장 을지문덕(생몰년 미상)이 살수(청천강)에서 수군을 괴멸시키고 대승했다. 이 전쟁이 곧 세계 전쟁사에 찬연히 빛나는 살수대첩이다. 전쟁에서 패한 수나라는 국력을 회복하지 못하고 개국 37년 만인 618년 이연(당고조)에게 중원을 내줘 당(唐 · 618~907)이 건국했다.

당고조 선위(623)로 차남 이세민이 등극하니 당태종이다. 당태종은 강대했던 수가 고구려를 침공했다 실패하여 붕괴된 것을 교훈 삼아 백제 · 신라의 요청에 현혹되지 않고 전쟁을 자제했다. 그러나 3국 간 전쟁은 더욱 빈번해졌고 3국의 당을 향한 조공 외교도 한층 가열됐다. 당태종은 사신을 3국에 파견(626)해 화해를 권유했으나 3국이 응하지 않았다.

사학계에서는 이 당시 3국의 국제 관계가 오늘날의 한민족 개념이 아닌 약육강식의 적국이었음을 상기시키고 있다. 신라는 당시의 대당(對唐) 외교 승리로 백제(660)와 고구려(668)를 차례로 멸망시키고 한반도 대동강 이남을 경영했다.

진평왕은 정비 마야 부인 외 3명의 후궁을 두었으나 왕자를 낳지 못했다. 마야 부인은 천명 · 덕만 두 공주를 출산했다. 왕이 둘째 딸 덕만을 지명해 27대 선덕여왕(재위 632~647)으로 즉위하며 한민족 역사상 최초의 여왕시대가 개막된다. 우리 왕조사를 통해 3명의 여왕(선덕여왕 · 28대 진덕여왕 · 51대 진성여왕)이 배출되는데 모두 신라 김알지의 후손이다.

덕만에게 왕위를 양보한 천명이 폐왕(진지왕)의 장남 김용수(생몰년 미상)와 혼인해 김춘추(29대 무열왕)를 낳는다. 그 과정이 인간사 새옹지마의 기사회생이다. 천명은 남편의 동생 김용춘을 사랑해 계부로 맞고 김춘추를 계자로 수용해 왕재로 양육한다. 선덕여왕이 뒤늦게 김용춘을 삼서제(三婿制 · 세 명의 여왕 남편) 남편으로 선택하며, 천명 · 덕만 자매는 인과가 얽히고 설키고 만다.

632년 1월, 왕이 66세로 훙서하자 조정에서 작호해 올린 시호는 진평(眞平)이다. 《삼국사기》에는 '왕을 한지(漢只)에 장사지냈다.'고 전한다. 경북 경주시 보문동 608 번지의 명활산과 낭산 사이의 너른 평원이다. 사적 제180호로 지정된 진평왕릉은 적선지가(積善之家) 후손들만이 들어갈 수 있다는 자좌오향의 정남향이다. 봉분 직경 40m 높이 8m의 거대한 원형 봉토분이다.

평지에 용사된 진평왕릉에는 주변 물형을 중시하는 산악 풍수보다 물길 흐름에 치중하는 평원 풍수가 적용된다. 왕릉 좌측의 실개천이 남주작에서 우수(右水)와 합수되니 당대 발복지다.

백제 무왕릉. 왕릉은 왕이 마지막 백제 부흥을 꿈꿨던 익산에 자좌오향으로 조영했다. 대왕릉으로 불리는 무왕릉 우측 아래 200m 지점에는 소왕릉으로 일컫는 왕비릉이 있다. 두 능을 쌍릉으로 부른다.

무왕

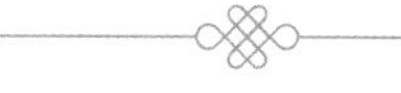

50대 초반의 법왕은 3국의 임금 중 최단명 왕으로
생을 마감했다. 왕정파는 두메산골에서 마를 캐던
서동 왕자를 수소문 끝에 찾아내
백제 30대 무왕으로 등극시켰다.

왕자이나 미천한 신분으로 숨어 살아
폭력 정권 타도 후 왕으로 추대되니

마는 흉년으로 식량이 부족할 때 허기진 배를 대신 채워 주는 구황(救荒) 식물이다. 서여(薯蕷) 또는 산우(山芋)로도 불리며 한반도 도처에 야생하는 덩굴 식물이다. 한방에서는 산약(山藥)이라 하여 허약 체질 · 정력 보강 · 당뇨병 등에 사용하는 약재다.

백제 30대 무왕(재위 600~641)의 유년 시절은 참으로 처절했다. 왕자의 신분으로 마를 캐 팔아 어머니와 연명해야 했던 무왕의 유년 설화가 《삼국유사》에 전한다.《삼국유사》는 고려 25대 충렬왕(재위 1274~1308) 당시 고승 일연(1206~1308)이 편찬(1281)한 고대 역사서다. 그 내용을 약술하면 다음과 같다.

백제 30대 무왕 이름은 장(璋)이다. 장의 어머니가 사비의 남지라는 연못 둑 집에 홀로 살았다. 어느 날 그 연못의 용과 상통해 장을 낳았다. 장의 아명은 서동(薯童)이었다. 평소 마를 캐 팔아 생업을 이어 백성들이 그

렇게 불렀다. 서동은 신라 진평왕(26대 · 재위 579~632)의 셋째 딸 선화(善花) 공주가 매우 아름답고 조신하다는 소문을 들었다. 서동이 몰래 신라의 수도 서라벌로 잠입했다. 서동이 동네 아이들에게 자신이 캔 마를 나누어 주며 동요를 지어 따라 부르게 했다.

'선화 공주님은/남 몰래 시집 가 두고/서동의 방을 밤에 몰래 품으려고 간다.'

철없는 아이들은 밤낮으로 이 노래를 불러댔다. 마침내 신라 조정의 백관과 진평왕의 귀에까지 들어갔다. 진노한 왕이 선화 공주를 먼 지방으로 내쫓았다. 왕후가 슬피 울며 황금 한 말을 노자로 주었다. 길을 가던 도중 훤칠한 장정이 나타나 호위하겠다고 나섰다. 마음이 동한 공주가 몸을 허락했다. 둘이 은밀한 관계를 가진 뒤 비로소 서동인줄 알게 되었다. 공주는 운명임을 직감했다. 둘은 함께 백제로 와 살림을 차렸다. 공주의 금을 본 서동이 마를 캐던 인근 야산에서 산더미 같이 쌓인 금을 찾아냈다. 용화산 지명 법사의 신통력으로 진평왕에게 금을 보내니 왕이 상서롭게 여겨 서동을 존경하게 되었다. 백제 백성들의 인심을 얻어 서동이 즉위하니 곧 무왕이다.

무왕(서동) 즉위를 전후한 백제 정국은 매우 혼란스러웠다. 무왕은 차기 대통을 승계할 왕자로 태어났으면서도 마를 캐 홀어머니를 봉양하며 숨어 살았다. 조정의 왕권 세력에게 노출되면 목숨을 부지할 수 없었기 때문이다. 《삼국사기》에는 무왕이 29대 법왕(재위 599년 12월~600년 5월)의 아들로 전한다. 그러나 사학계에서는 요동쳤던 당시 백제의 정국 추이를 감안할 때 27대 위덕왕(재위 554~598)의 서자로 판단하고 있다.

법왕의 아버지 혜왕(28대 · 재위 598~599)이 위덕왕의 태자 아좌(생몰년 미상)를 살해하고 용상에 올랐을 때 혜왕의 나이는 이미 70이 넘었다. 위덕왕과 혜왕은 형제 사이로 아좌는 혜왕의 조카였다. 위덕왕에게는 서동(아명)이란 서자가 있었다.

혜왕이 재위 1년 만에 죽자 혜왕의 아들 법왕이 즉위했다. 정변으로 왕위를 찬탈한 법왕은 사촌 간인 서동이 위협적 존재였다. 법왕은 측근들과 공모해 서동을 살해하고자 음모를 꾸몄다. 이를 눈치 챈 서동 모자는 벽촌 산간에 숨어든 뒤 마를 캐는 촌부로 위장해 목숨을 연명했다.

법왕의 폭력 정권도 오래 버티지 못했다. 위덕왕의 정통 왕정파가 법왕의 친위 세력을 5개월 만에 타도하고 법왕을 시해했다. 50대 초반의 법왕은 3국(고구려·백제·신라)의 임금 중 최단명 왕으로 생을 마감했다. 왕정파는 두메산골에서 마를 캐던 서동 왕자를 수소문 끝에 찾아내 백제 30대 무왕으로 등극시켰다. 《삼국사기》에는 '무왕의 기상이 걸출하고 뜻이 호방했다.'고 기록돼 있다.

선화 공주는 늘 전운이 감돌았던 백제·신라 간 화평을 염원한 백제 백성들의 여인상으로 보고 있다. 무왕이 법왕 세력과의 화해를 위해 법왕의 딸 중에서 왕비를 간택했을 것이라는 게 사학계의 정설이다. 신라 진평왕에게는 셋째 딸이 없었고 당시 두 나라는 앙숙 간으로 늘 전쟁 상태였다.

익산 미륵사지 해체(2009년) 시 나온 문서에서도 '백제 왕비는 사택적덕의 딸이다.'는 기록이 발굴됐다. 미륵사는 무왕 재위 시 창건된 사찰이다. '사택'은 당시 백제 최고 신분의 귀족 성이고 '적덕'은 이름이다. 그러나 익산 지역에서는 서동 왕자와 선화 공주의 사랑 이야기가 아름다운 설화로 그 생명력이 간단없이 전래되고 있다.

왕의 출신 배경이나 등극 과정이야 어떻든 일단 용상에 앉고 나면 새

소왕릉으로 불리는 선화공주릉. 서동왕자와의 전설적 사랑이 《삼국유사》에 전한다.

서동왕자가 태어난 곳으로 전해지는 익산 마룡지. 마를 캐서 팔며 어머니를 봉양한 생가터도 옆에 있다.

로운 권력층이 형성되기 마련이다. 대신들에 의해 추대된 무왕은 40년 10개월을 재위하며 기울어 가는 백제 국운에 새로운 투혼을 지폈다. 접적 지역에 수비성을 새로 쌓고 허물어진 성은 개축했다. 침공해 오는 적은 가차없이 응징했고 고구려 · 신라를 기습 공격해 빼앗겼던 영토를 회복했다. 대륙 백제 시절의 영광을 되찾는 듯 백제군 사기는 충천했다.

이즈음 한반도를 비롯한 중원 대륙의 국제 정세도 한 치 앞을 내다볼 수 없는 오리무중이었다. 고구려는 호전적인 영양왕(26대 · 재위 590~618)이 죽고 온건파인 영류왕(27대 · 재위 618~642)이 즉위했으나 전쟁에 신음하긴 마찬가지였다. 신라는 진평왕에 이어 선덕여왕(27대 · 재위 632~647)이 용상에 올랐다. 여왕이라 얕보고 주변국에서 자주 침입했다. 3국은 중원에 경쟁적으로 사신을 보내 자국 지지를 호소하느라 국력을 소모했다.

중원 패권을 장악한 수(隋 · 581~618) 문제(재위 581~604)는 고구려를 정벌코자 수차례 군사를 일으켰으나 참패만 거듭했다. 이반한 민심을 틈타 아들 양제(재위 604~618)가 아버지 문제를 참살하고 2대 황제가 되었다. 양제도 고구려를 끝내 정복 못하고 618년 피살당해 수나라가 멸망하고 당(唐 · 618~907)이 건국됐다.

이처럼 고구려는 중원 국가도 함부로 넘보지 못하는 동북아의 강국이었다. 고구려가 왜에 불상 만들 황금 300냥을 보내고(605) 승려 담징과 법정이 왜의 법륭사 금당 벽화를 그린 것도 이때(610)다. 왜의 성덕 태자는 622년 죽었다. 신라 선덕여왕은 '인평'이란 연호를 처음 사용(634)하고 황룡사에서 백고좌(百高座) 법회를 베풀며(636) 승려 100명에게 도첩을 내렸다. 639년 7월에는 난데없이 동해물이 붉어지고 펄펄 끓어올라 물고기들이 몰사했다.

무왕은 신라의 여러 성을 공격해 가잠성 성주의 목을 베고(611) 포로를 잡아다 신라와의 전쟁에 재투입했다. 익산 미륵사(국보 제150호)를 낙성(633)해 불교를 널리 홍포하는가 하면 왕궁 남쪽에 연못을 판 뒤 20리 밖 물로 정원을 꾸며 호사를 누리기도 했다. 미륵사 다층석탑(국보 제11호)이 완공된 건 640년이다.

무왕은 신장된 국력과 강화된 왕권을 바탕으로 익산 천도 계획을 수립했다. 익산에 별도(別都)를 경영하며 막대한 경비를 투입해 평성(坪城)을 축조했다. 궁성 안 내불당 제석사를 창건해 왕족들만 출입토록 했다. 익산 천도를 통해 고착화된 귀족 세력의 재편성을 시도했으나 대신들의 반대로 뜻을 이루지 못했다.

무왕 42년 3월 왕이 승하했다. 조정에서는 무공으로 영토 확장에 기여하고 나라를 안정시킨 공을 기려 무왕(武王)이란 시호를 짓고 종묘에 신주를 봉안했다. 왕릉은 왕이 마지막 백제 부흥을 꿈꿨던 익산에 자좌오향(정남향)으로 조영했다. 대왕릉(전북 익산시 석왕동 6-13 국도변)으로 불리는 무왕릉 우측 아래 200m 지점에는 소왕릉으로 일컫는 왕비릉(자좌오향)이 있다. 두 능을 쌍릉으로 부른다. 고려 27대 충숙왕(재위 1313~1330, 복위 1332~1339) 당시 도굴로 모든 유물이 사라졌다. 1917년 일본인의 추가 발굴 기록도 전한다.

익산에는 서동 왕자의 어머니가 연못의 용과 관계해 서동을 잉태했다는 마룡지(전북 익산시 서고도리 373-12)가 있다. 마룡지 바로 옆 서동의 생가터(전북 익산시 서고도리 373-14)에는 잡초가 무성하다. 군주시대의 용은 임금을 상징한다.

사적 제182호로 지정된 선덕여왕릉은 경북 경주시 보문동 산 79-2의 경주시 남동쪽 낭산 중턱에 있다. 봉분 직경 23m, 높이 7m의 원형 봉토분으로 봉분 하단에 2~3단씩 호석을 둘렀다.

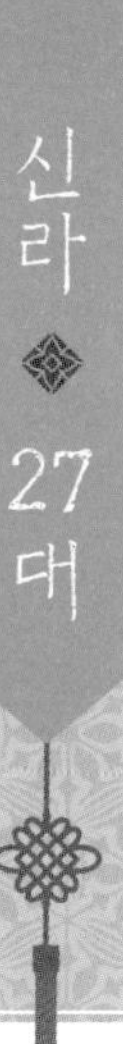

선덕여왕

신라 최초의 여군주로 용상에 오른 선덕여왕은
왕권 행사의 시험대에 올랐다. 조정 대신들은
"남자 왕족들도 여럿 있는데 하필 여왕이 통치하느냐?"며
왕명을 거슬렀고 국정을 장악하지 못해
내우외환이 잦았다.

신라 최초 여군주로 용상에 올라 왕권 행사의 시험대에 오르다

고대 국가에서 새 임금이 등극하면 그 권역의 종주국 맹주가 승인해 주는 게 국제 질서였다. 동남아·동북아·왜를 포함한 아시아권은 중원 대륙을 평정한 강대국 통치자가 맹주였다. 변방의 약소국 왕들은 앞 다퉈 조공품을 진상하고 후견국 역할을 청원했다. 중원의 맹주는 답례로 관작을 내려 번국왕으로 봉하고 조공국에 따라 징표물을 차등 하사했다. 중원국의 신임을 받지 못한 번국왕은 국정 장악력이 약화돼 역모에 휘말리거나 백성들로부터 무시당했다. 7세기 중원 맹주국은 당(618~907) 나라였다.

당보다 먼저 중원을 통일한 수(581~618)는 3차에 걸친 고구려 정벌 실패로 국고는 고갈되고 병사들 사기마저 추락했다. 도처의 반군 봉기로 누란 위기에 처한 국가 운명 앞에서도 수양제(재위 604~618)는 호기를 부리며 인명을 경시했다. 민심을 수습해 의병을 일으킨 이연(당고조)·이세민(당태종) 부자가 수를 멸망시키고 당을 건국했다. 수양제가 시해 당하며 수는 건국 37년 만에 역사 속으로 사라졌고, 변경국 왕들의 연쇄 피살로 전이돼 아시아 정세가 극도로 불안해졌다.

백제에서는 1년 반 만에 28대 혜왕, 29대 법왕이 차례로 시해되고 30대 무왕(재위 600~641)이 즉위했다. 고구려에서도 연개소문(?~666)이 27대 영류왕을 살해하고 28대 보장왕(재위 642~668)을 옹립하며 전권을 장악했다. 신라는 당태종 7년(632) 27대 선덕여왕(재위 632~647)이 즉위했다. 신라 최초의 여군주로 용상에 오른 선덕여왕(이하 여왕)은 왕권 행사의 시험대에 올랐다. 조정 대신들은 "남자 왕족들도 여럿 있는데 하필 여왕이 통치하느냐?"며 왕명을 거슬렀다.

여왕 1년(632) 백제군이 신라 마천성을 침공해 점령했다. 고구려도 신라 북쪽 국경을 월경해 성주를 살해하고 500여 명의 백성을 나포해 갔다. 여왕의 급선무는 당태종한테 관작을 받아 조정을 장악하는 것이었다. 당태종은 여왕이 보낸 신라 사신에게 "네 나라는 여자가 왕이어서 양국이 얕보고 침범한다."며 면전에서 박대했다. 여왕은 사면초가였다.

당태종은 여자가 용상에 오르는 걸 근본적으로 용납 않는 군주였다. 여왕은 633년, 634년에도 봉작을 받기 위해 사신을 당에 보냈다. 당태종은 "짐의 황족 중 한 남자를 보내 신라왕으로 삼겠다."고 엄포를 놓았다. 사신의 보고를 접한 여왕은 역대 임금의 신주가 봉안된 신궁에 제사를 올리며 당태종의 관작 수여를 기원했다.

여왕 4년(635) 당태종이 여왕한테 관작을 보내왔다. 사신에게 '주국낙랑공 신라왕'이란 신임표를 보내 신라의 정식 왕으로 책봉한 것이다. 당태종은 여왕에게 나비 없는 모란꽃 그림을 선물했다. 여왕은 "내가 남편 없이 혼자 지내는 걸 조롱하고 있다."며 당태종을 미워했다. 그러나 표면적으론 내색할 수 없는 약소국 여왕의 처지였다. 여왕은 부왕(26대 진평왕)이 사용하던 연호 건복을 인평(仁平)으로 개원하고 새 시대의 개막을 알렸다. 당의 국립 교육 기관인 국학에 신라 왕족의 자녀를 유학 보내 당의 환심을 사고자 했다.

한반도의 정세는 날로 위태로워졌다. 고구려 · 백제가 신라를 수시로 공략해 신라 독자적으로는 존립하기 어려운 위기 상황에 봉착했다. 백제의 침공이 도를 넘자 여왕은 수모를 감수하고 고구려에 김춘추(603~661 · 후일 29대 무열왕)를 보내 원군을 요청했다. 연개소문(?~666)은 김춘추를 구금하고 신라가 차지한 고구려 옛 땅을 반환하라며 위협했다. 김춘추가 거짓 약속 후 가까스로 탈출했다. 이후로도 고구려 · 백제는 신라 북방과 서방을 수시로 침공해 성을 점령하고 백성들을 포로로 잡아갔다.

구사일생으로 귀환한 김춘추가 여왕의 밀명을 받고 당에 가 태종을 알현했다. "황제 폐하, 아국 신라는 금일 이후 연호 인평을 접고, 정관(貞觀 · 당태종 연호)으로 개호할 것이며, 조정 대신들의 조복도 황제국의 복식으로 교체하겠사옵니다. 부디 원병을 파견해 풍전등화 직전에 놓인 신라를 구해 주시옵소서!" 당태종이 이를 가납했다. 당태종은 고구려 · 백제에 사신을 파견해 3국 간 전쟁 종식과 화해를 강압했다. 고구려의 연개소문은 당태종의 중재를 거부하고 백금을 뇌물로 바치며 당 · 신라의 단교를 요구했다. 백제도 당태종한테 보물을 진상하며 한편으론 왜왕에게 밀사를 보내 당과 신라의 밀착을 견제하려 했다.

여왕은 가야의 후손 김유신(595~673)을 압독주(경북 경산) 군주로 임명해 신라 북(고구려)·서(백제) 국경을 수비토록 했다. 전쟁은 계속됐고 신라는 패전만 거듭했다. 여왕 11년(642) 8월 백제군과의 대야성(경남 합천) 전

석양이 아름다운 선덕여왕 능역의 울창한 송림. 경주 신라 왕릉에는 굽은 소나무가 많다.

선덕여왕이 건립한 첨성대. 국가의 길흉을 점치기 위한 천문대였다.

선덕여왕릉 표지석. 생전에 자신이 죽을 날을 예언했다.

투에선 김품석(김춘추 사위)·죽죽 등 신라의 맹장들이 전사했다. 북방에선 고구려군이 공격해 칠중성(임진강변)·하슬라(강원도 강릉) 주를 위협했다. 여왕은 당에 사신(644)을 급파해 당군의 출병을 간절히 요청했다. 그해 5월 당군이 고구려를 공격하자 김유신이 백제를 쳐 빼앗겼던 7성을 되찾았다.

신라의 당에 대한 의존도는 날이 갈수록 깊어갔다. 대신들의 예복은 당나라 복식으로 바뀌어 신라의 정체성이 상실됐고, 백성들도 조정의 시책에 따라 당의(唐衣)를 착용했다. 여왕은 마음 둘 곳이 없었다. 왕궁 남쪽에 연못을 파고 20여리 밖에서 물을 대 정원을 조성했다. 여왕은 일구월심 왕자의 출산을 고대했다. 즉위 전 남편 김용춘(25대 진지왕 차남)과의 사이에 아들이 없자 삼서제(여왕이 남편 셋을 취하는 제도)에 따라 흠반 · 을제를 새로 맞이했지만 수태를 하지 못했다.

여왕은 침잠된 정국의 국면 전환을 시도했다. 첨성대를 축조(647)해 국가의 길흉을 점치고 천체의 운행을 살펴 지진과 가뭄 등의 자연 재앙에 대비토록 했다. 여왕 14년(645)에는 상대등을 진골 왕족 비담(?~647)으로 교체했다. 이게 탈이었다. 647년 1월 비담과 염종(?~647)이 명활성(사적 제47호 · 경북 경주시 천군동과 보문동 사이)에 진을 치고 반란을 일으켰다. "여자 왕이 정치를 잘못해 신국 신라가 망해가고 있다."는 명분이었다.

비담을 추종하는 일부 대신, 백성들과 군대까지 가담해 반란군의 기세는 매우 위협적이었다. 10여 일에 걸친 근왕 세력과 반군의 대치로 왕경 서라벌은 혼돈에 함몰됐다. 일진일퇴의 접전 끝에 김유신과 알천의 맹활약으로 주모자들이 포박되며 역모가 종식됐다. 비담과 염종은 참수돼 저자 거리에 효수되고, 9족이 멸문지화를 당해 왕족의 수가 크게 줄었다. 여왕의 육신은 점점 야위어 갔다.

여왕은 내란의 충격을 이기지 못하고 647년 1월 8일 승하했다. 《삼국유사》에는 '여왕이 생전에 자신의 죽을 날을 예고해 적중했고, 사후 도리천에 장사지내 달라는 유언을 남겼다.'고 기록돼 있다. 불교에서 도리천(忉利天)은 사천왕사 위에 있는 극락 선경을 이른다. 30대 문무왕 19년(679) 명랑(생몰년 미상) 법사가 선덕여왕릉 아래에 사천왕사를 창건하며 여왕의 유언은 실현됐다.

사적 제182호로 지정된 선덕여왕릉은 경북 경주시 보문동 산 79-2의 경주시 남동쪽 낭산 중턱에 있다. 봉분 직경 23m, 높이 7m의 원형 봉토분으로 봉분 하단에 2~3단씩 호석을 둘렀다. 자좌오향의 정남향으로 후대에 설치한 배례석과 1949년 능의 수축 사실을 기록한 '신라선덕여왕봉수(奉修)기념비'가 능 앞에 있다.

진덕여왕의 죽음은 신라 왕조사에 성골 왕통의 소멸을 의미한다. 여왕은 왕족 중 성골 신분의 남자가 없어 평생을 독신으로 살았다.

신라 28대

진덕여왕

선덕여왕은 내란 중 훙서하며 사촌 여동생 승만이
대통을 잇도록 유언했다. 당일 월성궁에서 승만이
용상에 오르니 28대 진덕여왕이다. 여왕은 알천에게
상대등을 제수한 뒤 외교는 김춘추, 군사는 김유신에게
각각 전담시켰다. 적극적인 대당 외교로 위기에서
나라를 구한 신라 왕조의 마지막 성골 임금이다.

주변국의 여왕 경시 적극 대응
당과 외교관계 통해 통치기반 닦아

한민족의 역사를 통틀어 세 명의 여군주가 나라를 통치했는데 모두 신라 왕조에서 배출됐다. 27대 선덕여왕(재위 632~647) · 28대 진덕여왕(재위 647~654) · 51대 진성여왕(재위 887~897)이다. 남성 위주의 봉건사회에서 여왕의 국가 경영은 한국과 세계를 막론하고 예외적인 사례다. 여왕이란 호칭은 남자 왕과의 시호 구분을 위해 후대에 와 여(女)자를 붙인 것이다. 신라 · 고려 당시에도 선덕왕 · 진덕왕 · 진성왕으로 불려졌음이 기록에 나타나 있다.

선덕여왕은 왕 14년(645) 11월 진골 귀족 김비담(?~647)을 총애해 상대등에 임명하고 귀족회의 대표를 겸하게 했다. 김비담은 고구려 · 백제의 거듭된 침공을 방어하지 못했다. 643년 1월 왕이 당나라에 구원병을 요청했다. 당태종(재위 626~649)은 "여자가 왕이 돼 이웃 나라가 얕보고 쳐들어온다."며 거부했다. 김비담은 이를 명분으로 647년 1월 1일 "변방 적국

경북 경주시 안태봉 중턱에 안장된 진덕여왕. 능에 오르는 길이 험난하기만 하다.

이 업신여기는 여왕을 폐위하자."며 반란을 일으켰다. 심약한 왕은 총신의 배신에 분노를 억제하지 못하고 중병에 들었다.

김비담의 반란은 김유신(595~673)이 이끄는 수비군의 치열한 공격으로 10일 만에 진압됐다. 선덕여왕은 내란 중 홍서(1월 8일)하며 사촌 여동생 승만(勝曼 · ?~654)이 대통을 잇도록 유언했다.

당일 월성궁에서 승만이 용상에 오르니 28대 진덕(眞德) 여왕이다. 진덕여왕(이하 여왕)은 즉위하자마자 김비담을 참수한 뒤 9족을 능지처참했다. 내란 가담자 염종 등 30여 명도 모두 처형하고 경중을 가려 3족을 멸했다. 여왕은 구(舊)귀족 태두인 알천(생몰년 미상)에게 상대등을 제수한 뒤 외교는 김춘추(603~661), 군사는 김유신에게 각각 전담시켰다. 조정의 양대 계파인 신 · 구 세력의 절묘한 안배였다.

여왕 승만은 갈문왕 국반(26대 진평왕 동생)의 딸로 진평왕의 조카딸이었다. 선덕여왕(진평왕 차녀)의 유언이 아니었으면 용상에 오를 서열이 아니었다. 승만이 여자인데다 천명(선덕여왕 언니) 공주의 아들 김춘추(25대 진지왕 손자)가 장성했기 때문이다. 김춘추는 가야 왕족의 후손인 김유신과 연대해 신라 조정의 중추 인물로 대두된 지 오래였다. 여왕은 등극 전부터 이 둘을 경계했으나 왕권 찬탈의 위기에 김비담의 반란을 평정한 공이 커 내칠 수도 없는 입장이었다.

여왕 1년(647) 고구려 · 백제는 내란 중 즉위한 여왕을 얕보고 신라의 무산 · 감물성을 침공해 왔다. 신라의 가야 합병으로 국제 교역로가 봉쇄된 왜도 신라 공격에 국력을 집중하고 있었다. 녹록지 않은 국제 정세였다. 여왕은 연호를 태화(太和)로 개원하고 역대 임금 신주가 봉안된 신궁에 제사 올리며 새 임금 등극을 대내외에 천명했다. 김춘추를 왜에 파견해 단절된 외교 관계를 재개하고 김유신을 대장군으로 삼아 고구려 · 백제 양국군을 격퇴시켰다.

여왕은 당(618~907)의 국내 사정을 십분 원용(援用)했다. 당태종(재위 626~649)은 고구려와의 전쟁 패배(645)를 설욕코자 변방 제후국에 지원군을 청병했다. 여왕은 사신을 보내 신라왕의 책봉을 요청했다. 당태종은 즉시 여왕을 낙랑군 왕으로 책봉했다. 사촌언니 선덕여왕에게는 나비 없는 모란꽃 그림을 보내며 신라왕 책봉을 미루던 당태종이었다. 여왕의 통치 능력에 의구심을 가졌던 신라 왕실 · 귀족들은 안도했다.

고구려·당나라 전쟁에 신라군 파병 사실을 안 보장왕(28대 재위 642~668)과 의자왕(31대·재위641~660)이 절치부심했다. 두 왕은 신라를 멸망시킬 요량으로 협공을 가해왔다. 신라 단독으로는 도저히 감당할 수 없는 중과부적이었다. 가야 합병 중 소모된 국력과 장병 손실이 채 회복되기도 전 양국군에게 절멸될 위기였다. 여왕은 김유신을 압독주(경북 경산) 군주로 신임해 왕경 수호를 전담시키고 김춘추를 급히 불러 독대했다.

진덕여왕릉 둘레석에 돌로 새긴 12지신상. 왕릉 좌향을 파악하는데 중요한 표식이다.

여왕은 당의 국내 사정을 십분 원용했다.
당태종은 고구려와의 전쟁 패배를 설욕코자 변방
제후국에 지원군을 청병했다. 여왕은 사신을 보내
신라왕의 책봉을 요청했다. 당태종은 즉시 여왕을
낙랑군 왕으로 책봉했다. 여왕의 통치 능력에
의구심을 가졌던 신라 왕실·귀족들은 안도했다.

"신라는 개국 이래 최대 위기에 봉착했습니다. 공(公)의 지략에 따라 종묘사직의 명운이 걸렸으니 속히 당으로 가 지원군을 청해 오시오. 어떤 굴욕도 국체 보전을 위함이니 감내 못할 게 무엇이겠습니까? 전권을 공에게 위임합니다."

김춘추는 여왕의 밀명을 놓고 김유신과 숙의했다. 김유신이 품(稟)했다. "이미 대세는 공의 수중으로 기울었습니다. 후일의 치국과 삼국통일을 위해서는 당과의 결탁이 우선입니다. 굴신을 해서라도 영토를 보존해야 대제국 야망도 실현 가능합니다. 입당(入唐)을 서두르소서!"

여왕 2년(648) 김춘추는 둘째아들 김인문(629~694)과 입당해 김인문을 궁정 숙위(宿衛)로 머무르게 하고 당 태종을 알현했다. 김춘추는 신라 관복은 물론 휘장까지 당의 격식으로 바꾸겠다고 자청했다. 당나라 어사가 신라 사신 감질허에게 "아직도 신라 연호를 사용하느냐?"고 질책하자 감질허는 귀국 즉시 당 연호를 쓰겠다고 서약했다. 당태종은 당군 파병을 약조했다. 신라는 649년부터 당 연호로 교체하고 조정 대신들은 당 의관을 착용하기 시작했다.

여왕 3년(649) 당태종이 죽고 당고종(재위 649~683)이 등극했다. 여왕은 김춘추의 큰아들 김법민(30대 문무왕)을 사신으로 보내며 여왕이 직접 지은 시 '치당(致唐)태평송'을 손수 수놓아 당고종에게 진상토록 했다. 당고종은 크게 만족하고 김춘추·김법민 부자에게 벼슬을 특진시키고 신라 여왕의 지위를 계림국왕으로 격상시켰다. 신라는 대당 외교에 더욱 의존하며 인접국을 적대시했다.

《당시품휘》는 여왕의 '치당태평송'을 '고상하고 예스러우며 웅장하고 막힘이 없다.'고 높이 평가하고 있다. 《당시품휘》는 당나라 시인 620명의 작품을 시체(詩體)에 따라 분류한 책으로 1393년 명(1368~1644)나라 시인 고병(1350~1423)이 편찬했다.

신라의 자구 방안으로 비롯된 여왕의 한화(漢化) 정책은 신라 사회 전반의 기존 질서를 바꿔 놓고 말았다. 매년 정월 초하루 신년 하례를 받으며 국왕의 권위를 선양하고 행정제도를 당제로 바꿔 중앙집권 체제를 강화했다. 성골 귀족만 지니던 아홀(牙笏 · 조정 신료의 벼슬 표식)을 진골도 휴대케 해 김춘추 세력의 조정 장악력을 각인시켰다. 신라 고유의 전통 제도와 독창적 문화는 차츰 사라져 갔다.

일부 사학계에서는 여왕과 김춘추의 대당(對唐) 외교를 굴욕의 극치로 치부하고 있지만 당시 신라 안팎의 정세는 급박했다. 당의 원군이 아니었으면 고구려 · 백제에 앞서 신라가 먼저 사라질 운명이었다. 당시 체결된 군사동맹(650)으로 파병된 나당연합군에 의해 백제는 10년 후(660), 고구려는 18년 뒤(668) 멸망했다. 7세기 후반 동아시아의 국제 질서였다.

여왕은 7년 2개월을 재위하다 654년 3월 승하했다. 여왕의 죽음은 신라 왕조사에 성골 왕통의 소멸을 의미한다. 성골과 진골의 구분은 사서에도 분명한 언급이 없다. 《삼국사기》는 시조 혁거세왕부터 28대 진덕여왕까지를 성골로, 29대 태종무열왕부터 56대 경순왕까지를 진골로 분류한다. 여왕은 왕족 중 성골 신분의 남자가 없어 평생을 독신으로 살았다.

사적 제24호로 지정된 진덕여왕릉은 경북 경주시 현곡면 오류리 산 48 안태봉 중턱에 자리 잡고 있다. 자좌오향의 정남향으로 봉분 직경 14.1m 높이 4m의 원형 봉토분이다. 능 하단 탱석에 12지신상을 양각해 놓았고 조영 당시는 석난간이 있었으나 현재는 전하지 않고 있다.

무열왕릉은 신라 능묘 사상 최초로 능비가 건립돼 피장자를 확인할 수 있는 무덤이다. 사적 제20호로 지정돼 있다.

신라 29대

태종무열왕

차기 임금 추대를 위한 화백 회의가 열렸다.
김춘추는 세 번 사양한 뒤 수락했다. 폐왕의 손자
김춘추가 29대 왕으로 등극하니 태종무열왕이다.
왕실에 성골이 소멸된 직후여서 신라 최초
진골 출신이 왕이 되었다.

폐왕 손자라는 고립무원 극복
능란한 외교책사로 왕권 장악

김춘추(金春秋 · 602~661)는 폐위된 왕의 손자라는 질시와 소외 속에 불우한 성장기를 보냈다.

25대 왕위에 오른 진지왕(재위 576~579)이 국정을 외면하고 황음에만 탐닉하자 사도태후(24대 진흥왕비)가 폐위시켜 별궁에 유폐시켰다. 진지왕은 왕후 사도부인 사이에 장남 김용수와 차남 김용춘을 두었다. 두 형제는 왕실의 눈총과 감시 속에 진골 신분을 위태롭게 유지하며 구차한 삶을 영위했다.

진지왕을 이어 26대 왕위에 오른 진평왕(재위 579~632)에겐 왕자가 없었다. 왕은 장녀 천명 공주와 차녀 덕만 공주 가운데 덕만을 편애했다. 천명을 김용수에게 시집보내고 덕만이 후사(27대 선덕여왕 · 재위 632~647)를 잇도록 했다. 천명은 "왜 둘째에게 왕위를 물려주며 하필 폐왕의 아들에게 출가시키느냐?"며 통곡했지만 지엄한 왕명을 거역할 순 없었다.

천명은 용수보다 용춘을 사모했으나 성사가 안 됐고 얼마 후 용수의 소생 김춘추를 낳았다. 이를 안 용수가 지병으로 세상을 떠나며 동생 용춘에게 천명을 부인으로 삼고 춘추를 양자로 들여 줄 것을 당부했다. 용춘이 형수를 아내로 맞았다. 이후 김춘추는 숙부 김용춘을 생부처럼 지성으로 섬겼다.

김춘추는 항상 외로웠고 늘 혼자였다. 《삼국사기》에는 그가 '어려서부터 제세(濟世)의 뜻을 가졌고 의표(儀表 · 본받을 만한 모범)가 영특했다.'고 전한다. 그는 한반도 동남방의 소국 신라가 처한 지정학적 숙명을 고뇌하며 종종 좌절에 봉착하곤 했다. 북방의 고구려는 말갈을 충동해 신라 영토를 수시 침공했다. 때로는 고구려 · 백제 · 말갈이 연합 전선을 펴 신라를 공격해 국가의 존립을 위협하기도 했다. 바다로 국경을 접한 왜(일본)는 고구려 · 백제와의 간교한 외교술로 신라를 궁지에 몰아넣었다. 당나라는 3국(고구려 · 백제 · 신라)을 부추겨 과도한 조공과 충성을 강요하고 걸핏하면 군대 출병을 내세워 겁박했다.

왕실과 귀족들은 폐왕의 손자였던 김춘추를 대면조차 기피했다. 왕위 계승권에서 제외된 지도 오래였다. 그는 황량한 광야에 홀로 버려진 고립무원의 처지였으나 절망적 상황에서도 좌절하지 않았다. 조정에 출사해 헌신할 바를 구상했고 폐왕족 가문의 명예를 기필코 회복시키겠다고 다짐했다. 어느 날 그의 뇌리에 섬광 같이 스치는 자각이 있었다. '풍월도를 통한 무공 수훈으로 입신양명하고 나라도 지키자!'

풍월도는 화랑으로 불리는 당시 신라 상류 사회 자녀들의 최대 군사 조직이었다. 김춘추는 풍월도에 입문했다. 여기서 신라의 중고기(中古期) 국운을 바꿔 놓는 김유신(595~673)과의 조우가 이뤄졌다. 김유신은 김춘추보다 7년 연상이었다. 가야 망국왕(10대 구형왕 · 재위 521~532)의 증손자인 김유신도 신라 귀족 사회의 일원이었으나 주류층에서 견제 당하긴 김춘추와 다를 바 없었다. 둘은 의기투합했다.

선덕여왕에겐 자녀가 없었다. 여왕은 일구월심 성골 남편을 만나 왕자를 출산하는 게 소원이었다. 왕실의 삼서제(三壻制 · 여왕이 후사를 잇기 위해 세 남자를 선택해 동침하는 것)에 따라 여왕이 김용춘을 맞이했다. 언니 천명의 남편으로 형부이자 김춘추의 계부였다. 여왕에게 선택된 남자의 본처는 이혼을 해야만 했다. 엇갈린 운명의 두 자매 사이에 증오가 다시 활화산처럼 불타올랐다.

김춘추에겐 어머니의 불행이 일생일대 절호의 기회였다. 여왕은 이종조카 김춘추를 조정으로 출사시켜 벼슬을 제수하고 폐왕족의 굴레를 벗겨 주었다. 구(舊) 귀족 세력의 대표였던 알천과 비담, 염종이 사생결단으로 반발했다. 김춘추는 이들의 견제를 굴종으로 무마하며 김유신과 은밀히 세력을 확장해 나갔다. 어느 덧 김춘추는 능란한 외교 책사로, 김유신은 군부를 장악한 신(新) 귀족 세력으로 급부상했다.

여왕 11년 김춘추에게 충격적인 비보가 전해졌다. 백제 장군 윤충이 1만 병력을 이끌고 대야성(경남 합천)을 공격해 성주 김품석, 고타소 부부와 그 일가족은 물론 죽죽, 용석 장군을 참살한 것이다. 고타소는 김춘추의 첫 부인 보량궁주가 낳은 맏딸이었다. 보량궁주가 산고를 못 이겨 일찍 죽자 김춘추는 고타소를 불쌍히 여겨 애지중지 키웠다. 백제 의자왕(31대 · 재위 641~660)의 심복 윤충이 이들을 모조리 참수해 유골마저 사비성(부여)으로 가져간 것이다.

김춘추는 절치액완(切齒扼腕)하며 피의 보복을 작심했다. 그러나 신라

무열왕릉 후미의 웅장한 북현무 병풍산. 경주의 신라 왕릉 중 최고 명당으로 손꼽힌다.

"태자는 들으라. 짐이 고구려까지 굴복시켜
삼한(삼국)을 경략하려 했으나 내 명이 여기까지로다.
태자(30대 문무왕)는 한목숨 다 바쳐 종묘사직을
보전하고 짐이 못다 이룬 대망을 실현토록 하라."
기척이 없어 옥체를 살피니 왕이 숨을 거둔 뒤였다.
김춘추, 태종무열왕이 승하한 것이다.

국력으로는 백제를 멸망시킬 수가 없었다. 반드시 외부 세력을 끌어들여야만 백제, 고구려 중 한 나라를 괴멸시킬 수 있었다. 김춘추는 적국과 결탁해서라도 백제부터 멸망시킬 방안 모색에 착수했다. 우선 국경을 접한 고구려와 동맹을 도모키로 했다.

이 해(642) 고구려에서는 지축을 뒤흔드는 정변이 발생했다. 연개소문이 27대 영류왕을 시해하고 보장왕(28대 · 재위 642~668)을 옹립하며 스스로 대막리지(국상)에 올라 전권을 장악했다. 김춘추는 "연개소문을 직접 만나 나려동맹을 성사시키겠다."고 여왕에게 장담한 뒤 고구려에 입조했다. 목숨을 건 도박이었다.

김춘추는 연개소문에게 "양국 동맹으로 백제를 공취해 영토를 양분하자."고 제안했다. 연개소문이 일언지하에 거절했다. 격분한 연개소문은 "진흥왕(24대) 때 신라가 점령한 한강 상류의 고구려 땅을 반환하라."며 김춘추를 감옥에 가두고 목숨을 위협했다. 김춘추는 헛되이 목숨을 버려서는 안 된다고 판단했다. "귀국 후 반드시 영토를 돌려주겠다."고 거짓 맹세한 뒤 고구려를 탈출했다. 이후부터 김춘추는 대당(對唐) 외교에만 사활을 걸었다.

김유신도 혁혁한 무공으로 일취월장했다. 어느 덧 그는 구 귀족에 맞서 신 귀족을 대표하는 최대 군벌 세력으로 급성장했다. 그는 김춘추의 차기 왕위 승계를 확신했다. 교묘한 지략으로 두 여동생을 김춘추에게 시집보내 둘 사이는 처남 · 매제지간이 됐다. 신라 폐왕족과 가야 망국 왕족의 절묘한 결합이었다.

존립 기반을 상실해 가던 구 귀족 세력이 반역을 도모했다. 선덕여왕 8년(641) 1월 비담과 염종이 반란을 주도해 대궐을 장악하고 신 귀족 세

무열왕릉 능비는 비석 몸체인 비신이 유실되고 현재는 귀부와 이수만 전해온다. 능비의 사실적 표현과 섬세한 조각은 신라 석조예술의 정수로 평가되고 있다.

력을 마구 살해했다. 이들의 역모는 1개월 동안 지속됐으나 김유신에 의해 진압됐고 30여 명의 구 귀족 세력이 일거에 참수됐다. 심약한 여왕은 며칠 후 승하했다. 권력 싸움에서 완패한 구 귀족 세력은 발본색원됐고 신라 조정은 김춘추, 김유신 천하가 되고 말았다.

두 사람의 집권 청사진은 치밀했다. 승만(선덕여왕 사촌동생)을 28대 진덕여왕(재위 647~654)으로 추대하고 구 귀족 세력의 수장에서 신 귀족 세력의 지지로 돌아선 김알천(金閼川)을 상대등으로 앉혔다. 차기 왕권 장악에 대비해 내정을 혁신하고 노골적인 친당 외교를 펼쳤다. 진덕여왕과 김알천은 모든 정사를 두 사람에게 위임했다. 654년 3월 여왕이 재위 7년 3개월 만에 승하했다.

차기 임금 추대를 위한 화백 회의가 열렸다. 김춘추와 김유신은 국가 원로로 경륜이 풍부하다며 김알천을 천거했다. 김알천은 두 사람의 속을 훤히 꿰뚫고 있었다. 자칫하다가는 목이 달아날 판이다. 김알천은 자신의 늙음과 덕행 부족을 내세워 극구 사양하고 '제세의 영걸'이라며 김춘추를 천거했다. 김춘추는 세 번 사양한 뒤 수락했다. 폐왕의 손자 김춘추가 29대 왕으로 등극하니 태종무열왕(재위 654~661)이다. 왕실에 성골이 소멸된 직후여서 신라 최초의 진골 출신 왕이 되었다.

태종무열왕(이하 왕)은 즉위하자마자 아버지 김용춘을 문흥(文興) 대왕에, 어머니 천명부인을 문정(文貞) 태후로 추증했다. 왕권 승계의 정당성과 합법성을 만천하에 공포한 것이다.

고구려 · 백제의 신라 침공은 영일 없이 계속됐다. 왕은 백제부터 멸망시키기로 결단했다. 그동안 꾸준히 구축해온 대당 외교를 바탕으로 나당연합 작전을 면밀히 수립했다. 조정 대신들은 지나친 대당 의존도를 우려했지만 태풍전야의 신라를 지켜내기 위한 최후의 방책이라며 의지를 관철했다.

왕 7년(660) 1월 상대등으로 임명된 김유신이 나당연합군과 백제와의 전쟁을 총지휘했다. 668년 7월 사비성 함락 이후 왕은 웅진성(충남 공주)으로 피신했던 의자왕이 항복하고 따르는 술잔을 받았다. 그해 11월 왕은 백제 영토에서 아직 정복되지 않은 이례성(충남 논산) 등 20여 성을 토벌하고 서라벌로 귀환했다. 왕은 태자 법민과 김유신에게 고구려 정벌 준비를 명했다. 용상에서 일어서던 왕이 갑자기 휘청했다. 용안은 수척했고 옥음도 어눌했다. 속히 태자가 입시했다.

"태자는 들으라. 짐이 고구려까지 굴복시켜 삼한(삼국)을 경략하려 했으나 내 명이 여기까지로다. 태자는 한목숨 다 바쳐 종묘사직을 보전하고 짐이 못다 이룬 대망을 실현토록 하라."

기척이 없어 옥체를 살피니 왕이 숨을 거둔 뒤였다. 재위 7년 3개월 만인 보령 59세였다. 조정에서는 왕의 공덕을 기려 무열(武烈)이란 시호를 지어 올렸고 추후 태종(太宗)이란 묘호를 추증해 태종무열왕이라 했다. 당에서는 당태종과 동일한 묘호라며 '태종'의 사용을 금했지만 신라 조정은 단호히 거부했다. 왕은 세 부인에게서 13명의 소생을 두었다. 첫 부인은 보량궁주고, 왕후는 문명부인(김유신 둘째 여동생), 후궁은 보희부인(김유신 첫째 여동생)이다.

무열왕릉은 경북 경주시 서악동 842번지 선도산 동쪽 능선 말단부의 평지에 조영됐다. 신라 능묘 사상 최초로 능비가 건립돼 피장자를 확인할 수 있는 무덤이며 사적 제20호로 지정돼 있다. 유좌묘향(酉坐卯向)의 정동향으로 봉분 높이는 8.7m, 직경 36m, 둘레가 112m다. 봉분 아래에는 1m 내외의 괴석으로 된 호석을 둘렀다.

무열왕릉 동북쪽에 있는 능비는 비석 몸체인 비신이 유실되고 현재는 귀부(龜趺)와 이수(螭首)만 전해온다. 이수의 앞면에 '태종무열대왕지비(太宗武烈大王之碑)' 라는 2행 8자가 전서체 현침전(懸針篆)으로 양각돼 있다. 왕릉 앞에는 당시 세워진 상석이 있다.

능비의 사실적 표현과 섬세한 조각은 중고기 신라 예술의 정수라는 학계의 평가다.

경북 경주시 송화산록에 있는 흥무대왕 김유신 묘. 신라 귀족의 묘 중 최대 규모이며 신하가 왕으로 추존된 세계 최초의 왕릉이다.

김유신

유년 시절 김유신은 고구려·백제 침공으로 참담해진
신라 백성들을 목도하며 삼국통일의 야망을 키웠다.
무술에 걸출한 김유신과 처세의 귀재 김춘추의 조우는
삼국 역사의 축을 바꿔 놓았다. 둘의 꿈은
달랐지만 상봉 즉시 의기투합했다.

가야인으로 삼국통일 주역 되어 신하로서 세계 최초 왕으로 추존

단재 신채호(1880~1936)는 일제강점기 항일 독립운동가로 우리 민족사에 큰 족적을 남긴 언론인이자 역사 저술가이다. 만주 동창학교에 교사로 재직할 시 단군 · 고구려 · 발해를 중심으로 한 조선사를 집필해 한국의 고대사를 체계화하는 데 공헌했다. 단재가 일갈했다. "신라의 김유신은 지용 있는 명장이 아니라 정치가다. 평생 세운 큰 공이 전장에 있지 않고 음모로 이웃 나라를 어지럽힌 자이다. 당나라 군대와 연합해 동족을 멸함은 도적을 끌어들여 형제를 살상함과 무엇 하나 다르지 않다." 단재는 1936년 중국 여순 감옥에서 순국했다.

역사를 풍미한 유명 인물의 공과는 사서에 기록된 행적이나 사가들의 연구 결과에 의해 평가된다. 역사의 전면에 부각된 인사들은 누구도 피해 갈 수 없다. 동일인의 평가에 대해서도 사학계의 견해는 다를 수 있다.

김유신에 대해서도 단재와 같은 시각이 있는가 하면 "당시는 고구려 ·

김유신 묘 입구에 있는 흥무문. 사후 160여 년 뒤인 42대 흥덕왕 때 흥무대왕으로 추존되었다.

백제 · 신라가 현재의 단일 민족 개념이 아닌 별개의 적국으로 대치했다. 국가의 존립이 지상의 과제였다."는 의견도 있다.

가야 왕족 출신 김유신(595~673)은 선대부터 신라인과 혼혈이었다. 6대 좌지왕(재위 407~421)은 여색을 탐해 인근 소국의 왕녀와 각국 대신들의 딸 여럿을 후궁으로 들였다. 그중 신라의 아찬(17관등 중 6등급) 도령의 딸 복수가 아들(7대 취희왕 · 재위 421~451)을 낳자 태자로 봉하고 복수는 왕후로 삼았다. 취희왕도 신라 각간 진사의 딸 인덕을 맞아 8대 질지왕(재위 451~492)을 출산했다. 질지왕은 가야의 여인 방원에게서 9대 겸지왕(재위 492~521)을 얻었는데 겸지왕이 다시 신라 각간 출추의 딸 숙씨를 왕후로 들여 10대 구형왕(재위 521~532)을 낳았다.

구형왕은 가야 계봉의 딸 계화를 왕비로 간택해 김노종 · 김무덕 · 김무력 세 왕자를 두었다. 구형왕은 가야의 국운이 기울자 세 왕자와 왕비 · 왕족을 대동하고 신라 법흥왕(23대 · 재위 514~540)에게 투항했다. 법흥왕은 막내 김무력의 인물됨을 간파하고 딸 아양 공주를 시집보내 부마로 삼았다. 가야 왕족은 신라의 진골 귀족에 편입됐으나 조정 대신들의 차별로 조정의 진출을 봉쇄당했다. 가야 유민 대부분도 신라의 하층 신분으로 전락해 고구려 · 백제 전쟁의 선두에 서 희생양이 되었다.

김무력은 아양 공주와의 사이에서 김서현을 낳았다. 김무력 · 김서현 부자는 신라 조정의 살벌한 감시 속에 구차한 목숨을 부지했다. 생존 계책은 오직 전투에서 승리해 무공을 세우는 길 뿐임을 터득했다. 551년 김무력은 나제동맹 연합군이 점령한 고구려 영토를 백제 후미에서 기습해 신라의 독점에 기여했다. 554년에는 보복전에 나선 백제 성왕(26대 · 재위 523~554)을 관산성(충북 옥천) 전투에서 추포해 참수했다. 그 공으로 김무력은 신주(新州) 도독이 되고 신라 정계의 막강한 군벌로 급부상했다.

아들 김서현은 용의주도했다. 아버지는 법흥왕의 부마로 출세 길이 보장됐지만 자신은 신라 군부의 일개 무장에 불과했다. 신라 왕녀와의 혼인이 절실했다. 어느 날 길을 가다 우연히 낭자 일행을 만났다. 진흥왕(24대 · 재위 540~576)의 여동생 만호 부인의 딸 만명이었다. 김서현이 다가가 청혼했다. 만명은 김서현의 준수한 용모와 위풍당당한 장부 기질에 반했다. 둘은 주위를 물리치고 야합했다.

만명의 아버지 숙흘종이 "김서현은 가야 폐왕족의 자식이다."며 만명을 광속에 감금하고 출입을 금지시켰다. 숙흘종은 입종(법흥왕 동생)의 아들로 이복 여동생 만호와 사통해 딸 만명을 낳았다.

숙흘종은 만명과 김서현의 혼인을 극구 반대했지만 감금한 광 자물쇠가 벼락으로 부서져 만명이 탈출했다. 김서현과 만명이 만노군(충북 진천)으로 도주해 아들을 출산(현 충북 진천군 진천읍 상계리)하니 김유신이다. 김유신은 자신의 출생 배경을 알고 난 후 신라 조정 안에서의 신분 격상 방안을 고뇌하며 성장했다. 가야 왕족의 가문을 유지하기 위해서는 무장의 길

산청의 구형왕릉 옆에 있는 김유신 행릉사우비(行陵祠宇碑). 가야 구형왕은 김유신의 증조부다.

김유신은 둘째 여동생 문희를 김춘추에게 시집보낸 후
김춘추가 29대 무열왕으로 즉위하자 왕비에 책봉토록 했다.
첫째 여동생 보희도 무열왕의 후궁으로 입궁시켜
신라 왕실의 혈통을 가야 왕족과 결합시켰다. 김유신은 상대등을
제수 받고 신라 전 귀족을 대표하는 최고위직에 올랐다.
그해 7월 백제 계백 장군과의 황산벌 결전에서
당나라군과 합세해 백제를 멸망시켰다.

이 첩경임을 인지하고 풍월도(화랑도)에 입문했다.

신라의 폐왕족 김춘추(602~661)도 가망 없는 미래 속에 연명하기는 김유신과 흡사했다. 김춘추의 할아버지(25대 진지왕 · 재위 576~579)는 과도한 색탐으로 사도태후(24대 진흥왕비)한테 폐위 당했다. 김춘추의 아버지 김용춘(578~647)도 고립무원의 혈혈단신으로 조정의 이단아였다. 김춘추는 폐족된 진지왕계를 복원하기 위해서는 군사 조직을 장악함이 급선무임을 직감하고 풍월도에 입문했다.

유년 시절 김유신은 고구려·백제 침공으로 참담해진 신라 백성들을 목도하며 삼국통일의 야망을 키웠다. 김춘추는 수단·방법을 불문하고 왕권을 탈환한 뒤 신라를 강대국으로 성장시키겠다고 다짐했다. 무술에 걸출한 김유신과 처세의 귀재 김춘추의 조우는 삼국 역사의 축을 바꿔 놓았다. 둘의 꿈은 달랐지만 상봉 즉시 의기투합했다. 김유신이 15세 풍월주로 낭도를 통솔할 때는 김춘추가 부장으로 솔선했다. 김춘추가 18세 풍월주로 화랑도를 선도할 때는 김흠순(김유신 동생 · 19세 풍월주)이 부장으로 보좌해 심복 무사들을 양성해 냈다. 뒷날 이들이 삼국통일의 중추 세력으로 맹활약했음은 불문가지의 일이다.

김유신은 둘째 여동생 문희를 김춘추에게 시집보낸 후 김춘추가 29대 무열왕(재위 654~661)으로 즉위하자 왕비에 책봉토록 했다. 첫째 여동생 보희도 무열왕의 후궁으로 입궁시켜 신라 왕실의 혈통을 가야 왕족과 결합시켰다. 김유신은 상대등을 제수(660) 받고 신라 전(全) 귀족을 대표하는 최고위직에 올랐다. 그해 7월 백제 계백 장군과의 황산벌(충남 논산) 결전에서 당나라군과 합세해 백제를 멸망시켰다. 백제 멸망의 비사에는 김유신의 책략이 사서에 전해온다.

백제의 대신인 임자가 신라 부산(夫山)의 현령으로 있는 조미압을 포로로 잡아 종으로 부렸다. 김유신은 조미압에게 첩자를 보내 신라의 간자가 될 것을 종용했다. 조미압은 임자에게 "양국의 미래와 존망을 알 수 없으니 백제가 망하면 임자가 김유신을 의지하고, 신라가 망하면 김유신이 임자에게 의탁토록 하자."는 김유신의 계책을 전했다. 임자는 선뜻 응하고 조미압을 백제의 조정에 무상 출입시켰다.

조미압에게서 '백제 군인들이 나태하고 전의를 상실해 왕명도 거역한다.'는 첩보를 입수한 김유신이 백제 합병을 서둘렀다. 김인문(30대 문무왕 동생)을 당에 급파해 출병을 간청했다. 당태종(재위 626~649)이 13만 대군을 보내 백제는 나당연합군에 의해 멸망했다. 668년 7월 고구려를 멸망시킬 때는 지병이 악화돼 후방에서 지휘했다. 삼국통일을 이룬 김유신은 문무왕 13년(673) 79세로 파란만장한 일생을 마감했다.

김유신은 정부인과 여러 첩실을 맞이해 자녀가 많았다. 후손들은 김유신과 달리 폐쇄적인 신라 조정의 신분적 한계를 극복하지 못하고 귀족 사회에서 소외되었다. 사후 160여 년 뒤인 42대 흥덕왕(재위 826~836) 때 흥무(興武) 대왕으로 추존되었다. 신하가 왕으로 추존된 사례는 세계에서 김유신이 최초인 것으로 사학계는 파악하고 있다.

사적 제21호로 지정된 김유신 묘는 경북 경주시 충효동 산 7-10 송화산 남쪽에 건좌(북에서 서로 45도) 손향(동에서 남으로 45도)의 동남향으로 용사돼 있다. 역대 귀족들의 묘 중 최대 규모로 봉분 직경 16m 높이 5.5m의 원형 봉토분이다. 횡혈식 석실분 묘제로 봉분 하단에 호석을 설치하고 탱석마다 십이지신상을 부조(浮彫)했다.

의자왕(오른쪽)과 태자융의 단. 2000년 4월 북망산에서 의자왕 영토 반혼제를 올리고 영토를 취토해와 부여 고란사에 봉안했다. 동년 9월 30일 선왕들이 영면해 있는 부여 능산리 고분군에 안장했다. 의자왕과 융의 단을 상하로 조영했다.

백제 31대

의자왕

왕은 사비성이 함락되자 태자 효를 데리고 웅진성으로 피신했다. 이 틈에 왕의 둘째 아들 태가 백제왕을 참칭하고 사비성을 장악했다. 7월 18일 웅진성이 완전 포위됐다. 왕과 태자는 무열왕과 소정방 앞에 무릎을 꿇었다. 신하의 예를 갖춰 술을 따르며 항복했다. BC 18년 온조왕 창업 이래 678년을 지속하던 백제가 망했다.

충신은 내치고 간신 무리만 넘쳐
왕의 방종으로 700년 사직 무너지다

백제 의자왕(31대 · 재위 641~660) 15년(655) 2월. 백제 · 고구려 · 말갈의 기습 협공으로 신라 북동부 33개 성이 일순간에 무너졌다. 의자왕(이하 왕)은 양국 군에게 후한 참전 보상을 한 뒤 노획(虜獲)한 신라 백성들을 후방으로 강제 이주시켰다. 그해 8월 다시 왕은 노획한 신라 장정들을 앞세워 신라를 공격했다. 즉위 2년째인 신라 태종무열왕(29대 · 재위 654~661)은 전열을 정비할 틈도 없이 여러 성을 점령당했다.

승전보를 접할 때마다 왕은 득의만만했다. 승리한 장군에게 말 20필과 곡식 1천 석씩을 내리고 연회를 베풀었다. 전승의 도취는 이듬해까지 이어졌다. 왕은 천하대세를 거머쥔 양 오만에 빠지고 궁녀들을 가까이하며 향락에 탐닉했다. 간언하는 충신은 내치고 아첨하는 간신들을 가까이하며 정사마저 돌보지 아니했다.

백성들은 왕의 돌변을 심히 우려했다. 효심이 극진하고 형제 간 우애도 남달라 해동 증자(曾子 · BC 506~BC 437, 공자의 말년 제자)로 회자되던 왕의 일탈에 국가의 미래를 우려했다. 왕 16년(656) 3월 좌평(15품계 중 1등) 성충(?~656)이 탑전에 아뢰었다.

"폐하, 성상의 총명을 혼탁케 하는 간신 모리배들을 척결하시고 과도한 주색을 절제하소서. 작금 아국을 둘러싼 국제 정세가 점점 위급해지고 있사옵니다."

순간 왕의 용안이 험상궂게 일그러졌다. 양손을 부들부들 떨더니 용상에서 일어나 벽력같은 어명을 내렸다.

"네 이놈, 감히 짐을 능멸하다니…. 무엇들 하느냐? 저 놈을 당장 하옥시키고 곡기를 끊어 버리도록 하라."

성충은 곧바로 옥에 갇혔다. 간신들도 설마했다. 하루 정도 굶기고 식음이야 잇게 할 줄 알았다. 왕의 진노는 이틀이 지나도 요지부동이었다. 성충도 노쇠한 몸이었다. 3일째 되던 날 성충이 지필묵을 들이도록 했다. 탈진한 육신을 겨우 일으켜 일필휘지로 상소문을 써내려갔다. 죽음을 목전에 둔 노(老) 대신이 못할 말이 무엇이겠는가.

"신(臣) 좌평 성충 부복해 돈수백배하옵고 성상께 감히 아뢰옵니다. 대저(大抵) 일국의 기흥성쇠는 천지신명의 뜻이로되 국운은 군주의 경략 의지에 좌우되옵니다. 개국 이래 백제는 풍전등화의 국난 속에서도 종묘사직은 무탈히 이어져 왔습니다." 성충의 간언(諫言)은 거침없이 이어졌다.

"충신은 죽더라도 임금과 나라를 못 잊는 법입니다. 이승을 하직하며 간곡한 일언을 올리오니 부디 간과치 마옵소서. 저간의 국제 정세는 피아가 없는 난세이옵니다. 폐하, 이번 전쟁의 참패로 궁지에 몰린 신라는 반드시 당과 연합해 백제를 쳐들어 올 것입니다." 성충의 유언은 각혈할 듯 절절했다.

"폐하, 적군이 공격해 오면 육로는 탄현(대전시 동구와 충북 옥천군 군서면 식장산 고개)을 최후 보루로 포기하지 마소서. 수군은 기벌포(금강 하구)를 사수한 뒤 험한 지형을 택해 접전하면 기필코 아군이 승리할 것이옵니다."

성충이 붓대를 놓쳤다. 《삼국사기》에 전하는 성충의 최후다. 왕 16년(656) 3월이었다. 왕은 변하지 않았다. 이번에는 성충과 함께 직간하던 충신 흥수(興首 · 생몰년 미상)를 고마미지현(전남 장흥)으로 귀양 보냈다. 조정안에는 귀에 솔깃한 감언이설로 왕의 총명을 흐리는 간신 무리들만 넘쳐났다.

왕 17년(657) 1월에는 왕의 서자 41명을 좌평에 임명했다. 대신들은 망조가 들었다며 탄식했다. 나라 곳간은 비어가는 데 서자들에게까지 높은 벼슬을 내려 국고를 탕진하니 백성들 등골만 휘었다. 매년 홍수와 가뭄이 번갈아 들고 기이한 흉조까지 겹쳐 민심은 흉흉해지고 괴담마저 나돌았다.

왕 즉위 시부터 급변한 한반도 국제 정세는 갈수록 위기로 치달았다. 고구려에서는 연개소문(?~666)이 영류왕을 살해하고 보장왕(28대 · 재위 642~668)을 내세웠다. 연개소문은 왕을 허수아비로 만들고 스스로 대막리지(국상)에 올라 무소불위의 권력을 휘둘렀다. 고구려는 전군 동원령이 내려진 가운데 당나라와 전쟁하느라 편한 날이 없었다.

신라는 647년 1월 비담 · 염종의 반란 충격으로 27대 선덕여왕이 숨지자 여왕의 사촌여동생 진덕여왕(28대 · 재위 647~654)이 즉위했다. 두 여왕 시대를 은인자중하며 절차탁마하던 김춘추가 29대 무열왕(재위 654~661)으로 즉위했다. 무열왕은 국제 정세를 관통하며 대당 외교술에도

충남 논산시 연산면 신암리 일대의 황산벌. 계백장군의 5천 결사대가 장렬히 산화한 현장이다.

충남 논산에 있는 계백장군 묘. 계백의 5천 결사대는 초반 신라군과의 접전에서 네 번을 승리했으나 결국 중과부적을 당해내지 못하고 계백과 함께 전멸했다.

능수능란한 발군의 군주였다.

무열왕은 고구려 · 백제 양국과 교차 연합해 영토 전쟁을 벌여보았지만 국익에 따라 표변하는 각자도생에 절망했다. 왕은 당과의 연합만이 두 나라를 멸망시킬 수 있는 첩경이라고 확신했다. 태자 법민(30대 문무왕 · 재위 641~681)을 당에 입국시켜 당군 파병을 확약 받고 당의 관직 · 복식 제도를 신라 사회 전반에 만연시켰다.

왕 19년(659) 4월 백제군이 신라 동잠성(경북 금릉군 서남부지역)을 점령했다. 왕 20년(660) 3월 무열왕은 이참에 백제를 멸망시키고자 당에 사신을 급파했다. 파병을 주저하던 당 고종(3대 황제 · 재위 649~683)이 백제 공격령을 내렸다. 그해 5월 21일 태자 법민이 100여 척의 선단을 이끌고 덕물도(경기도 옹진군 덕적면 소야도)에 나갔다. 당 연합군 총사령관 소정방(595~667)이 거느리고 온 13만 대군을 극진히 맞았다.

급보를 접한 왕의 용안이 주토(朱土) 빛으로 변했다. 황급히 대신들을 소집해 대책을 숙의했으나 묘안이 도출될 리 만무했다. 왕이 뒤늦게 후회하며 책사를 찾았으나 성충은 죽었고 흥수는 귀양 가고 없었다.

"이럴 때 성충이 살아 있었더라면 얼마나 좋았을 것인가. 성충을 굶겨 죽인 게 천추의 한이로다." 순간 왕의 뇌리에 귀양 가 있는 흥수가 떠올랐다. 간신 임자(任子 · 생몰년 미상)의 이간질로 고마미지현에 위리안치 시킨 좌평이었다.

"속히 고마미지현에 사자를 보내 흥수를 방면하고 지혜를 얻도록 하라." 탱자나무 울타리 안에서 연명하고 있던 흥수는 임종을 앞두고 있었다. 이미 때가 늦었다며 겨우 말을 이었다.

"당병은 수가 많고 군율이 엄한데다 신라군과 연합해 앞뒤로 공격 중

부여 부소산 정상에 있는 토성. 삼천 궁녀가 나당연합군에 쫓겨 낙화암으로 가던 길이다.

이다. 백강과 탄현은 백제의 천연 요새다. 민첩한 병사를 가려 보내 목숨 걸고 수비토록 하라. 성문을 굳게 닫아 지키고 있다 적군 양식이 떨어지고 병졸들이 지칠 때 공격하도록 하라."

흥수가 숨을 거뒀다. 간신 임자가 흥수의 마지막 충언을 반박하며 백제 영토에 적군이 진입할 때를 기다렸다가 공격하자고 했다. 왕은 임자의 말을 따랐다. 백제 조정에서 갑론을박하는 사이 속전속결로 치닫던 나당연합군이 백제 땅을 유린했다.

왕은 땅을 쳤다. 달솔(2품) 계백(?~660)에게 5천 병사를 내주며 적군 섬멸을 명령했다. 계백은 모든 걸 직감하고 출병 직전 처자들의 목을 벴다. 패장 가족으로 구차한 목숨을 잇느니 자신과 함께 장렬한 죽음을 맞도록 한 것이다. 계백의 5천 결사대는 신라군 5만 병력과 황산벌(충남 논산시 연산면 신암리 일대)에서 맞붙었다.

죽음을 각오한 계백의 5천 결사대는 용감했다. 초반 신라군과의 접전에서 네 번을 승리했으나 결국 중과부적을 당해내지 못하고 계백과 함께

천년 고찰 부여 고란사. 2000년 4월 북망산에서 의자왕 영토 반혼제를 올리고 영토를 취토해 와 고란사에 봉안했다.

전멸했다. 수군마저 백강에서 참패해 백제군은 수족이 끊기고 말았다. 백제군이 패하자 좌평 충상과 달솔 상영, 간신 임자는 신라군에 목숨을 구걸한 뒤 포승줄에 묶여 수도 서라벌로 압송됐다.

왕은 사비성(부여)이 함락되자 태자 효(孝)를 데리고 웅진성(공주)으로 피신했다. 이 틈에 왕의 둘째아들 태(泰)가 백제왕을 참칭하고 사비성을 장악했다. 7월 12일 왕은 나당연합군의 철군을 애걸했다. 7월 18일 웅진성이 완전 포위됐다. 왕과 태자는 무열왕과 소정방 앞에 무릎을 꿇었다. 신하의 예를 갖춰 술을 따르며 항복했다. BC 18년 온조왕 창업 이래 678년을 지속하던 백제가 망했다.

망국의 대가는 처참했다. 9월 3일 소정방이 당으로 귀국했다. 왕과 태자 효, 초봉 태자 융 및 대신 · 장수 88명과 백성 1만 2,807명을 가려 낙양으로 끌고 갔다. 왕은 분노와 수치심을 이기지 못하고 4개월 만에 숨졌다. 잔류 백제 대신들이 절치부심하며 의자(義慈)로 시호를 지어 올렸다.

당 조정은 의자왕을 금자광록대부위경(金紫光祿大夫尉卿)에 추증했다.

오나라 군주였던 손호(孫皓)와 진나라 군주 진숙보(陳叔寶)의 묘 인근에 안장하고 비석을 세웠다. 오늘날 낙양의 북망산이다.

무심한 세월은 속절없이 흘러갔다. 백제의 고도 부여에서는 의자왕을 잊지 않았다. 부여 유지들과 부여 군청에서는 의자왕의 묘 찾기 사업을 꾸준히 전개했다. 1995년 2월 현지 조사 끝에 중국 낙양시 맹진현 봉황대촌 부근에서 왕의 묘역으로 추정되는 지역을 확인했다. 1996년 8월 부여군과 낙양시(당나라 수도) 두 도시 간 문화 교류 사업을 위한 결연을 맺었다. 1999년 4월에는 북망산 인근에서 발굴된 초봉 태자 융의 묘지석 복제품을 기증 받았다.

2000년 4월 북망산에서 의자왕 영토(靈土) 반혼제를 올리고 영토를 취토해 와 부여 고란사에 봉안했다. 동년 9월 30일 선왕들이 영면해 있는 부여 능산리고분군(사적 제14호)에 안장했다. 의자왕과 융의 단(壇)을 상하로 조영했다. 자좌오향으로 양지 바른 정남향이다. 단은 망자의 시신이 실전됐을 때 영토나 유품을 대신 매장한 후 설단(設壇)하는 초혼묘(招魂墓)다.

의자왕 단에는 주실과 전실로 구성된 석실을 마련하고 목관에 영토를 봉안했다. 왕의 출신, 품성, 생애 등을 기록한 지석, 설단 의의와 장지 구입을 기록한 매지권도 함께 매장했다. 융의 단도 의자왕 격식을 따랐으며 낙양시에서 기증 받은 묘지석 복각품을 매설했다. 당시 유병돈(俞炳敦) 부여군수는 '설단 사적기'에 다음과 같이 기록했다.

'우리들 백제 후예의 간절한 소망과 정성을 모아 의자왕이 하세하신지 1340여년 만에 소부리땅 선왕의 능원에 모셔 영혼을 천추만세까지 추모합니다.'

오늘의 행적도 내일부터는 역사다.

충남 예산군 봉수산에 있는 임존성. 서천 한산에 있는 주류성과 함께 복신, 흑치상지 등이
백제 부흥을 도모하던 근거지이었다.

백제

부흥운동

백제는 망했지만 힘없는 민초들이 궐기했다.
뜻있는 유지들과 유민들이 백제부흥군을 결성해 분연히
봉기한 것이다. 맨 먼저 선두에 나선 인물이 복신이다.
같은 시기 임존성에서도 달솔 흑치상지가 부장 10여 명을
앞세워 3만 병력을 모군했다. 부흥군의 수장들은
왜에 볼모로 잡혀 가 있는 왕자 부여풍을 귀국시켜
백제왕으로 옹립했다.

왕과 권력자는 나라를 내쳤으나 민초들이 봉기해 부흥군 이끌다

백제의 몰락을 예고하는 초자연적 신비 현상은 의자왕(재위 641~660) 19년 2월부터 20년 6월까지 집중적으로 발생했다. 다음은《삼국사기》의 기록 중 몇 가지 사례다.

왕 19년(659) 2월, 여우 떼가 궁중으로 몰려 와 그중 백여우 한 마리가 상좌평 책상에 걸터앉았다. 4월, 태자궁 암탉이 참새와 교미했다. 5월 수도 서남쪽 사비하의 물고기가 죽었는데 길이가 세 발이었다. 왕 20년 2월, 사비성 우물이 핏빛으로 변했다. 4월, 두꺼비 수만 마리가 나무 꼭대기에 모였다. 놀란 백성들이 달아나다 1백여 명이 죽었다. 5월, 흑룡 구름이 공중에 나타나 동서로 나눠 싸웠다.

《삼국사기》의 기록 중 왕 20년(660) 6월의 기록은 매우 상징적이다.

귀신 하나가 궐 안에 들어 와 "백제는 망한다."고 외치더니 땅속으로 사라졌다. 석 자 정도를 파내려 가니 웅크리고 있는 거북의 등에 '백제는 둥근달이고 신라는 초승달 같다.'는 문구가 있었다. 왕이 무당을 불러 하문했다.

"둥근 달은 가득 찬 것이니 곧 기울 것이고, 초승달은 비었으니 점차 차오르게 될 것입니다." 왕이 무당의 목을 쳤다. 왕이 다른 술사를 불렀다. 겁에 질린 술사가 조아렸다.

"둥근 달은 왕성함이요 초승달은 미약함이니 백제는 흥왕해지고 신라는 쇠약해질 것이옵니다." 왕이 기뻐하며 후한 상을 내렸다.

백제의 망조 기류는 일찌감치 조정 안에서 감지됐다. 왕 15년(655) 2월, 백제가 고구려와 말갈의 지원을 받은 3국 협공으로 신라의 33성을 공취했다. 왕은 승리에 도취돼 연일 연회를 베풀고 궁녀들을 가까이했다. 임금에게 충간하는 육정(六正)들은 내치고 감언이설로 총명을 흐리는 육사(六邪)들만 곁에 두었다.

육정은 나라에 이로운 여섯 유형의 신하다. ①성신(聖臣 · 인격이 뛰어난 신하) ②양신(良臣 · 어질고 충성스런 신하) ③충신(忠臣 · 충성을 다하는 신하) ④지신(智臣 · 슬기로운 신하) ⑤정신(貞臣 · 절개가 곧은 신하) ⑥직신(直臣 · 강직한 신하)을 이른다.

반면 육사는 나라에 해로운 여섯 유형의 신하다. ①사신(邪臣 · 사악한 신하) ②구신(具臣 · 아무 구실도 못하고 수효만 채우는 신하) ③유신(諛臣 · 아첨하는 신하) ④간신(奸臣 · 간사한 신하) ⑤참신(讒臣 · 참소 잘하는 신하) ⑥적신(賊臣 · 반역하는 신하)을 말한다. 의자왕 당시 성충과 흥수는 육정의 표상이었고, 상영과 임자는 육사의 수괴였다.

백제의 빈번한 침공으로 신라의 영토가 축소되자 무열왕(29대 · 재위 654~661)이 극약 처방을 내렸다. 무열왕은 어떤 굴욕을 감수하고라도 국가를 유지해야 했다. 당나라 군대를 신라로 끌어 들였다. 당군이 북에서 고구려를 치도록 해 백제와의 공조를 사전 차단했다. 신라군 5만과 당군 13만이 백제를 동시 공격했다.

계백 장군의 황산벌 전투 패배로 백제는 멸망했다. 백성들은 처참하게 훼손된 계백 장군 시신을 확인하고 절통해 했다. 5천 결사대를 독전하며 장군이 남긴 마지막 절규를 되새겼다.

"그대들은 들으라! 옛 월나라 왕 구천은 5천 군사로 오나라 대군 70만을 격파했다. 그 보다는 오늘 우리의 처지가 낫다. 반드시 승리한다는 의지가 있으면 전쟁은 이긴다. 구차하게 목숨을 구걸하지 말고 분연히 싸워 국가 은혜에 보답하라!"

황산벌 주민들은 계백 장군의 시신을 수습해 가까운 산록에 안장했다. 오늘날의 충효공원(충남 논산시 부적면 신풍리) 내 햇볕 잘 드는 정남향(자좌오향)이다. 산 이름도 '장군의 머리가 떨어졌다' 하여 수락산(首落山)으로 바뀌 불렀다. 인근의 충곡서원(충남 논산시 부적면 충곡리)에는 계백 장군의 신위가 봉안돼 있다.

맹장을 잃은 백제군은 도처에서 패배했다. 왕은 더 이상 버티지 못하고 항복했다. 이후 백제 유민들은 나라를 잃은 설움을 온몸으로 감당해야 했다. 신라인으로부터 당한 학대와 차별은 1천 300여 년이 지난 오늘날까지도 마음속 앙금으로 잠재돼 있다.

군주의 일탈과 육사들의 농간으로 백제는 망했지만 힘없는 민초들이 궐기했다. 뜻있는 유지들과 유민들이 백제부흥군(이하 부흥군)을 결성해 분연히 봉기한 것이다. 맨 먼저 선두에 나선 인물이 복신(福信 · 생몰년 미상)이다. 복신은 30대 무왕의 조카로 의자왕과는 사촌 간이었다.

부여 낙화암에서 바라본 백마강. 삼국시대에는 백강으로 불렸다. 나당연합군과의 백강 전투에서 백제부흥군이 패배해 700년 사직의 백제가 문을 닫았다.

국가의 조직은 구심점이 있어야 결집된다.
봉건 군주 사회에서는 단연 왕이었다. 부흥군의 세 수장
복신, 도침, 흑치상지는 왜에 볼모로 잡혀 가 있는
왕자 부여풍을 귀국시켜 백제왕으로 옹립했다.

복신은 60을 넘긴 노인이었지만 군대를 지휘한 경험도 풍부한 문무겸비의 재사였다. 무왕 28년(627) 당에 사신으로 가 소원했던 제·당 관계를 회복시킨 탁월한 외교관이기도 했다. 복신은 승려 도침(道琛 · 생몰년 미상)과 연계해 주류성(충남 서천군 한산면)에 거점을 마련하고 유민들을 규합했다. 660년 8월이었다.

같은 시기 임존성(충남 예산군 대흥면 · 광시면 일대)에서도 달솔(2품) 흑치상지(黑齒常之 · 생몰년 미상)가 부장(副將) 10여 명을 앞세워 3만 병력을 모군했다. 흑치상지는 군령을 내릴 때마다 검은 치아가 드러나 좌중을 공포에 떨게 했다. 흑치상지는 복신, 도침과 유기적 연락망을 가동하며 나당연합군을 격파했다.

부흥군에게 20여 성을 점령당한 무열왕과 소정방은 초조했다. 사비성에 웅진도독부를 두고 군정을 실시하던 당나라는 부흥군에 포위돼 고립무원에 빠졌다. 당 고종은 7천 병력을 추가 파병해 부흥군을 토벌토록 했다. 백제 장정들은 가족과 생계를 제쳐 두고 자발적으로 부흥군에 합류했다.

국가의 조직은 구심점이 있어야 결집된다. 봉건 군주 사회에서는 단연 왕이었다. 부흥군의 세 수장 복신, 도침, 흑치상지는 왜에 볼모로 잡혀 가 있는 왕자 부여풍(扶餘豊 · 생몰년 미상)을 귀국시켜 백제왕으로 옹립했다. 왜 제명(濟明) 천황(제37대 · 재위 655~661)과의 끈질긴 송환 교섭 끝에 마침내 성사시킨 것이다.

662년 5월 부여풍이 구원병 1만 명을 이끌고 백제 땅을 밟았다. 631년 3월 볼모로 잡혀간 지 31년 2개월 만이었다. 의자왕과 태자는 당나라 포로로 끌려간 지 1년 9개월이 넘었다. 부여풍은 귀국 즉시 풍왕(豊王)으로 즉위했다. 백제 부흥운동은 순풍에 돛을 단 듯했다.

임존성 입구에 있는 '묘순이 바위.' 성을 쌓으며 딸을 죽여야 했던 홀어머니의 슬픈 전설이 전한다.

백만 대군보다 더 무서운 게 적진 앞 균열이다. 풍왕 어전에서
패전 책임을 서로 전가하던 복신과 도침의 설전이 주도권 쟁탈로
비화됐다. 그날 밤 복신이 선수를 쳐 도침을 무참히 살해했다.
초기부터 부흥 운동을 주도했던 동지끼리의 살상이었다.
더하여 간자를 밀파해 장군의 사이를 이간시켰다.
감언이설에 속아 지리멸렬하고 항복했다. 백제 부흥운동의
불을 지핀 지 3년 2개월 만이었다.

신라 무열왕은 천신만고로 당군과 연합해 멸망시킨 백제의 부흥 기미가 보이자 애가 탔다. 직접 신라군 선봉에 서서 포위당한 사비성의 보급로를 뚫고 부흥군을 격파시켰다. 부흥군 1만여 명이 몰사하고 복신, 도침이 주류성으로 피신했다. 부흥군에 호응했던 백제 20여 성이 신라로 귀부했다. 부흥군의 사기는 급격히 저하됐다.

백만 대군보다 더 무서운 게 적진 앞 균열이다. 풍왕 어전에서 패전 책임을 서로 전가하던 복신과 도침의 설전이 주도권 쟁탈로 비화됐다. 그날 밤 복신이 선수를 쳐 도침을 무참히 살해했다. 초기부터 부흥 운동을 주도했던 동지끼리의 살상이었다. 이후 풍왕은 복신을 경계하며 면대를 꺼렸다.

풍왕과 복신의 감정 격화도 회복 불능에 이르렀다. 복신이 먼저 풍왕의 시해를 기도했다. 복신은 몸져 누운 풍왕의 문병을 기회로 시해를 도모했다. 양측 모두 절체절명의 순간이었다. 천지신명은 풍왕의 편이었다. 공명에 눈 먼 복신의 부하가 풍왕을 찾아가 기밀을 누설한 것이다.

적지 왜국의 온갖 위협 속에서도 31년 넘게 살아남은 풍왕이었다. 망국의 왕좌에 앉혀 놓고 목숨마저 앗으려는 당숙 복신에게 당할 수는 없었다. 근심어린 표정으로 문병 온 복신을 매복하고 있던 풍왕의 수비군이 결박해 목을 날렸다. 왜의 도검(刀劍) 문화에 익숙한 풍왕의 성정은 매우 잔인했다. 복신의 목으로는 젓을 담고 육신은 갈기갈기 해체했다. 백제 유민들은 몸서리쳤다. 복신, 도침의 수장을 잃은 부흥군은 오합지졸로 전락해 곳곳에서 패배했다. 백강(금강)에서 국운을 건 일대 격전이 벌어졌다. 왜의 구원병과 합세한 백제 부흥군이 나당연합군에게 대패했다. 부흥군은 순식간에 괴멸됐다. 풍왕은 고구려로 도망가 목숨을 애원하고 휘하 잔병들은 나당연합군에 항복했다.

백제 부흥운동의 마지막 불꽃은 그럼에도 여전히 꺼지지 않았다. 예산 임존성에서 흑치상지가 부장 상여, 지수신 등을 거느리고 결사 항전 중이었다. 당나라의 유인궤(600~685)가 임존성에 간자를 밀파해 세 장군의 사이를 이간시켰다. "당에 호송된 부여융에게 웅진도독부를 위임할 테니 흑치상지와 상여가 보필해 달라."는 회유였다. 대세를 판단한 두 사람이 유인궤의 감언이설에 속아 지수신을 제압하고 당군에 항복했다. 배신당한 지수신은 처자식을 버리고 고구려로 도주했다. 백제 부흥운동의 불을 지핀 지 3년 2개월 만으로 663년 9월이었다.

예산군 대흥면과 광시면에 걸쳐 있는 봉수산 임존성 축조에는 '묘순이 바위'에 얽힌 애닯은 설화가 전하고 있다. 오래 전부터 봉수산 아래에는 묘순이와 막동이라는 힘이 천하장사인 쌍둥이 남매가 홀어머니와 함께 살고 있었다. 그런데 안타깝게도 한 집안에 장사가 둘이 나오면 나라가 망한다고 해서 둘 중 하나는 죽어야 할 운명이었다. 둘이 힘겨루기를 해서 지는 사람이 죽기로 했다. 석 달 안에 막동이는 한양을 다녀오기로 하고, 묘순이는 돌을 날라 성을 쌓기로 했다.

묘순이가 성을 거의 다 쌓았는데도 막동이는 오지 않았다. 어머니는 집안의 대를 잇기위해 아들인 막동이를 선택했다. 아들에게 시간을 벌어주기 위해 묘순이에게 설익은 콩밥을 먹여 힘을 뺐다. 묘순이가 콩밥을 먹고 있는데 마침 막동이가 오는 것이 보였다. 묘순이가 깜짝 놀라 마지막 남은 돌을 급히 옮기려다 힘에 부쳐 압사하고 말았다. 어머니는 슬퍼하며 묘순이가 마지막에 쌓아 올리려고 했던 바위에 묘순이를 묻었다고 한다.

경기도 연천군 장남면 원당리에 있는 호로고루성. 남한 지역에 몇 개 안 되는 고구려 성벽으로 고구려가 남진하기 위한 최단거리 교두보였다. 사적 제467호다.

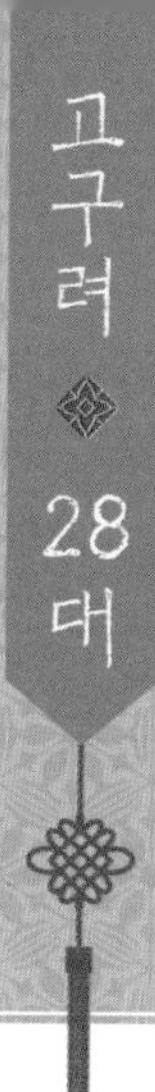

보장왕

정변으로 조정을 장악한 연개소문의 행보는 민첩했다. 태양왕(27대 영류왕 동생)의 아들 보장을 즉시 왕으로 추대하니 고구려 마지막 임금 28대 보장왕이다. 연개소문의 옹립으로 용상에 오른 보장왕은 허수아비였다.

정변으로 용상에 올랐으나
허수아비로 살다 망국왕 되다

7세기 초 아시아 대륙은 중원(중국)의 수나라와 동북아(만주)의 고구려로 양분돼 극한 대결을 벌이고 있었다. 양 대국은 광활한 영토를 차지했으면서도 그들만의 영원한 제국을 건설하기 위해 국운을 내건 전쟁을 서슴지 않았다. 조공 외교로 강대국에 의지해 국가를 유지하던 변방 제후국들은 두 나라 간 전쟁이 발발할 때마다 민생이 피폐되고 왕권마저 휘청였다.

중원 천하가 남북으로 분국된 남북조(420~581)시대. 북주(北周 · 557~581)의 선제가 죽자 선제의 장인 양견이 왕위를 찬탈해 수나라를 건국했다. 바로 수문제(재위 581~604)다. 수문제는 고구려를 굴복시켜 아시아를 석권하고자 수차례 고구려를 공격했지만 참패했다. 부왕 수양제를 시해하고 아들 양광이 즉위하니 2대 수양제(재위 604~618)다.

수양제는 조정의 극력 반대를 무릅쓰고 3차에 걸쳐 고구려를 공격했다. 정벌 전쟁이 참패로 끝나자 국고는 고갈되고 전국 도처에서 의병이 궐기했다. 의병의 태두는 황하 동쪽의 태원 유수로 있는 이연과 그의 아들 이세민 부자였다. 수양제가 이연 부자에게 나라를 내주었다. 수나라가 건국 37년 만에 망한 것이다. 중원의 제국(諸國) 백성들은 한 국가의 흥망과 개국에 익숙해져 있었다. 나라의 통치자만 바뀌었을 뿐 그들이 사는 땅과 바다는 그대로였다.

권력은 부자 간에도 양보가 없다. 당고조(재위 818~626)로 등극한 이연은 장남 이건성을 태자로 책봉했다. 당 건국에 공이 지대한 이세민과 그 추종 세력이 이를 좌시할 리 만무했다. 626년 6월 야음을 틈타 궁성을 포위한 뒤 이건성을 체포해 참수했다. 당고조를 강압해 선위 형식으로 이세민이 황제위를 물려받으니 2대 당태종(재위 626~649)이다.

중원에서 명멸을 거듭하는 제(諸) 국가들에게 고구려는 질풍노도보다 더 두려운 강적이었다. 구려를 이어 900년 역사를 이은 유장한 역사가 말해주듯 고구려는 민족성도 강인하고 문화도 찬란했다. 당태종은 등극과 동시에 변방국을 옥죄는 강압 외교로 기선을 장악했다. 동방의 3국(고구려 · 백제 · 신라)과도 화친 동맹 후 충성 경쟁을 유발시켜 자체 분열을 유도했다. 기미를 알아챈 고구려가 강력 반발하자 당태종은 북방(고구려) 정벌을 극비리에 추진했다.

내침 정보를 사전 입수한 고구려는 절박했다. 당군 침입을 저지하기 위해서는 성벽 축조가 목전의 현안이었다. 631년 2월부터 병력을 요동에 집결시키고 대대로(국상) 연태조(생몰년 미상)가 축성을 지휘했다. 연태조가 사망하자 아들 연개소문(?~666)이 승계했다. 영류왕(27대 · 재위 618~642)은 조정의 통제를 벗어나 자기 세력을 구축하며 축성에만 전념하는 연개소문(이하 연)을 견제했다.

당은 개국 초부터 양시쌍비(兩是雙非) 정책으로 고구려를 교란시켰다. 수와의 전쟁 때 잡혀간 양국 포로 2만여 명 씩을 교환하더니 624년 2월에는 불경·노자 교리서를 보냈다. 도교 도사를 파견하며 사회 안정을 도모하라고 권고했다. 유화 정책을 위장한 문화 침투 전략이었다. 638년 10월 마침내 당의 마각이 드러났다. 사신을 보내 영류왕 태자 환권(생몰년 미상)을 당에 입조시키고 연의 요동성 축조를 당장 중지하라는 칙서를 전했다.

고구려 조정은 국론이 양분됐다. 당의 압력에 굴복해선 안 된다는 강경파와, 태자를 볼모로 보내고 요동성 축조를 중지해 전쟁을 피하자는 온건파의 정면대결이었다. 온건파 영류왕은 640년 2월 환권을 당에 보내고 연에게 요동성 축조 중지 명령을 내렸다. 영류왕은 온건파와 비밀리에 연의 제거 계획을 수립했다.

강경파 간자를 통해 첩보를 사전 입수한 연이 선수를 쳤다. 642년 10월 요동성 축조 기념 군대 사열을 빙자해 실세 대신들을 대거 초청했다. 사열이 시작될 무렵 연이 심복 부대를 거병해 온건파 1백여 명을 몰살시켰다. 거사에 성공한 연이 군사를 지휘해 대궐을 포위했다. 왕족들과 숨어 있는 영류왕을 찾아내 남김없이 주살했다.

정변으로 조정을 장악한 연의 행보는 민첩했다. 태양왕의 아들 보장(寶藏)을 즉시 왕으로 추대하니 고구려 마지막 임금 28대 보장왕(재위 642~668)이다. 태양왕은 25대 평원왕의 셋째 아들로 영류왕의 동생이다. 연은 당시까지 없던 대막리지(大莫離支)란 직제를 설관해 스스로 그 자리에 올랐다. 행정, 병권은 물론 외교권까지 무소불위로 휘두르는 막강한 국가 수반이었다.

연의 옹립으로 용상에 오른 보장왕(이하 왕)은 허수아비였다. 조정에는

호로고루성에서 출토된 성벽돌. 고구려 시대에 다듬은 석재다.

왕 27년 9월 21일 나당연합군이 평양성을 겹겹이
포위하고 보장왕의 항복을 최후 통첩했다. 보장왕이
성문을 열고 나와 신라 문무왕과 당 장군 유인궤 앞에
무릎 꿇고 항복했다. 고구려가 개국 705년 만에
망한 것이다

대당 강경파로 가득 찼다. 연은 신라를 당보다 더 증오했다. 당의 견마(犬馬)가 돼 당군을 끌어들여 백제를 멸망시키고 고구려마저 넘보는 신라를 1년에도 수차례씩 공격했다. 당태종은 신라의 사주로 강경파 독재자 연의 제거를 위해 각종 계략을 꾸몄다. 당태종은 고구려 정복 꿈을 실현 못하고 649년 4월 죽었다.

신라에서도 당나라와 합세해 백제를 멸망시킨 태종무열왕이 죽고 30대 문무왕(재위 661~681)이 즉위했다. 문무왕은 사신을 밀파해 당고종(3대 황제 · 재위 649~683)을 설득했다. "당이 북에서 치고 내려올 때 신라가 남에서 밀고 올라가면 반드시 고구려를 멸망시킬 수 있다."며 종전 후 영토 분할까지 치밀한 전략을 제시했다. 양국 간 국가 이익이 부합했다.

당고종은 소정방, 방태효를 앞세워 10만 대군을 파병했다. 수륙 양방의 나당연합군 공격에도 고구려군 수비벽은 막강했다. 연의 철권 통치에 등을 돌렸던 고구려 민 · 관 · 군도 거국적인 국난 앞에 분연히 맞섰다. 그러나 고구려 국운은 여기까지였다. 666년 5월 연이 돌연 사망한 것이다. 도처에서 승승장구하던 고구려 군이 급속히 무너졌다.

절대 권력이 후계자 없이 붕괴되자 조정은 후계 구도를 둘러싸고 내분에 휩싸였다. 연의 세 아들 남생, 남건, 남산 간 사생결단이었다. 장남 남생이 대막리지를 승계했으나 동생 남건, 남산이 형의 권력 독식에 반기를 들고 정변을 일으켰다. 666년 6월 남생이 지방 순시를 떠난 사이 두 동생이 왕명을 빙자해 남생 추종 세력을 몰살시키고 권력을 탈취했다. 급보를 접한 남생은 아들 헌성과 수비군을 이끌고 당으로 탈출했다. 당고종은 남생을 국빈으로 맞이하며 극진하게 예우했다.

위기에 처한 왕이 666년 8월 남건에게 대막리지를 제수하고 추락한

인천광역시 강화군 강화읍 국화리에 있는 연개소문 유적비. 인근에 생가 터가 있다고 전해진다.

고구려 고분 벽화나 건축물에서 자주 나타나는 새 문양.

왕권을 재기시켜 보려했다. 조카들의 살육전에 생명 위협을 느낀 연의 동생 연정토(淵淨土 · 생몰년 미상)가 고구려 남쪽 국경 12개 성을 수습해 신라로 투항했다. 백성들은 "저 자들이 인간이냐?"며 등을 돌렸다. 몇 차례의 정변 끝에 대신들은 거의 죽고 장수들마저 적국으로 투항해 고구려 조정은 무정부 상태의 혼돈이었다.

나당연합군에게는 절호의 기회였다. 왕 26년(667) 8월 신라 문무왕이 김유신과 함께 정벌군울 거느리고 고구려로 출병했다. 9월에는 당나라 이훈이 만주에서 합세해 남소성, 목저성, 창암성에 이어 부여성(요동)까지 차례로 함락시켰다. 신라군 선발대는 연정토였고 당군 선두 대열은 남생 군대가 고구려 군과 맞섰다. 고구려 내부 사정과 지리에 밝은 두 사람이었다. 화급해진 왕과 남건이 왜에 사신을 급파했다. 나당연합군의 보복을 두려워한 왜왕이 구원병 요청을 거절했다.

왕 27년(668)년 9월 21일 나당연합군이 평양성을 겹겹이 포위하고 왕의 항복을 최후 통첩했다. 왕이 성문을 열고 나와 신라 문무왕과 당 장군 유인궤 앞에 무릎 꿇고 항복했다. 고구려가 개국 705년 만에 망한 것이다.

당은 한(韓)민족의 포기 없는 끈질긴 생명력에 공포심을 갖고 있었다. 고구려 부흥운동의 발본색원을 위해 초강수를 동원했다. 보장왕을 비롯한 대신들과 유력 주민 2만 8천여 호를 당나라 끌고 가 벽지로 강제 분산시켰다. 그들 중 대다수가 귀국하지 못하고 한족(漢族)과 동화돼 오늘날까지 후손들이 살아남았다. 문무왕은 고구려 유지 700여명을 압송해 11월 5일 서라벌로 입성했다. 백성들이 환호했다. 이튿날 문무왕이 선조 묘(廟)에 삼국 통일의 위업을 고했다.

당으로 압송 당한 보장왕은 "그동안 당과 신라를 공격한 책임이 왕에게는 없다." 하여 '사평대상백원외동정(司平大常伯員外同正)'이란 작위를 받았다. 거세게 저항하는 고구려 유민들의 유화책으로 보장왕을 요동에 귀환시킨 당은 '요동도독 조선왕'을 제수했다. 왕은 종묘사직에 지은 죄를 갚겠다며 고구려 유민과 말갈군을 규합해 부흥운동을 은밀히 전개했다. 이 사실이 당 조정에 발각돼 681년 중국 사천성 공주로 유배되었다가 그곳에서 숨을 거뒀다.

사후 당나라 장안으로 운구 돼 힐리(頡利 · 돌궐 왕) 무덤 옆에 장사 지내고 비석을 세웠다고 하나 장소는 전하지 않고 있다. 망국왕이어서 시호는 이름을 그대로 써 보장왕(寶藏王)이라 했다. 아들은 넷을 두었는데 남복, 임무, 덕무, 안승(후일 익산의 보덕국왕)이다.

세계 최초 수중 왕릉인 문무왕의 대왕암. 경북 경주시 양북면 봉길리 앞 육지에서 200m 떨어진 바다에 있다.

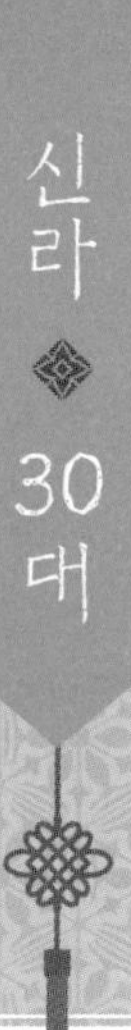

문무왕

신라 30대 문무왕은 3국 간 통일 전쟁이 최고조일 때 즉위했다.
부왕 무열왕을 수행해 당을 왕래하며 터득한 외교 전략과,
외삼촌 김유신과 야전에서 전술을 익힌 문무왕은
문무를 겸전한 군주였다. 왕은 천고 만난을 극복하고
한반도 최초의 통일 국가를 건립했다.

죽어서도 용이 되어 나라 지키리 동해에 수장된 세계 최초 수중릉

7세기(600~669) 경 동북아시아 고대 국가는 국경을 마주한 인접국과의 전쟁이 일상사였다. 한정된 땅을 수십 개 소국들이 분할해 존립하다 보니 영토 확장을 통한 제국 건설 경쟁이 극에 달했다. 야음을 틈탄 기습 공격으로 하룻밤 사이 국경이 변하는 건 다반사였다. 폭력으로 권력을 독점한 군주들은 백성을 소유물처럼 농사철 촌부마저 강제 징집해 전쟁터로 내몰았다.

중원(중국)에서는 남·북조가 수십 개국의 난립을 거쳐 수나라를 제압한 당나라가 대륙을 석권했다. 당은 광활한 땅을 차지하고도 주변국을 정복하려는 야욕을 멈추지 않았다. 동북아(만주)에서는 맹주 고구려를 중심한 7~8개국이 중국에 맞선 영토 전쟁에 합종연횡을 거듭했다. 왜(일본)에서도 수십 개의 소규모 번국들이 명멸하며 피비린내 나는 살육전을 지속했다.

대왕암의 설기(泄氣·기가 흩어짐)를 막아주는 봉길리 뒷산. 쓸쓸한 낙조가 수중릉을 보듬고 있다.

동북아에 남북으로 돌출한 한반도라고 예외가 아니었다. 고구려·백제·신라의 3국 간 팽창 정책이 절정에 이르며 패권 선점을 위한 병합 전쟁이 수시로 벌어져 편한 날이 없었다. 오늘의 동맹이 내일의 적국으로 돌변했다. 바다 건너 당·왜에 굴종하며 외세를 끌어들여 어제의 연합국을 멸망시키도 했다.

신라 30대 문무왕(재위 661~681)은 3국 간 통일 전쟁이 최고조일 때 즉위했다. 고구려·백제가 양국 연맹으로 신라를 공격하자 궁지에 몰린 부왕(29대 태종무열왕)이 당군과 합세해 백제를 멸망시킨 직후였다. 백제는 개국 678년 만에 망했지만 사직을 순순히 내주지 않았다. 집요한 부흥 전쟁으로 신라 후방을 교란시켰다. 문무왕이 다시 당군에 의존해 고구려 멸망 전쟁(668)을 벌일 때도 백제 부흥군은 나당군을 끊임없이 공격했다.

부왕을 수행해 당을 왕래하며 터득한 외교 전략과, 외삼촌(김유신)과 야전에서 전술을 익힌 문무왕은 문무를 겸전한 군주였다. 왕은 천고 만난을 극복하고 한반도 최초의 통일 국가를 건립했다. 왕이 21년 1개월을 재위하는 동안 단 한 번도 전쟁을 거른 해가 없었다. 《삼국사기》와 《삼국유사》에 전하는 전쟁 기록이다.

왕 1년(661) 7월 고구려 정벌 위해 출병, 사이곡정에서 격전. 왕 2년 8월 백제 부흥군과 토벌 전쟁. 왕 3년 2월 백제의 거열성, 거물성, 사평성, 덕안성 함락, 9월 나당연합군이 백강에서 백제 · 왜군 대파, 백제 거열성 · 주류성 등 항복. 왕 4년 3월 사비산성에 웅거 중인 백제 부흥군과 전투, 7월 고구려 돌사성 점령. 왕 5년 웅진성 취리산에서 백제 부흥군 격퇴. 왕 6년(666) 12월 고구려군 격퇴, 연정토(연개소문 동생) 고구려 12성 수습해 신라로 투항. 왕 7년 고구려 정벌 위해 김유신과 평양으로 출정, 당군과 평양성 공격. 왕 8년 2월 나당연합군 고구려 부여성(요동) 함락, 6월 고구려 2군 12성 항복, 7월 사천성에서 고구려군 대파, 9월 고구려 남소성, 목저성, 창암성 함락, 9월 21일 나당연합군 평양성 포위, 고구려 보장왕 항복.

고구려가 멸망했다. 그러나 전쟁이 끝난 건 아니었다. 한반도 전체를 차지해 신라마저 장악하려는 당군과, 나라를 다시 찾겠다는 고구려 부흥군, 아직도 거세게 저항하고 있는 백제 잔여 부흥군과의 힘겨운 전쟁이었다. 문무왕은 신라 전역에 장정 동원령을 내리고 고구려 귀순 병력과 유민들을 앞세워 총력전을 펼쳤다.

왕 9년(669) 2월 당이 평양에 안동도호부 설치, 신라와 전쟁 시작, 고구려 안승(보장왕 서자) 유민 이끌고 신라에 투항해 당과 전쟁. 왕 10년 4월 신라군이 당군과 연합한 말갈군 대파. 왕 11년 6월 부여 석성에서 당군 격파. 왕 12년 1월 백제 고성성 점령, 8월 고구려 부흥군과 연합해 백수성

동쪽 왜(倭)를 정면으로 향하고 있는 문무왕의 수중릉. 대왕암은 동서남북 사방으로 물길이 나있어
동에서 들어온 물이 서로 빠지게 되어 있다.

당시는 이차돈의 순교로 신라에 불교가 공인된 지
153년째였다. 화장은 불교에서 행해지던 장법이었다.
신문왕은 부왕의 유골을 수습해 동해의 수중 바위 안에
안치했다. 백성들은 동해로 쳐들어오는 왜구를 용이 되어
물리치겠다는 왕의 유언을 믿었다. 왕이 수장된 그 바위를
대왕암 또는 문무대왕 수중릉이라 부르게 되었다.

에서 당군 격파. 왕 13년 9월 호로강(경기도 연천 임진강), 왕봉강에서 당군 괴멸시킴. 왕 14년 1월 백제고지서 당군과 격돌. 왕 15년 2월 칠중성에서 신라군이 당군에게 참패, 9월 천성에서 당나라 설인귀군 대파.

왕 16년 7월 나당군 도림성에서 격전, 11월 기벌포 등에서 당군과 22회 싸워 신라군이 승리. 왕 17년 2월 당이 보장왕을 요동주도독 조선군왕에 봉해 신라를 견제, 나당군 전쟁. 왕 18년 부여성에서 당 잔병과 전투. 왕 19년 2월 탐라(제주도) 군과 싸워 승리. 왕 20년 7월 당이 백제 부흥군 흑치상지를 하원군 경략대사로 임명해 신라군과 전투. 왕 21년 천정군 전투서 신라군 승리.

왕 21년(681) 6월. 왕이 당대의 고승 지의(생몰년 미상) 대사와 궁궐 뜰을 거닐고 있었다. 한바탕 굵은 소나기가 지나간 서녘 하늘엔 기괴한 형상의 적란운이 검붉게 타올랐다. 둘은 국정 대·소사에서 저잣거리의 물정은 물론 불교 법담까지 주고받는 허물없는 사이였다. 왕이 옥음을 뗐다.

"대사, 짐은 죽은 뒤 바다의 큰 용으로 환생해 불법을 높이 현창하며 나라를 지키는 수호신이 되고 싶소이다."

지의가 대경실색했다. 나라를 지켜 내겠다는 왕심은 이해하겠으나 용은 육도(六道 · 천상도 인간도 아수라도 축생도 아귀도 지옥도)의 윤회 가운데 인간 세계보다도 훨씬 저급한 축생도가 아니던가. 인간이라면 누구라도 탈피하려는 업장소멸의 구렁텅이다.

"성상이시여! 금상의 옥체가 이리도 안온하시온데 이 어이 참람한 윤음이시옵니까?"

왕이 궁궐 난간을 의지하며 다시 윤지를 내렸다.

"짐은 세간 영화와 절연한지 오래 되었소이다. 두려운 인과응보로 축

부왕 문무왕의 뜻을 이어 아들 신문왕이 완공한 감은사. 대왕암 인근에 있으며 현재는 터만 남아 있다. 금당 아래 용혈을 파 용으로 변한 문무왕이 자유롭게 출입할 수 있도록 배려했다.

대왕암이 내려다 보이는 정자 이견대. 부왕이 그리울 때마다 아들 신문왕이 올랐던 곳이다.

생도를 떠돈다 해도 짐은 용으로 다시 와 나라를 지킬 것이오. 사후의 국가 안위가 심려돼 잠을 이룰 수가 없소이다."

삼국통일의 위업을 달성하고 어명 한마디면 산천초목이 움츠리던 군주의 모습이 아니었다. '아! 임금도 때가 되니 저 지경에 이르는구나.' 돌연 지의의 법체가 달군 쇠같이 뜨거워지며 팔색조가 되어 날아가는 왕의 허상을 보았다.

왕이 중병에 들었다. 태자 정명(政明 31대 신문왕 · 재위 681~692)과 대신들이 임종을 지켰다. 유훈을 남기는 왕의 옥음은 또렷했다. 681년 6월 30일 야심한 삼경이었다.

"짐은 국운이 위태롭고 살벌한 전쟁 시기를 사느라 살생을 많이 했다. 서쪽(백제)을 정벌하고 북쪽(고구려)을 토벌해 강토를 확장했다. 반역한 자를 치고 적군과 전투하는 과정에서 숱한 사람들이 죽고 다쳤는데 그것이 어찌 나의 본심이었겠느냐? 강역은 아직도 온전히 제압되지 않아 국운은 여전히 위태롭구나."

왕의 호흡이 가빠지고 숨소리가 거칠어졌다.

"나는 죽은 후 용이 되어 나라를 지킬 것이로다. 절명 뒤 열흘이 되거든 화장해 동해 바다에 장사토록 하라."

왕이 승하했다. 날이 바뀌어 7월 1일이었다. 지의는 왕과 나눴던 생전의 대화를 태자에게 남김없이 전했다. 조정에서는 시호를 문무(文武)라 봉정해 올리고 궁궐 밖에서 화장했다.

당시는 이차돈(506~527)의 순교로 신라에 불교가 공인(528)된 지 153년째였다. 화장은 불교에서 행해지던 장법이었다. 신문왕은 부왕의 유골을 수습해 동해의 수중 바위 안에 안치했다. 백성들은 동해로 쳐들어오는 왜구를 용이 되어 물리치겠다는 왕의 유언을 믿었다. 왕이 수장된 그 바위를 대왕암 또는 문무대왕 수중릉이라 부르게 되었다.

1967년 7월 24일 사적 제158호로 지정된 대왕암은 경북 경주시 양북면 봉길리 앞 육지에서 200m 거리의 바다에 있다. 유좌묘향(酉坐卯向)의 정동향으로 일본 쪽을 향하고 있다. 대왕암은 인공 조형 흔적이 역력하다. 큰 바위가 주변을 둘러싼 중앙에는 석공이 다듬어 배치한 장방형 대석(大石)으로 덮여 있다. 바위 밖에는 동서남북 사방으로 물길이 나있어 동에서 들어온 물이 서로 빠지게 되어 있다.

필자는 현역 기자 당시 경주시청 관계자의 안내로 배를 타고 현장에 접근해 대왕암을 정밀 답사한 적이 있다. 그동안 일반인은 물론 고고학계에서도 대왕암의 안치 방법과 유골의 수장 여부에 관해 많은 의문점을 제기해 왔다. 2001년 3월 한 방송사에서 초음파 탐지기를 비롯한 최신 장비를 동원해 바위 내부와 수면 아래를 탐사했다. 1천 320년이 지난 바닷물 속 수중릉에서 부장품이 발굴될 리 만무했다.

세계 최초 수중 왕릉인 문무왕의 대왕암에 관해서는《삼국사기》와《삼국유사》에도 기록이 전한다.

경기도 연천 호로고루성 정상에서 바라본 임진강. 토성 안쪽에는 고구려 부흥군이 마시던 우물이 보존되어 있다.

고구려

부흥운동

고구려 대형(大兄) 검모잠이 유민들을 이끌고 봉기했다.
망국한으로 절망에 빠져있던 고구려 유민들은 조국 재건을 위해
다시 뭉쳤다. 보장왕도 고구려 속국이었던 말갈군과 연합해
요동의 당군 축출을 도모했다. 세월은 무상했다.

고구려 유민들이 봉기하나 역부족 30년 만에 발해로 거듭나다

고구려 멸망에 이은 고구려 부흥운동의 전 과정에는 한 국가 경영에 관한 역사적 교훈이 포괄적으로 내포돼 있다. 무소불위의 철권 통치자가 돌연 사라진 권력 공백을 수습하지 못해 700년 사직의 고구려는 힘없이 붕괴됐다.

때 이른 초여름 더위가 기승을 부리던 666년 5월. 1인 독재의 절대 권력으로 왕권을 능멸하던 대막리지(국상) 연개소문이 갑자기 숨졌다. 창졸간에 고구려 조정은 일대 혼돈에 빠졌다. 연개소문의 아들 남생, 남건, 남산 3형제의 치열한 권력 싸움이 사생결단으로 비화됐다. 풍전등화의 국가 위기를 목전에 둔 적전 분열이었다.

급기야 대막리지에 오른 장남 연남생이 가족과 수하 부대를 데리고 당나라로 도망쳤다. 목숨이 위태로워진 연개소문의 동생 연정토는 신라 국경의 40개 고구려 성주를 이끌고 신라에 자진 항복했다. 아직도 고구려 전역에서는 나당연합군과 치열한 전쟁 중인 상황이었다. 신라와 당나라의 조정은 이들을 극진히 맞이했다.

연남생과 연정토가 나당연합군에 가담한 이 전쟁에서 고구려는 승리할 수가 없었다. 둘은 개인과 가족의 안위를 국가적 위기에 연계시켜 적국이 벌인 조국의 멸망 전쟁에 주구(走狗)로 앞장섰다. 그들은 고구려의 모든 기밀과 지리 정보에 정통한 최고위 관리였다. 동북아 맹주였던 고구려로서도 속수무책이었다.

전쟁에 승리한 신라와 당나라의 양국 의중은 전혀 달랐다. 신라는 전쟁 전의 약조대로 평양 대동강과 함경남도 원산 이북에서 당이 철수할 것을 요구했다. 반면 당은 신라 전역까지 점령해 한반도 전체를 당나라의 영토로 귀속시키려 했다. 나당의 철통같던 동맹이 일조일석에 적국으로 돌변했다. 고구려 멸망 전쟁은 끝났으나 신라와 당나라의 새로운 전쟁이 시작된 것이다.

신라에서는 백제를 멸망시킨 태종무열왕이 죽고, 30대 문무왕이 즉위(661년 6월)했다. 양국은 660년 7월 백제를 멸망시킨 후 백제 부흥군의 거센 공격에 혹독한 대가를 치르는 중이었다. 나당연합군과 고구려와의 전쟁 당시에도 백제 부흥군의 저항은 계속되고 있었다.

669년 2월 당나라는 평양에 안동도호부를 설치하고 고구려 전역을 9도독부, 46주, 1백 현으로 분할했다. 표면에는 고구려 현지인을 내세웠으나 실제로는 중국인 관리가 지배하는 기미주(羈縻州) 체제였다. 신라 문무왕과 당 고종(재위 628~683)이 정면 충돌했다.

당의 교활한 음모에 고구려 유민들이 절치부심했다. 신라도 고구려를 멸망시킨 어제까지의 적국이지만 고구려군은 신라 편에 서서 당군의 공격에 잔여 병력을 투입했다. 고구려 대형(大兄 · 17관등 중 7위) 검모잠(劍牟岑 · 생몰년 미상)이 유민들을 이끌고 봉기했다. 신라군도 이에 호응해 고구려군과의 공조로 당과의 전쟁에 맞섰다.

검모잠은 고구려 유민들을 결집시킬 수 있는 상징적 인물을 물색했다. 검모잠은 서해 사야도에서 신라군에 항복(670년 6월)한 안승(安勝 · 보장왕 서자)을 한성(황해도 재령)으로 맞이해 고구려왕으로 추대했다. 순식간에 수천 명이 넘는 부흥군이 결집했다. 망국한으로 절망에 빠져있던 고구려 유민들은 조국 재건을 위해 다시 뭉쳤다.

검모잠은 소형(小兄 · 17관등 중 11위) 다식(多式)을 신라에 보내 구원병을 요청했다. 한반도 내 당군 축출을 위해 전투 중이던 문무왕이 쌍수를 들어 환영했다. 문무왕은 즉시 안승을 고구려왕으로 봉했다. 신라 장군 설오유에게 1만 군사를 내줘 고구려 유장(遺將) 고연무와 합류토록 했다. 양국의 두 장군은 압록강을 건너 요동 전투에서 당·말갈 연합군을 대패시켰다.

당은 진퇴양난에 빠졌다. 어제까지 당과 연합해 고구려를 멸망시킨 신라가 등을 돌려 당을 공격해온 것이다. 당은 고구려 영토에서 신라군과 전투하며 부여와 임존성(충남 예산군 대흥면)에서는 백제 부흥군과 싸워야 했다. 신라군에 의지하던 후방 보급망이 봉쇄되자 당은 오래 버티지 못했다. 당은 안동도호부를 요동으로 철수시키고 말갈군을 끌어들여 신라 · 고구려 부흥연합군에 대항했다.

당 장군 고간이 고구려 부흥군을 기습했다. 안승과 검모잠이 작전 방안을 놓고 크게 충돌했다. 격분한 안승이 검모잠을 포박해 현장에서 참수했다. 유민들이 동요하자 안승은 측근들을 데리고 신라로 도망가 목숨을

경기도 연천의 호로하. 현재의 임진강으로 당나라 군에 맞서 신라군과 고구려 부흥군이 연합해 격전을 벌인 현장이다.

경기도 연천군 소재 은대리성. 고구려 부흥군과 신라군이 합세해 당나라 군대와 싸운 토성이다.

구걸했다. 673년 5월 신라군과 고구려 부흥군이 호로하(瓠蘆河 · 경기도 연천 임진강) 전투에서 당군과 맞서 대패했다. 요원의 불길처럼 타오르던 고구려 부흥운동은 여기서 멈추고 말았다.

문무왕은 도주해 온 안승을 서라벌에서 멀리 떨어진 금마저(金馬渚 · 전북 익산)에 격리시켰다. 명목상 국가인 보덕국(報德國)을 세워 왕으로 책봉했다. 안승은 가족들이 무사한데 안도하고 신라왕에게 감사하며 복락을 누렸다.

문무왕은 고구려 유민에 대한 각종 유화책으로 반발을 무마했다. 보덕국이 제한된 고구려 관직 체제를 유지하며 왜에 사신까지 파견토록 허용했다. 680년 3월에는 문무왕이 안승에게 누이동생을 시집보냈다. 안승은 서라벌(경주)의 문무왕을 향해 감격의 망배(望拜 · 멀리서 절함)를 올리며 충성을 다짐했다.

당도 신라의 안승 환대에 맞대응했다. 강서성, 감숙성, 청해성 등 중국 서부와 남부 변경으로 강제 이주시켰던 고구려 유민들을 만주 요동성으로 복귀시켰다. 유배지에서 보장왕을 귀환시켜 요동도독으로 삼은 뒤 조선왕에 봉했다.

이주한 유민들은 고향땅에 다시 온 것을 환호했다. 평양 대동강 이북의 고구려 유민들과 북만주 망국민들도 요동성으로 운집했다. 유민들은 보장왕을 지성으로 섬겼다. 당의 요동 지배가 다소 안정됐다. 당은 백제 왕자 부여융을 웅진도독부(충남 부여) 대방왕으로 봉해 백제 유민들을 위무하며 신라와 이간시켰다.

보장왕은 천년 왕국을 도모했던 고구려의 갑작스런 멸망이 천추의 한이었다. 망국왕 신세로 전락해 타국 땅 유배지를 전전하는 처지가 유민들

고구려 멸망 당시 고구려와 신라군이 사투를 벌인 당포성. 사적 제468호로 경기도 연천군 미산면 동이리에 있다. 개성으로 가는 길목으로 고구려 토기와 신라 유물이 다수 출토됐다.

고구려 부흥운동은 좌절됐지만 고구려인들은 결코
고구려를 포기하지 않았다. 고구려 유민 출신 장군
대조영이 흩어졌던 유민들과 말갈족을 규합해
북만주에 새 나라를 세웠다. 발해 제국이다.
고구려가 망한지 30년 만이었다.

에게도 수치스러웠다. 왕은 고구려 재건에 마지막 투혼을 소진하는 게 종묘사직에 대한 마지막 도리라고 생각했다.

왕은 고구려 속국이었던 말갈군과 연합해 요동의 당군 축출을 도모했다. 당시까지도 부족 국가에 머물렀던 말갈 추장은 부족 생존을 위해서라면 혼탁을 가리지 않았다. 이 계획은 당군과 내통 중이던 간자(첩자)의 배신으로 발각되고 말았다. 당은 보장왕을 중국 사천성 공주(邛州)로 다시 귀양 보내고 유민들을 완전히 해체시켜 버렸다.

당이 마침내 대동강 이남의 신라 영토 지배를 포기했다. 신라에서도 문무왕이 승하하고 31대 신문왕(재위 681~692)이 즉위했다. 신라의 금마저 보덕국에 대한 존립 의미가 퇴색됐다. 683년 10월 신문왕이 안승을 경주로 송환해 보덕왕을 폐위시키고 소판(蘇判 · 17관등 중 3위) 벼슬을 제수했다. 안승에게 김씨 성을 하사해 김안승으로 바꾸게 한 뒤 경주에 살게 했다.

안승을 보좌해 금마저에 보덕국을 세운 고구려 왕족 고대문이 격분했다. 고대문은 금마저 유민들을 충동해 무력 봉기했다. 고구려인의 저항 기질을 두려워 한 신라 조정이 진압군을 급파해 잔인하게 토벌했다. 중과부적이었다. 신라는 보덕국을 분해시켜 신라의 군 · 현에 편입시켰다. 잔여 유민들은 소수 가구로 분리시켜 서남 해안 도서지역으로 강제 소개시켰다. 그들은 영원한 저항 세력으로 남아 현지인의 멸시와 천대 속에 비루한 삶을 이어갔다.

세월은 무상했다. 고구려와 백제의 망국 시대를 풍미했던 권력자들이 차가운 이국땅에서 유명을 달리했다. 679년 남생이 중국에서 죽었다. 대막리지까지 지냈던 남생은 고구려를 배신하고 당군의 앞잡이가 돼 고구려

군과 싸웠다. 보장왕도 682년 6월 중국 땅 공주에서 왕국 재건의 한을 풀지 못하고 숨졌다. 부여융은 웅진도독부 도독으로 당의 괴뢰 통치를 대행하다 중국 낙양으로 소환돼 그곳에서 객사했다. 어찌 이들 뿐이랴!

고구려 부흥운동은 좌절됐지만 고구려인들은 결코 고구려를 포기하지 않았다. 고구려 유민 출신 장군 대조영(大祚榮 · ?~719)이 흩어졌던 유민들과 말갈족을 규합해 북만주에 새 나라를 세웠다. 발해(698~926) 제국이다. 고구려가 망한 지 30년 만이었다.

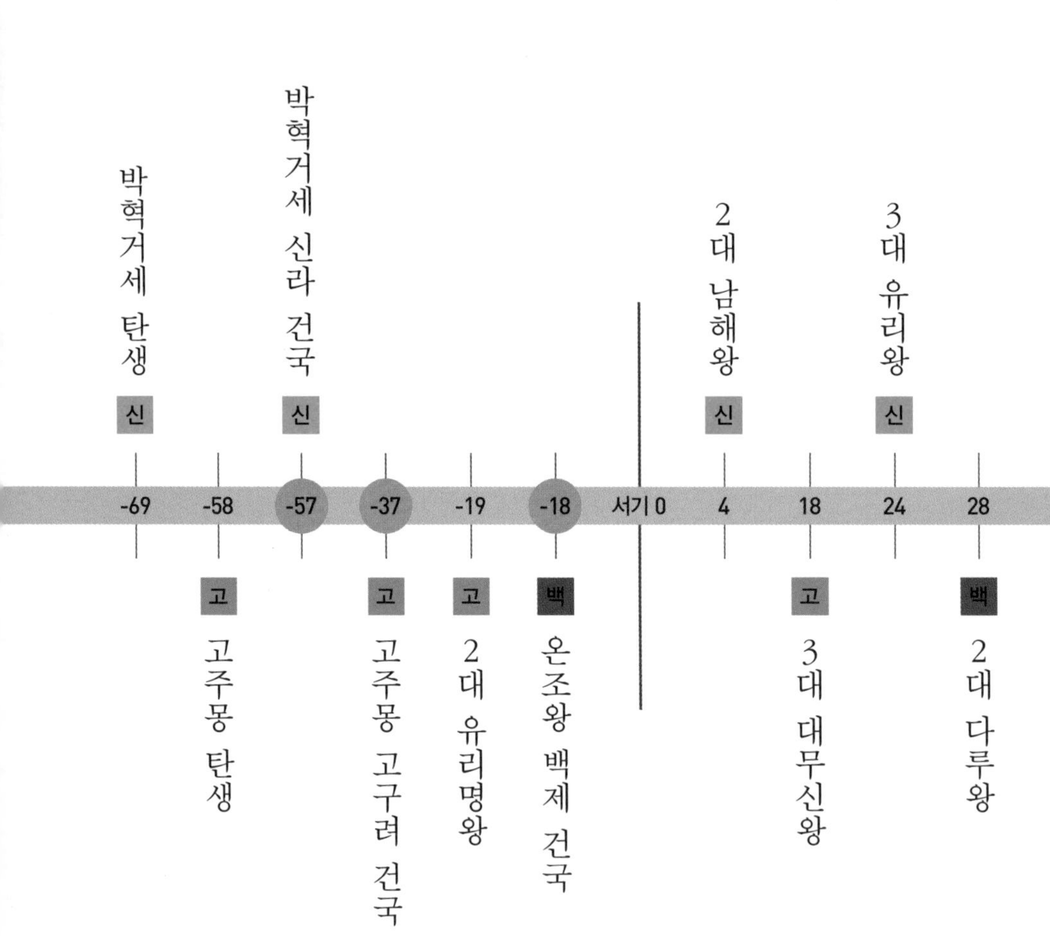

박혁거세 탄생
신
-69
-58
고
고주몽 탄생
박혁거세 신라 건국
신
-57
-37
고
고주몽 고구려 건국
-19
고
2대 유리명왕
-18
백
온조왕 백제 건국
서기 0
2대 남해왕
신
4
18
고
3대 대무신왕
3대 유리왕
신
24
28
백
2대 다루왕

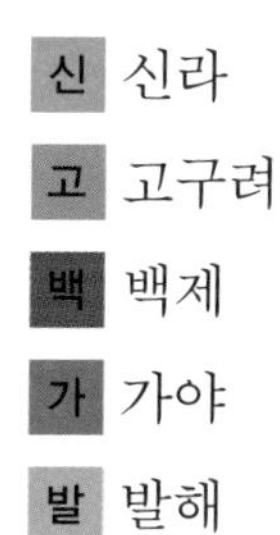
신 신라
고 고구려
백 백제
가 가야
발 발해

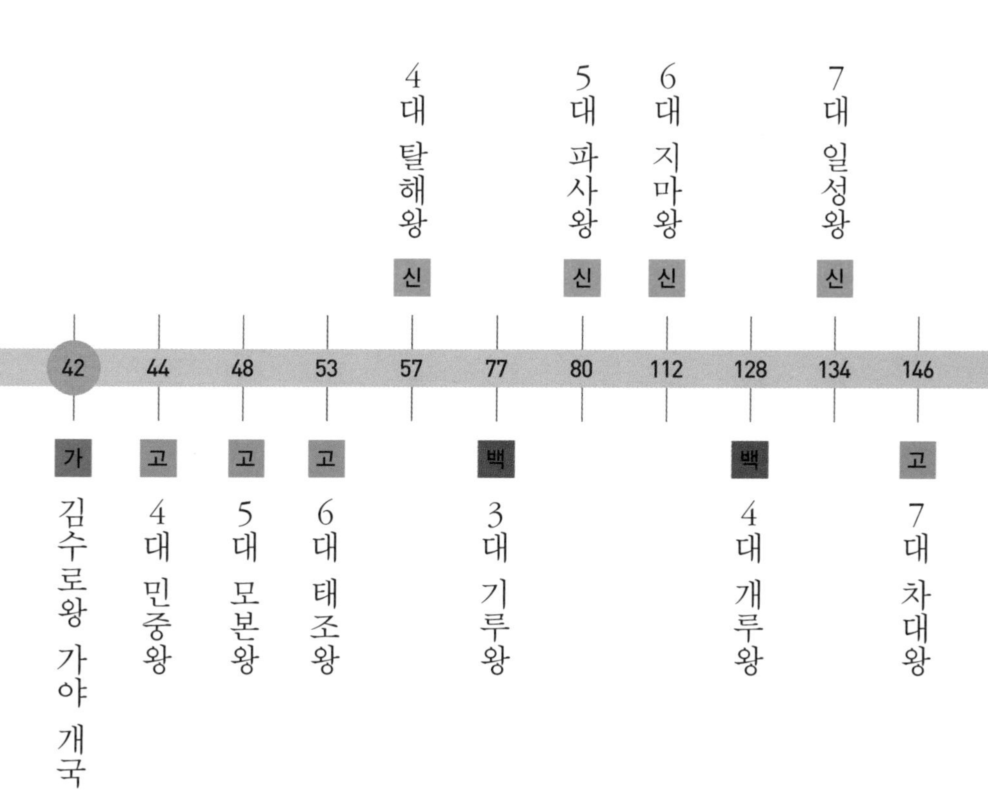
4대 탈해왕
신
5대 파사왕
신
6대 지마왕
신
7대 일성왕
신
42
44
48
53
57
77
80
112
128
134
146
가
김수로왕 가야 개국
고
4대 민중왕
고
5대 모본왕
고
6대 태조왕
백
3대 기루왕
백
4대 개루왕
고
7대 차대왕

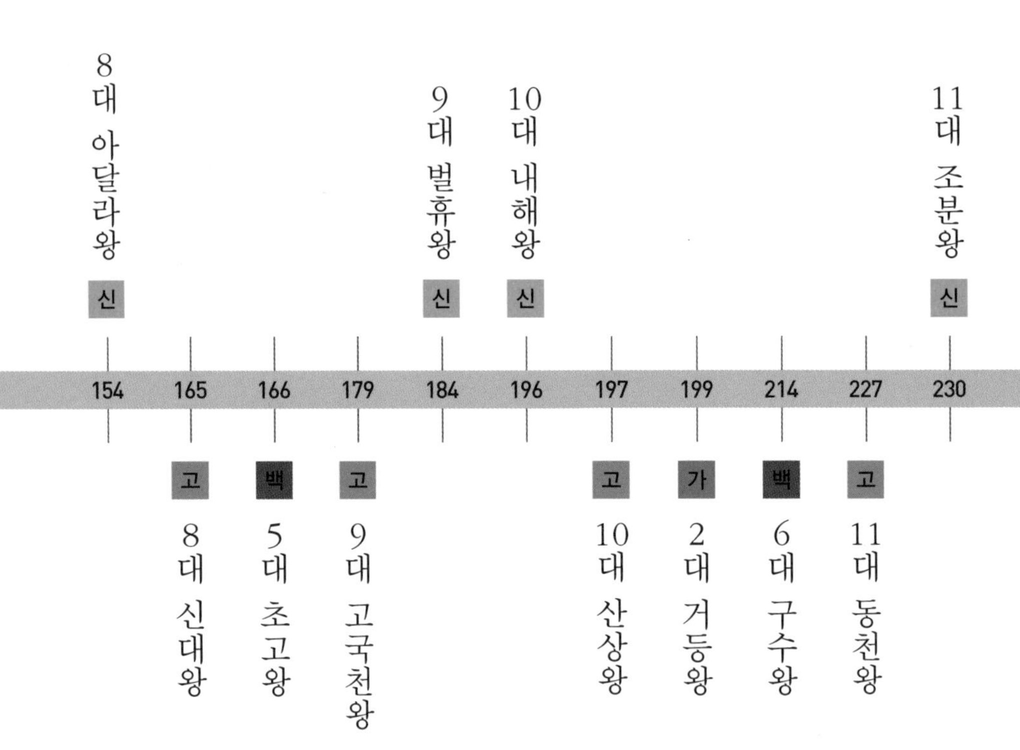
8대 아달라왕
신
154
165
고
8대 신대왕
166
백
5대 초고왕
179
고
9대 고국천왕
9대 벌휴왕
신
184
10대 내해왕
신
196
197
고
10대 산상왕
199
가
2대 거등왕
214
백
6대 구수왕
227
고
11대 동천왕
11대 조분왕
신
230

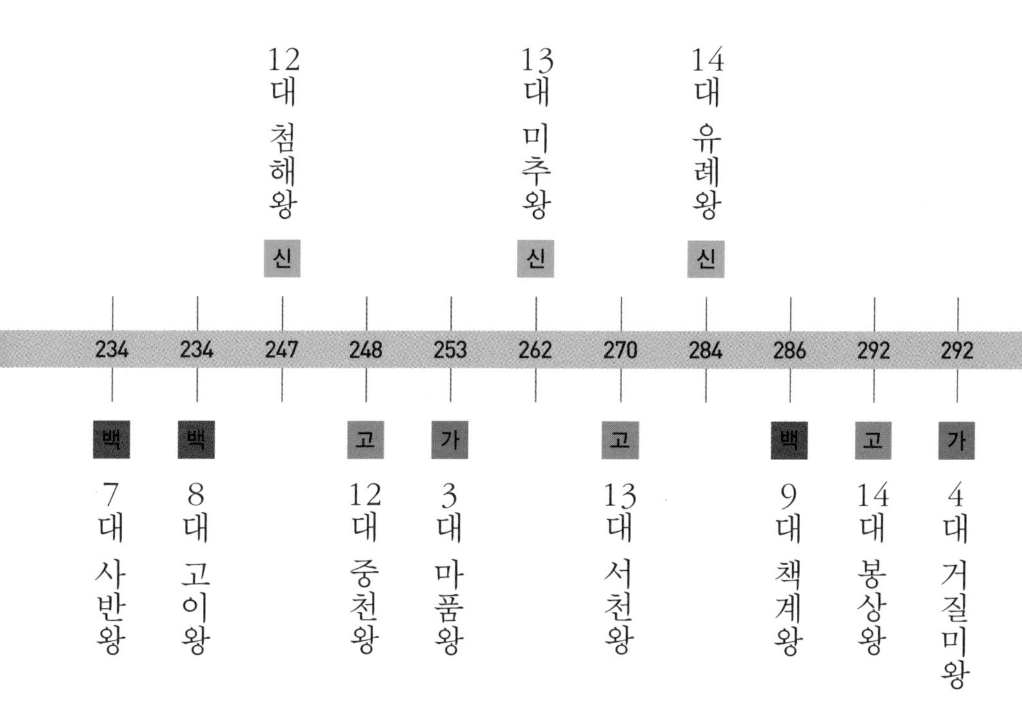
12대 첨해왕
신
13대 미추왕
신
14대 유례왕
신
234
234
247
248
253
262
270
284
286
292
292
백
7대 사반왕
백
8대 고이왕
고
12대 중천왕
가
3대 마품왕
고
13대 서천왕
백
9대 책계왕
고
14대 봉상왕
가
4대 거질미왕

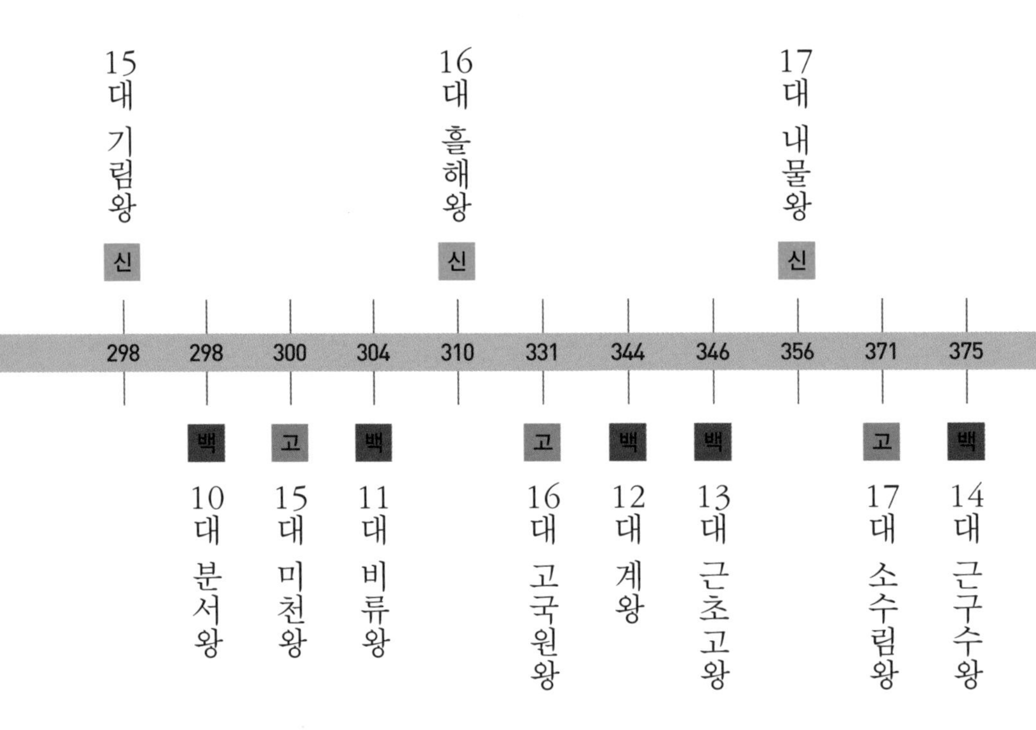
15대 기림왕
신
16대 흘해왕
신
17대 내물왕
신
298
298
300
304
310
331
344
346
356
371
375
백
10대 분서왕
고
15대 미천왕
백
11대 비류왕
고
16대 고국원왕
백
12대 계왕
백
13대 근초고왕
고
17대 소수림왕
백
14대 근구수왕

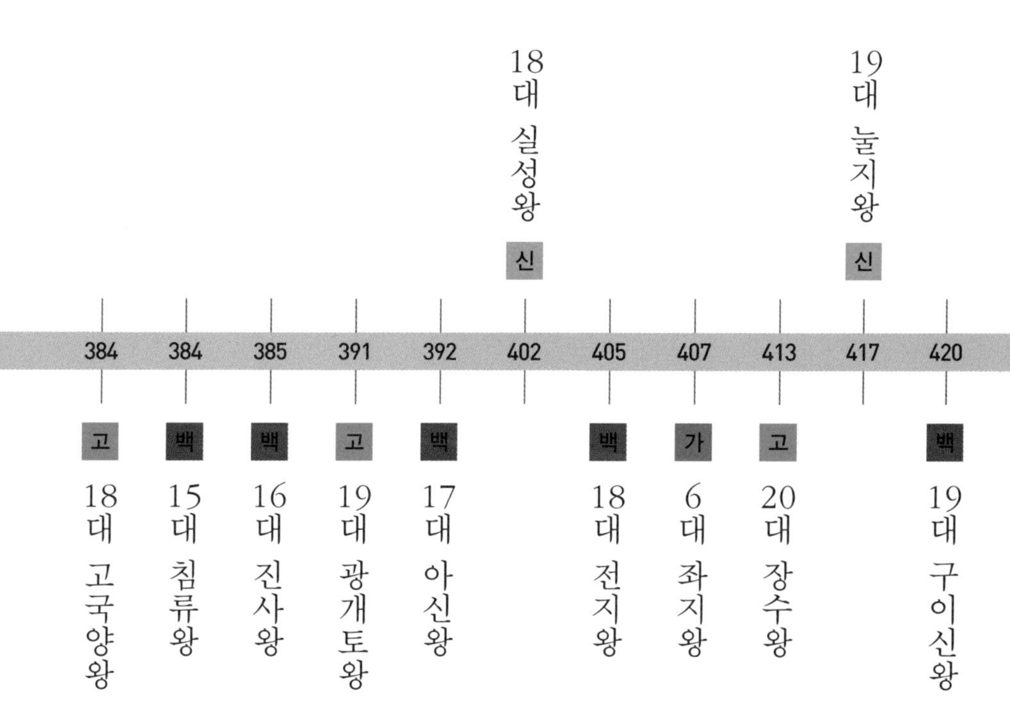
18대 실성왕
신
19대 눌지왕
신
384
384
385
391
392
402
405
407
413
417
420
고
백
백
고
백
백
가
고
백
18대 고국양왕
15대 침류왕
16대 진사왕
19대 광개토왕
17대 아신왕
18대 전지왕
6대 좌지왕
20대 장수왕
19대 구이신왕

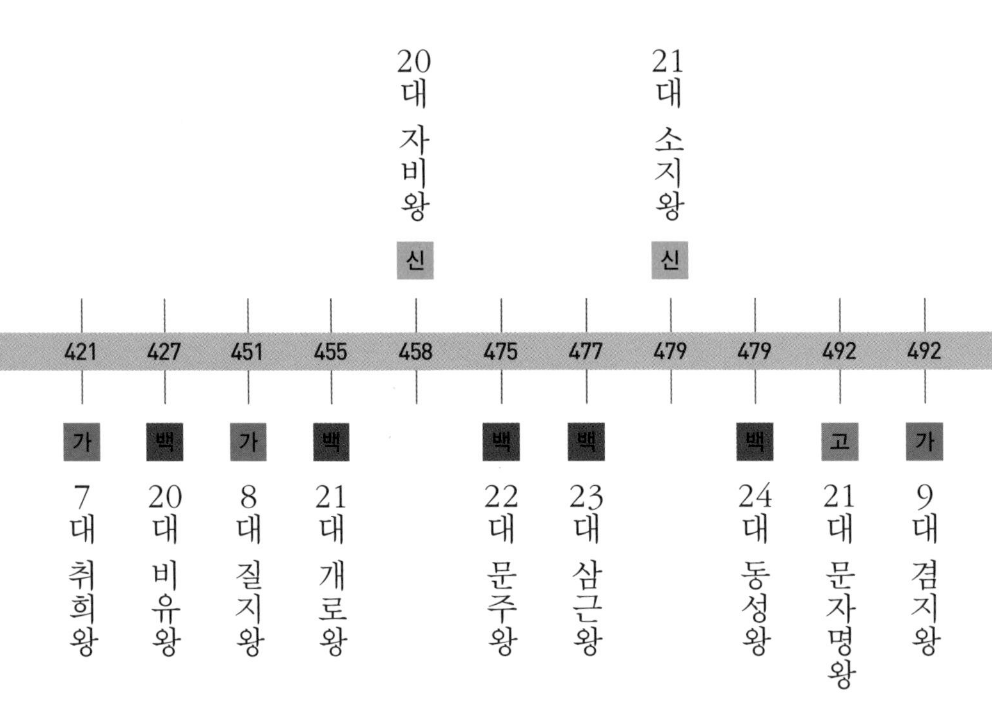
20대 자비왕
신
21대 소지왕
신
421
427
451
455
458
475
477
479
479
492
492
가
백
가
백
백
백
백
고
가
7대 취희왕
20대 비유왕
8대 질지왕
21대 개로왕
22대 문주왕
23대 삼근왕
24대 동성왕
21대 문자명왕
9대 겸지왕

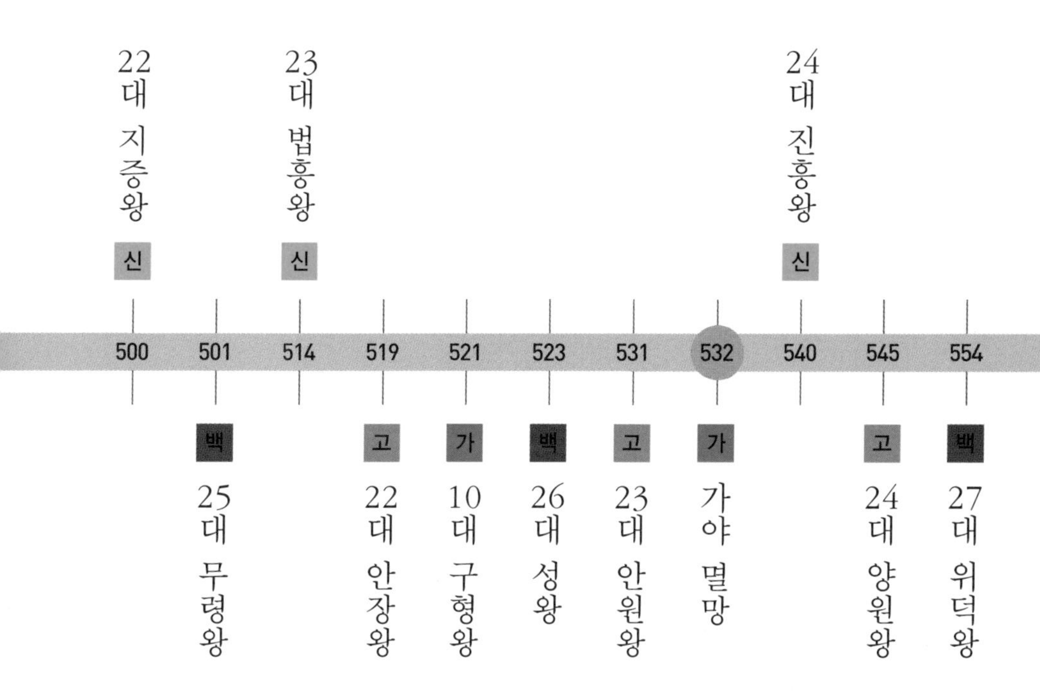

22대 지증왕
신
23대 법흥왕
신
24대 진흥왕
신
500
501
514
519
521
523
531
532
540
545
554
백
25대 무령왕
고
22대 안장왕
가
10대 구형왕
백
26대 성왕
고
23대 안원왕
가
가야 멸망
고
24대 양원왕
백
27대 위덕왕

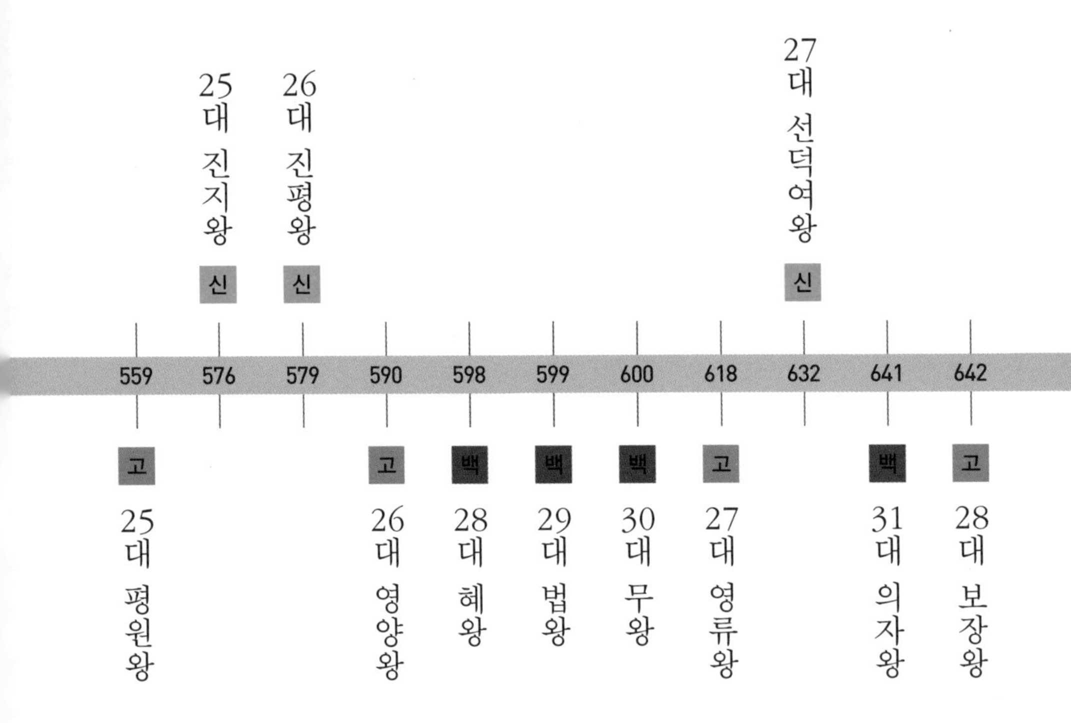

25대 진지왕
26대 진평왕
27대 선덕여왕
신
신
신
559
576
579
590
598
599
600
618
632
641
642
고
고
백
백
백
고
백
고
25대 평원왕
26대 영양왕
28대 혜왕
29대 법왕
30대 무왕
27대 영류왕
31대 의자왕
28대 보장왕

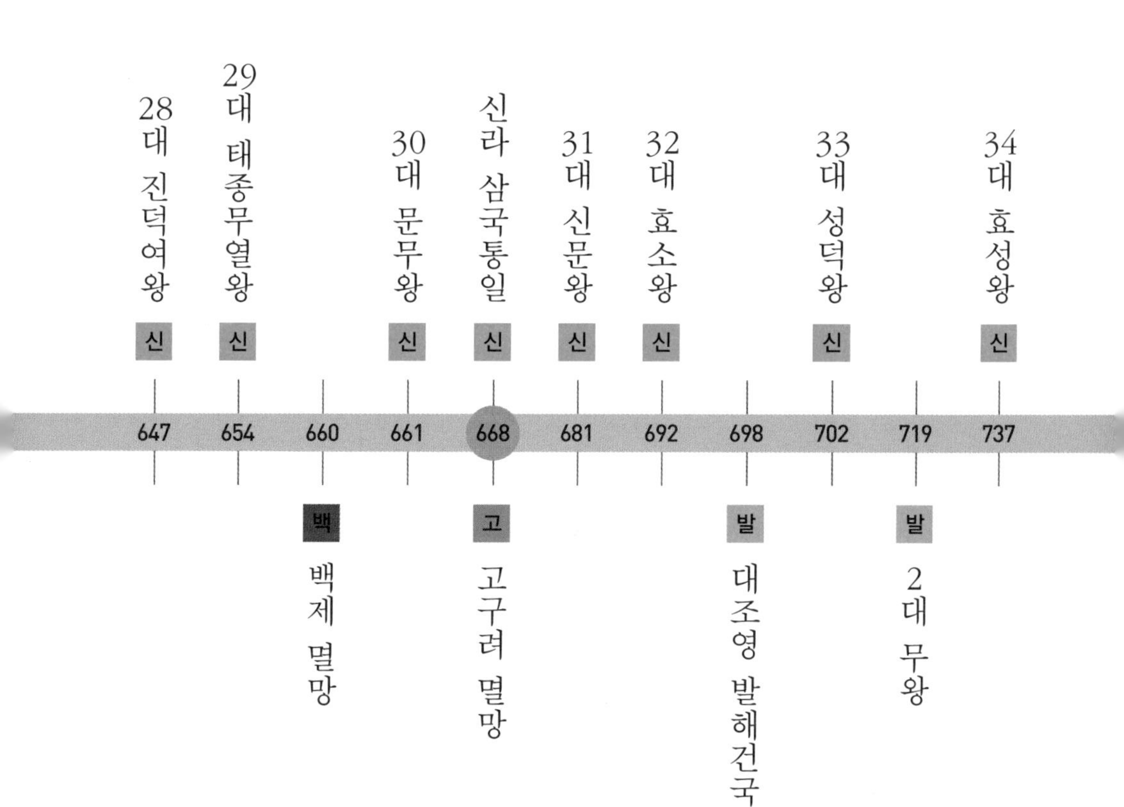
28대 진덕여왕
신
647
29대 태종무열왕
신
654
660
백
백제 멸망
30대 문무왕
신
661
신라 삼국통일
신
668
고
고구려 멸망
31대 신문왕
신
681
32대 효소왕
신
692
698
발
대조영 발해건국
33대 성덕왕
신
702
719
발
2대 무왕
34대 효성왕
신
737

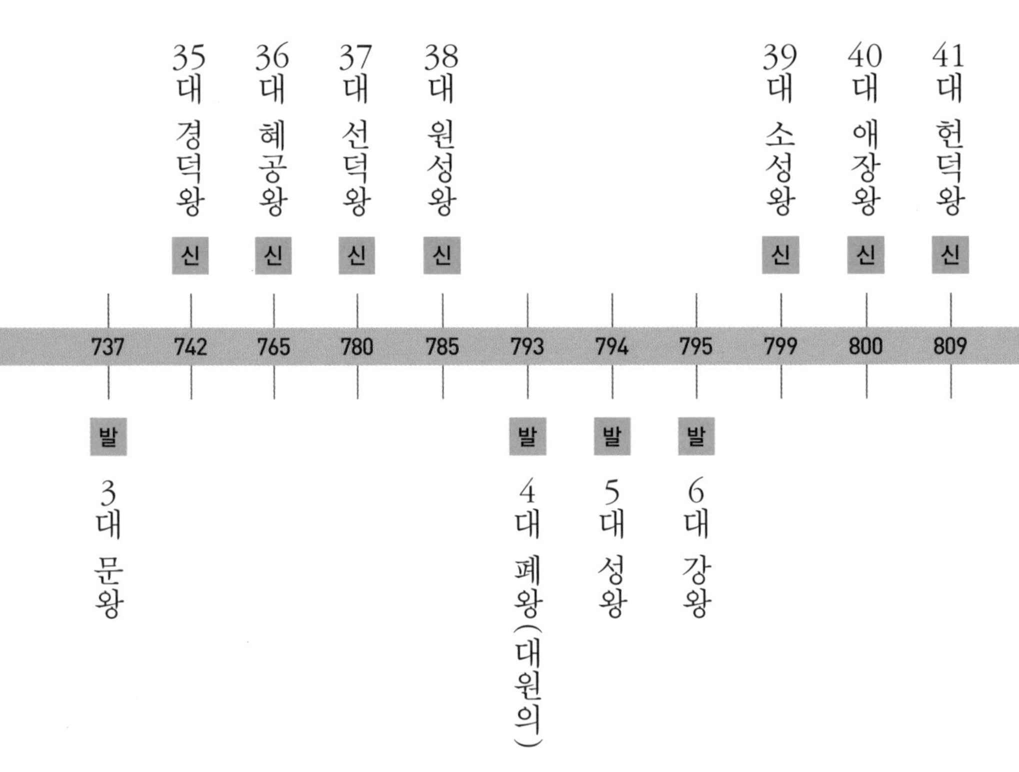
35대 경덕왕
36대 혜공왕
37대 선덕왕
38대 원성왕
39대 소성왕
40대 애장왕
41대 헌덕왕
신
신
신
신
신
신
신
737
742
765
780
785
793
794
795
799
800
809
발
발
발
발
3대 문왕
4대 폐왕(대원의)
5대 성왕
6대 강왕

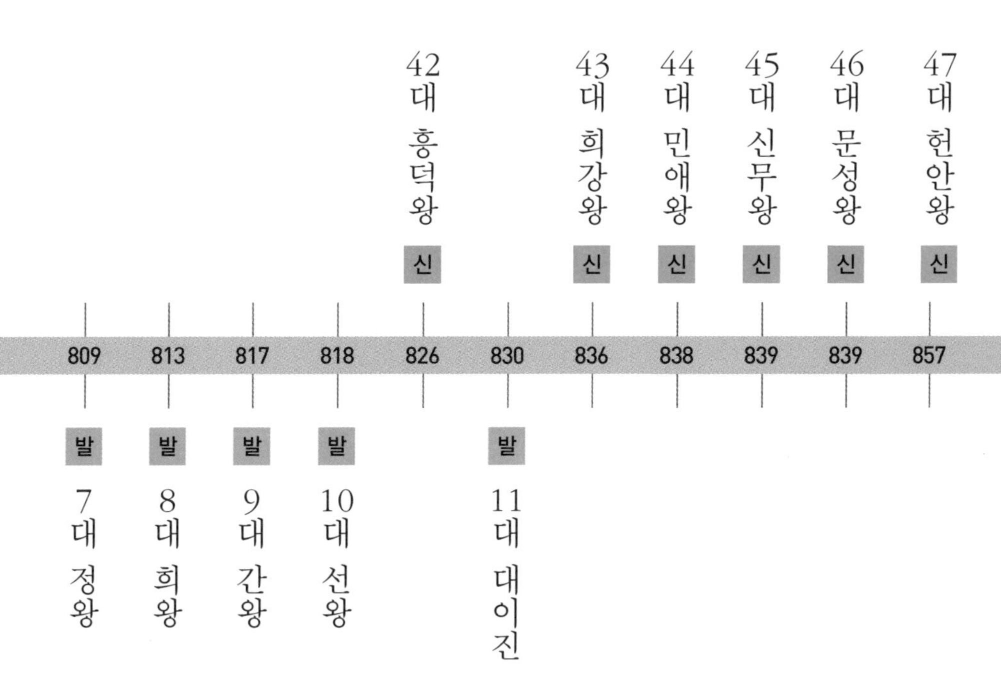
42대 흥덕왕
신
43대 희강왕
신
44대 민애왕
신
45대 신무왕
신
46대 문성왕
신
47대 헌안왕
신
809
813
817
818
826
830
836
838
839
839
857
발
7대 정왕
발
8대 희왕
발
9대 간왕
발
10대 선왕
발
11대 대이진

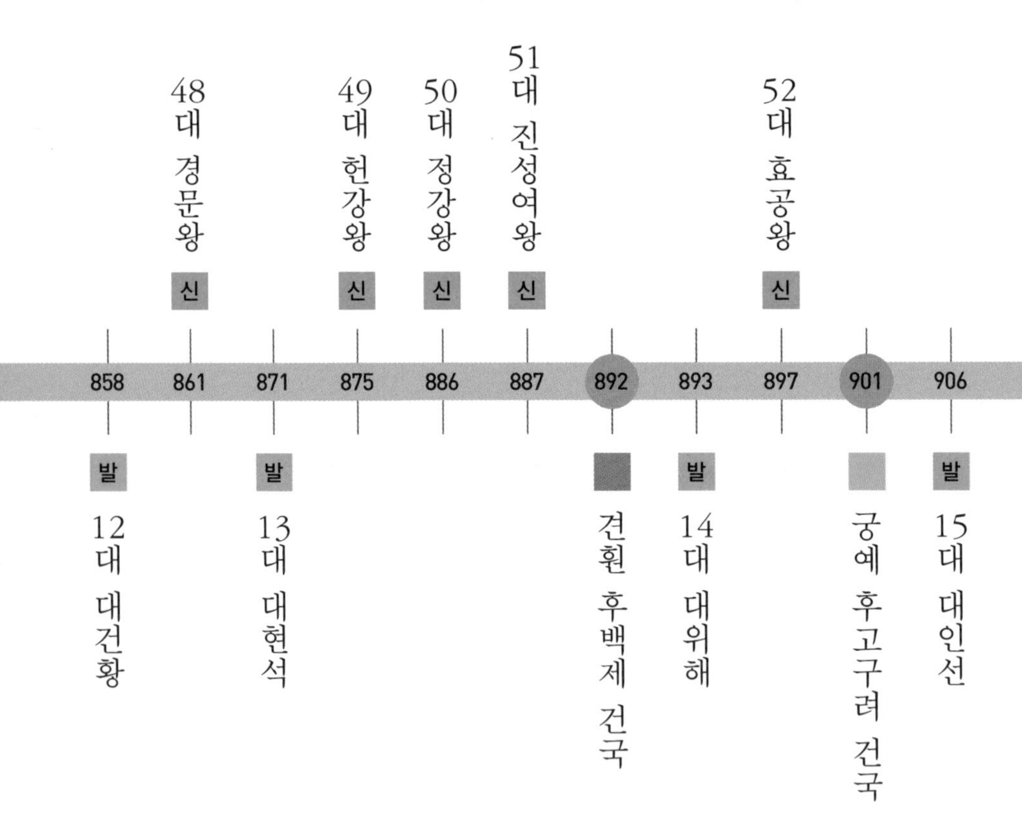
48대 경문왕
신
49대 헌강왕
신
50대 정강왕
신
51대 진성여왕
신
52대 효공왕
신
858
861
871
875
886
887
892
893
897
901
906
발
12대 대건황
발
13대 대현석
견훤 후백제 건국
발
14대 대위해
궁예 후고구려 건국
발
15대 대인선

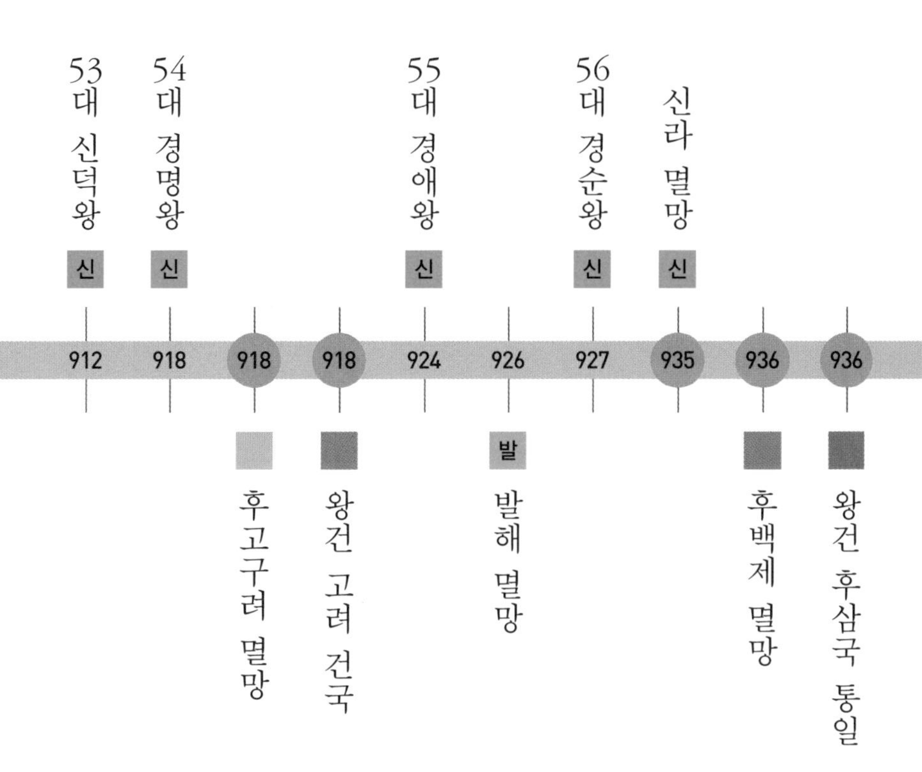
53대 신덕왕
신
912
54대 경명왕
신
918
918
후고구려 멸망
918
왕건 고려 건국
55대 경애왕
신
924
926
발
발해 멸망
56대 경순왕
신
927
신라 멸망
신
935
936
후백제 멸망
936
왕건 후삼국 통일

삼국왕릉실록

1쇄 발행 2021년 12월 23일

지은이 이규원
펴낸이 이경희

발행 글로세움
출판등록 제318-2003-00064호(2003.7.2)

주소 서울시 구로구 경인로 445(고척동)
전화 02-323-3694
팩스 070-8620-0740
메일 editor@gloseum.com
홈페이지 www.gloseum.com

ISBN 979-11-86578-97-1 03900